Series of Ideas of History

编辑委员会

主 编

耶尔恩·吕森（Jörn Rüsen，德国埃森文化科学研究所）
张文杰（中国社会科学院哲学研究所）

副主编

陈 新（复旦大学历史系）
史蒂芬·约丹（Stefan Jordan，德国巴伐利亚科学协会历史委员会）
彭 刚（清华大学历史系）

编 委

何兆武（清华大学历史系）
刘家和（北京师范大学历史系）
涂纪亮（中国社会科学院哲学研究所）
张广智（复旦大学历史系）
于 沛（中国社会科学院世界历史研究所）
海登·怀特（Hayden White，美国斯坦福大学）
纳塔莉·戴维斯（Natalie Z. Davis，美国普林斯顿大学）
索林·安托希（Sorin Antohi，匈牙利中欧大学）
克里斯·洛伦茨（Chris Lorenz，荷兰阿姆斯特丹自由大学）
于尔根·施特劳布（Jürgen Straub，德国开姆尼斯技术大学）
卢萨·帕塞里尼（Luisa Passerini，意大利都灵大学）
埃斯特范欧·R.马丁斯（Estevao de Rezende Martins，巴西巴西利亚大学）
于尔根·奥斯特哈默尔（Jürgen Osterhammel，德国康斯坦茨大学）

历史的观念译丛

李凯尔特的历史哲学

[德] 亨里希·李凯尔特 著
涂纪亮 译

Rickert:
Geschichtsphilosophie

图书在版编目(CIP)数据

李凯尔特的历史哲学/(德)李凯尔特著;涂纪亮译.—北京:北京大学出版社,2007.5

(历史的观念译丛)

ISBN 978-7-301-12027-9

Ⅰ.李… Ⅱ.①李…②涂… Ⅲ.历史哲学-研究-德国-现代 Ⅳ.K01

中国版本图书馆 CIP 数据核字(2007)第 049189 号

本书译自李凯尔特(Henrich Rickert,1863—1936)
1. Kulturwissenschaft und Naturwissenschaft(德国图宾根 1921 年第五版)
2. Die Grenzen der naturwissenschaftlichen Begriffsbildung(德国图宾根 1921 年第三版)第五章
中文(简体、繁体)版权由北京大学出版社拥有

书　　　名:	李凯尔特的历史哲学
著作责任者:	〔德〕亨里希·李凯尔特　著　涂纪亮　译
责 任 编 辑:	岳秀坤
标 准 书 号:	ISBN 978-7-301-12027-9/K·0478
出 版 发 行:	北京大学出版社
地　　　址:	北京市海淀区成府路 205 号　100871
网　　　址:	http://www.pup.cn　新浪官方微博:@北京大学出版社
电 子 信 箱:	pkuwsz@yahoo.com.cn
电　　　话:	邮购部 62752015　发行部 62750672　出版部 62754962
	编辑部 62752025
印　刷　者:	北京汇林印务有限公司
经　销　者:	新华书店
	650mm×980mm　16 开本　18.5 印张　244 千字
	2007 年 5 月第 1 版　2012 年 12 月第 2 次印刷
定　　　价:	26.00 元

未经许可,不得以任何方式复制或抄袭本书之部分或全部内容。

版权所有,侵权必究

举报电话:010-62752024　电子信箱:fd@pup.pku.edu.cn

《历史的观念译丛》总序

序一

在跨文化交流不断加强的当下,如影相随的是,我们面对着全球化时代的一种紧迫要求,即必须更好地理解文化差异及特殊性。由中外学者携手组织的这套丛书,将致力于把西方有关历史、历史编纂、元史学和历史哲学的话语带入中国历史文化的园地。

历史论题是人类生活中极其重要的元素。在历史中,人们形成并且反映了他们与其他人的认同感、归属感,以及与他者的差异。在归属感和差异的宽泛视界中来看待"世界诸文明",人们才能够谈及"文化认同"。历史学家们的专业学术工作往往涉及到并依赖于认同形成的文化过程。由于这种牵涉,无论历史学家是否意识到,政治都在他们的工作中起着重要作用。不管学术性的历史研究仅仅只是作为资政的工具,还是因其方法的合理性而有着特别功能,这都已经是公开的问题。

关于历史思维的学术地位的许多讨论,还有它对"客观性"或普遍有效性的执著,都与世界范围内现代化过程中的历史思维之发展联系在一起。在这一过程中,历史思维获得了学术学科或者说"科学"(Wissenschaft,采该词更宽泛的意义)的形式。历史学研究的传统,其自尊就在于,它声称与非专业历史学相比有着更高层次的有效性。一般用的词就是"客观性"。与这种对客观性的执著相反,许多重要论述进入了历史学家的自我意识,这牵涉到他们与各自国家历史文化的相互关系。例如,后现代主义极力否认客观性这种主张,并且指出,尽管历史研究有其方法的合理性,而在历史研究之外的政治利益、语言假定和文化意义标准等等,历史的解释却对它们有一种根本的依赖。

在意识到了记忆的作用,并且意识到了非专业性因素在异彩纷呈的人类生活领域中表现过去的作用之后,发生在历史学内外的、有关历史思想以及它作为学术学科的形式的讨论,就因这种新的意识而被扩大了。在人类生活的文化定向中,记忆是一种巨大的力量,它似乎要取代历史在那些决定历史认同的行为中所处的核心位置。这样一种更迭是否会造成足够重要的后果,影响到历史在民族文化生活中的角色,这一点还悬而未决。只要记忆与"实际发生的"经验相关,历史就仍然是对集体记忆中这种经验因素的一种言说。

在反思历史思想与职业历史学家的工作时,这种视界的扩展因为如下事实而获得了额外的扩大和深化,即:人们为了理解现在、期盼未来而研究过去的方式存在着根本的文化差异;没有这样的洞见,就不可能正确地理解历史。既然认同关系到与他者的差异,而历史是呈现、反思和交流这种差异的领域,历史学家的工作就必然一直处在对付这种差异的张力之中。"文明的冲突"便是一个口号,它标明,通过回忆和历史形成的认同中存在着紧张因素。

既然认同不只是界定和奋争的事情,它同时还是理解和认知,为此,这双重因素在历史话语中都必须主题化。每一种认同都因识别出他者而存在,而各种认同或认同的文化概念之间的张力以至于斗争或冲突,都不得不被理解为一种认知的要求。是什么使得他者出现差异呢?对此不理解,认知就不可能实现。这样,就必须了解他者的差异中那些强有力的文化要素和过程。

进而,若缺少贯穿这种差异的可理解性原则,认知也不可能。就学术性话语的层面而言,在将历史认同主题化,使之成为差异的一个事例时,这些普遍的要素和维度与专业性历史思维的话语特征有着本质上的关联。

这就是本丛书的出发点,它想把西方世界人们理解、讨论、扩展、批判和利用历史的途径告诉汉语世界。

这套丛书可谓雄心勃勃,它试图展现西方历史话语的整个领域。在思考历史的西方人眼中,西方历史思想是什么?谁的观点成了有影响的观点?想象一种单一的西方历史思想类型,并以之与非西方的中国人或印度人的历史思想相比对,这相当容易。但更进一步,人们就会发现,西方并没有这样一种类型,即单一的"观念"、"概念"或者"根本"。相反,我们找到了一种话语,它呈现出各种不同概念、观点和实际作用之间错综分合的交流。这套丛书便展现了这种多样性和话语特征,当然,非西方世界也会有类似情形。

本丛书分为作者论著和主题文集两类出版。第一类选取该作者对历史话语而言有着重要地位的作品,第二类则选取历史话语中的一些中心主题。每一卷都有介绍该作者或主题的导论、文本注释和文献目录。

本丛书期待对历史学领域中在新的层次上并且是高质量的跨文化交流有所贡献。抱着这种呈现更广泛的意见、立场、论证、争执的雄心壮志,它希望成为跨文化交流中类似研究的范例,使不同文化彼此得到更好的理解。在跨文化交流与对话的领域内,就一种对文化差异彼此了解的新文化来说,这种理解是必要的。

耶尔恩·吕森

2006年5月于德国埃森

序二

近代以来,西方历史思想家为人类提供了丰富的历史思想资源。历史的观念经过一代代思想家的演绎,构成了多元的话语系统,而且,这个系统还随着思想家们不断的思考、表现而获得扩充。

我们往往通过书本了解思想家们对历史的看法,但对于读者自身而言,我们却不能只是从书本中去理解历史。事实上,我们就生活在历史中,这并不是说我们现在的经历将成为历史,而是指我们身边的每一处能够被言说、被体悟的事情,如果不能够获得历史解释,它都无法进入理性的思索之中。从历史中获取意义,获取人生在某个时刻具有的确定性和行动的立足点,这是试图了解历史的人所追求的。但这样一种能力对于个人而言并不是可遗传的或可积累的,每个人都不得不在自己的生活中重新发展它。思想家们对过去的理解与认识、对历史这个观念的思考,以及对与历史相关的一些问题的探询,这些都只为我们耕耘未来生活这块荒原提供各式各样的工具,却不提供秋收的果实。

系统地译介西方史学理论或历史哲学作品,一直是20世纪以来几代中国学者的梦想。这个梦想曾经深藏在何兆武先生年青的头脑中,此后,他身体力行,译著丰卓,为拓展国人的历史思维付出了不懈的努力。如今,跨文化交流的加强,以及国内学术事业的繁荣,使得这一梦想更有可能变为现实。

本丛书有幸得到了德国学者耶尔恩·吕森教授的大力支持。吕森教授认为,加强跨文化交流有利于创造一种新的世界文化,现存诸种文化可以包含在其中,但它们了解彼此的差异,尊重彼此的习惯;平等交流使得我们可以跨越文化鸿沟,同时拓宽我们理解历史的文化限度。这也是中方编辑者的初衷之一。这样,中德双方组织者表现出极大的热忱。从丛书框架、选题的设计,到约请编译者,乃至沟通版权,一项项艰巨的任务在数年来持续不断的交流与努力中逐渐得到落实。

丛书编者有着极大的雄心,希望以数十年的努力,将西方 18 世纪以来关于历史、历史编纂、元史学和历史哲学的重要文献渐次翻译,奉献给汉语世界。如果可能,这套丛书还将涉及非西方世界史学思想的文献。

显然,这套丛书的出版是一项跨文化交流的成果,同时也是一项民间的学术事业,在此,我们要对所有帮助这套丛书出版的编者、译者、出版者表示感谢。愿这样的努力,也能够得到读者的关注、批评与认可。

张文杰　陈新
2006 年 5 月

目 录

译者前言　1
《文化科学和自然科学》译者前言　1

第一部分　文化科学和自然科学

第二版(1910年)序言　3
第四版和第五版(1921年)序言　5
第六版(1926年)序言　7
一　任务　14
二　历史状况　18
三　基本对立　24
四　自然和文化　29
五　概念和现实　36
六　自然科学方法　45
七　自然和历史　55
八　历史学和心理学　63
九　历史学和艺术　71
十　历史的文化科学　77
十一　中间领域　96
十二　数量的个别性　106
十三　与价值无关的个别性　117

十四　文化历史的客观性　　122

第二部分　自然哲学和历史哲学

引　言　135
一　自然科学的历史哲学　　137
二　经验的客观性　157
三　形而上学的客观性　　170
四　价值的客观性　185
五　历史和世界观　208

人名译名索引　　250

译者前言

20年前,我翻译了李凯尔特的《文化科学和自然科学》(*Kulturwissenschaft und Naturwissenschaft*)一书,商务印书馆1986年出版了第一版。此书是李凯尔特的重要代表作之一,以浓缩的形式简明扼要地陈述了他在《认识的对象》(*Der Gegenstand der Erkenntnis*)、《自然科学概念形成的界限》(*Die Grenzen der naturwissenschaftlichen Begriffsbildung*)等著作中详细阐发的历史哲学思想,1899年出版后受到西方哲学界的重视,先后于1910、1915、1921、1926年和1986年再版了六次,做了重要的修改和补充,并出版了俄语、西班牙语、日语和英语的译本。中译本是根据1921年出版的德文第五版译出的,这是我一生中头一次翻译德文著作,特请曾于20世纪20年代留学德国的杜任之先生校改,出版后扉页上注明"杜任之校"。

目前北京大学出版社邀请耶尔恩·吕森(Jörn Rüsen)先生和张文杰先生主编《历史的观念译丛》,决定收入李凯尔特的这本代表作《文化科学和自然科学》。为提高译文质量,我又根据该书德文第五版重新校改全书译文,并根据新出版的英译本补译了第六版序言。这次译文改动较大,因杜任之先生已逝世十多年,无法请他校阅此新译本,本着文责自负的原则,这个译本不便署上原来校者的姓名。但我始终没有忘怀杜任之先生在上世纪60—80年代二十多年间对我的工作的指导和支持。

为了充实此书的内容,较全面地反映李凯尔特的历史哲学思想,我又补译了李凯尔特的另一重要代表作《自然科学概念形成的界限》

一书的第五章"自然哲学和历史哲学"。这是该书最后一章,带有结论性质,着重讨论历史叙述的客观性这个热门话题。这个话题在《文化科学和自然科学》一书中只简略提及,而这一章对此做了详细的阐发,弥补了前书的不足。

如此以来,本书的篇幅已远远超过旧译本《文化科学和自然科学》,因此,新版定名为《李凯尔特的历史哲学》。

对于李凯尔特的历史哲学思想,我在为《文化科学和自然科学》一书写的"译者前言"中做过概括评述。为便于读者了解他在《自然科学概念形成的界限》一书陈述的历史哲学观点,我在这篇新的"译者前言"中着重概括介绍一下后一著作的基本思想。

一 李凯尔特历史哲学思想的形成过程

早在1888年写出的博士论文《关于定义的学说》中,李凯尔特已开始考察科学概念的形成问题。他反对以自然科学为基础建立一种普遍方法的想法,认为事物中的共同因素与概念的本质特征并不是相同的。人们在区分本质成分和非本质成分时是以某些特殊的目标为依据,而要了解科学方法的多样性,就必须弄清楚这些目标的多样性。1892年,李凯尔特在《认识的对象》一书中,试图对他的研究提出一种普遍的认识论基础,为实践理性的首要地位提供一个理论根据,因此他转向方法论研究。其后不久,他发现要提出一种把全部科学都包罗在内的概念形成理论,会遇到无限众多的困难,因为所需要的专门科学知识极其广泛,因此他决定只限于考察历史概念形成的性质问题。在他看来,弄清楚历史思维与自然科学思维之间的基本区别,对于理解各种专门的科学活动具有极其重要的意义,而且是处理许多重要的哲学问题或世界观问题的首要条件。

1894年,李凯尔特发表了《关于自然科学概念形成的理论》一文,考察了概念与普遍的经验实在之间的关系,为其后写出《自然科学概念形成的界限》一书奠定了基调。1896年,他发表了此书的前面三章,即"对物体世界的概念认识"、"自然和精神"、"自然和历史",强调指出自然科学方法不适用于历史研究。1899年,在《文化科学和自然科学》一书中,他简明扼要地陈述了他在上述那三章中以及其他著作中关于这个问题的基本思想。其后,他又补写了《自然科学概念形成的界限》一书的第四章"历史的概念形成"和第五章"自然哲学和历史哲学"。在第五章中,他着重论述历史叙述的客观性和批驳自然主义的历史哲学。1902年,出版了《自然科学概念形成的界限》一书的第一版,其后于1913、1921、1929年再版四次(本书据1921年德文第三版译出)。他在此书中试图以自然科学概念形成的界限为依据,弄清楚历史学的性质,找出历史概念形成的内在逻辑结构。

二 概念及其形成方法

从这本书的标题中可以看出,此书的主旨在于探讨自然科学概念形成的界限,这就首先涉及什么是"概念"(Begriff),什么是"概念形成"(Begriffsbildung)。李凯尔特认为"概念"一词的意义甚为含糊不清,因为它既被用于意指最简单的逻辑成分或逻辑要素,也被用于意指最复杂的逻辑实体。换句话说,按照通常的看法,这个词不仅意指语词的那些最原始的、不能通过进一步的分解加以简化的意义,而且也意指科学理论的最终浓缩物。由于这个概念如此含糊不清,因此有人主张放弃使用这个概念。李凯尔特却认为在逻辑学中不可能完全不使用"概念"、"概念的"、"想象"等词,为了摆脱这种语义模糊的困境,他主张在探讨这个问题时有必要限制这个概念的使用范围,首先仅仅考察自然科学的概念。他声明他对自然科学的研究,并非为了显示科学研究过程或科学证明过程的逻辑结构,而主要是为了从逻辑角度研究科学的一种表达手段,这就是自然科学的概念。他说:"在自然科学中,我们使用"概念"这个名称表示科学研究的成果确定于其中的那种形式。从我们的观点看来,概念的形式始终——至少相对地——构成一种研究的结论。因此概念把研究所确定的东西表现为完备的。在此范围内,概念形成是自然科学中一切研究的目标,而对概念形成的考察一般说来似乎就是用以阐明自然科学方法的基本性质的卓越方式,具体说来似乎就是用以阐明自然科学方法与历史问题处理方法之间的关系的卓越方式。"[1]

由此出发,他在此书中力图说明按照自然科学方法进行的概念形成在什么范围内是有意义的,超出什么范围就会失去意义。他坚决反对自然科学的概念形成方法适用于一切科学领域这个传统观点,按照这个观点,一切科学概念形成的实质在于,人们力求形成普遍的概念,各种个别的事物都可以作为事例隶属于这种概念之下。事物和现象的本质就在于它们与同一概念中所包摄的对象具有相同之处,一切纯粹个别的东西都是非本质的。概念或者是通过对经验所与的对象进行比较而获得的,或者概念可能达到一种广泛的普遍性,以致它们远远超出直接经验的范围。在这种情况下,概念的内容是由所谓规律组成的,也就是由对于对象的一些或多或少广阔的领域所做的无条件的普遍的判断组成的,概念抛弃了一切使现实变成个别和特殊之物的东西,就这种意义来说,概念始终是普遍的。因此,关于个别的和特殊的事物的科学是不能成立的,即从对象的个别性和特殊性方面去阐述对象的科学是不能成立的。

李凯尔特承认关于概念形成的这个传统观点在自然科学领域内是能够成立的,但它不适用于历史领域或文化领域。他强调在概念形成中有两种对立的方法,即普遍化方法和个别化方法,前者适用于自然科学的概念形成,后者适用于历史科学或文化科学的概念形成。李凯尔特在此书中力图通过这两种方法的对比,阐明自然科学概念形成的界限这种看法的理论意义。他说:"这样一来,将更加清晰地显示自然科学概念形成的界限的基本意义。不仅如此,这种对比还将阐明历史程序本身的明确特征,特别是历史叙述或'历史概念'的明确特征,如果允许把历史概念与自然科学概念加以对比的话。"[2]

三 实在与现实

"实在"（Realität）和"现实"（Wirklichkeit）是李凯尔特的历史哲学的两个基本概念，他在本书第三、四版的序言中明确表示，他在此书中是把这两个概念当作同义词使用的，认为它们具有相同的意义，既指处于纯粹形态的物质存在，也指处于纯粹形态的心理存在，这种纯粹形态既独立于科学在概念上对它的任何改造，也独立于与之相关的任何意义和价值。他承认我们也许不能直接感知那种纯然地实在的东西或者纯然地现实的东西，但我们力图识别出这种东西，并对它形成概念，以便清晰地了解关于实在的知识的性质。这就是说，他在此书中把那些没有从方法论角度加以分析的、与价值无关的研究材料，称为实在的或现实的。他认为对实在或现实这个概念作这样的理解，既可避免实证主义的概念唯名论，也可避免任何形式的形而上学概念实在论。

按照李凯尔特的观点，实在作为经验的对象是一种由许多单一的事件和过程组成的无限杂多，这种杂多在时间上没有明确的开端和终结，在空间上没有明确的边界。实在作为整体而言是无限的，这意味着实在是无止境的，不能一览无遗，这就是他所说的实在在广延方面的无限性。而且，每一个事件或过程本身又可以被无限地分解，其组成部分也是无限的、多种多样的，这就他所说的实在在内涵方面的无限性。无论在广延或内涵方面，都不能对实在做出精确的、绝对无误的说明，因此他把实在称为非理性的。这个非理性的概念不是针对存在本身的性质，而是针对我们关于存在之物的经验陈述而言，这就是说，这是一个现象学命题，而不是一个本体论命题。

李凯尔特还考察了黑格尔的"价值实在论"。黑格尔有句名言："合理的就是实在的，而实在的就是合理的。"黑格尔没有把人们称之为"实在的"这一张纸称为"合理的"。作为一个彻底的概念实在论者，黑格尔必然认为那样的东西不能被看作真正的实在。"实在"这个词本身已经表明,理性和实在都肯定表示一种价值,因为只有那些具有意义或者价值的东西才配得上这个称号,任何与价值无关的东西都不配享有这个称号。因此,可以把这种观点称为"价值实在论"。李凯尔特既不赞同概念实在论,也不赞同价值实在论,而主张把实在本身与以各门关于实在的经验科学的性质为依据分别强调的那些意义截然区分开来。他说:"从这种观点出发,与黑格尔的用法相反,我提出下述命题用以指导本书中对这两个词的用法:合理之物不是局限于实在之物;仅仅是实在之物还不是合理之物。凡是注意到这条规则的人至少知道我用现实之物和实在之物所意指的东西。"[3]

四 自然、精神与文化

在李凯尔特的历史哲学中,"自然"、"精神"和"文化"是三个紧密相连的概念,它们在本书中反复出现。从普遍化科学的观点看来,现实主要分为两种实在:一种实在占有空间,这就是物理实在;另一种实在不占有空间,这就是心理实在。各种科学研究都严格地把物理实在和心理实在区分开。因此,从普遍化科学的观点看来,有两个明确地划分开的研究领域,相应地也必然有两个普遍化的专门科学体系,其中一个研究物理实在,另一个研究心理实在。李凯尔特却认为,就它们的逻辑的、因而形式的结构而言,这两个体系是彼此相同的,对物理现象或心理现象的每种专门研究,都能在这些结构之中找到自己的位置。

从物理实在和心理实在的区分中,有些人提出自然与精神的区分以及自然科学与精神科学的区分,把自然理解为物理实在,把精神理解为心理实在,物理实在是自然科学的研究对象,心理实在是精神科学的研究对象。李凯尔特不赞同把精神理解为心理实在,也不赞同把心理实在看作精神科学的研究对象。他说:"我现在不把'自然'仅仅理解为物质世界,也不把'精神'理解为个人的内在心理生活。毋宁说,'精神'指的是某种本质上不同于、甚至在很大程度上不依赖于一切纯粹心理体验的事物。"[4]在他那里,他所说的"精神"接近于黑格尔所说的那种与"主观精神"相对立的"客观精神",剩下来的那些被看作纯粹"非精神"的事物,则可以纳入"自然"之内。

至于"精神科学"(Geisteswissenschatt)这个概念,李凯尔特认为,如果人们普遍地同意把精神与心理存在截然区分开,那就可以继续使用"精神科学"这个概念。在那种情况下,精神科学在研究精神之物时,不是局限于那个作为一切物理事件和心理事件的总和的感性知觉世界,而是思考在这个世界里那些具有"意义"的事件或事物,人们既不能用"外在的"感知,也不能用内在的感知去把握这些事件或事物,只能以非感知的方式加以理解。如果人们同意把这个既不是物质的、也不是心理的可理解之物的世界标志为"精神",以与一切纯然是心理之物相对立,那就可以继续使用"精神"、"精神科学"这些词。"不过,就目前情况而言,只要'精神'这个词通常被用于主要指一种心理存在,那么把某些学科说成是对人类'精神'的种种表现进行研究,就只能导致在方法论中出现模糊和混乱。"[5]

按照李凯尔特的观点,这个问题的关键不在于有一组科学研究物理实在,另一组科学研究心理实在,而在于从方法论的观点必须看到有一组科学把它的题材、即自然看作没有价值,没有意义,可以把它纳入普遍概念之中,另一组科学却把它的题材即文化表现为有意义的、与价值相联系的,从而不满足于采用自然科学的普遍化方法。后一组科学为了正确理解它们的研究对象的个别性和特殊性,必须采取个别化的方法。因此,他强调说:"把这些学科称为'研究文化现象的历史科学',比用'精神'这个模糊不清的空洞概念来标志这些学科,能够更加清楚地表述这个事实。"[6]

由此出发,李凯尔特主张用自然和文化的对立取代自然与精神的对立,用自然科学与文化科学的对立取代自然科学与精神科学的对立。关于自然和文化这一对概念,他认为按照这两个词原来的含义,自然产物是自然而然地由土地里生长出来的东西,文化产物是人们播种之后从土地里生长出来的。根据这种含义,自然是那些从自身中成长起来的、'诞生出来的'和任其自生自长的东西的总和;与自然相对立,文化或者是人们按照所估计的目的直接生产出来的,或者是虽然已经是现成的、但至少是由于它们固有的价值而为人们特意保存下来的。他强调文化与价值的密切联系,认为没有一种使财富和不具有价值的现实区分开来的价值观点,就不能发现文化和自然的显著区别。

他还认为,文化价值或者事实上被大家公认为有意义的或有效的,或者至少被文化人假定为有意义的或有效的,它的有效性、从而那些具有价值的对象的意义也被假定为一种只是纯粹个人的意义;不仅如此,文化就其最高意义而言不是与那些简单的愿望的对象相关,而必然是与财富相关。宗教、教会、权利、国家、伦理、科学、语言、文学、艺术、经济以及它们借以进行活动所必要的技术手段,在其发展的任何一个阶段上无论如何也是严格地就下述概念而言的文化对象或财富:它们所固有的价值或者被全体社会成员公认为有意义的或有效的,或者可以期望得到他们的认可。

五 价值联系与评价

价值是李凯尔特的历史哲学的核心概念,他明确声明,没有价值也就没有任何历史哲学。关于什么是价值,他强调指出,价值决不是现实,既不是物理的现实,也不是心理的现实。价值的实质在于它的有效性或有意义性,而不在于它的实际的事实性。他说:"我们不是把价值理解为价值附着于其上的那些实在的财富,也不是把它理解为现实的评价活动(die Akt des Wertens),或者理解为对价值表示一定看法的估价活动(die Wertung)。……毋宁说,我们指的是那些非现实的、与任何实在相分离的价值本身。文化财富的意义正是针对这些价值而言,在文化财富被看作价值这个范围内,我们才考察这些财富。"[7]

不过,这并非意味着李凯尔特否认价值与现实之间的联系。相反,他指出价值与现实之间存在着两种类型的联系:一是价值附着于现实对象之上,并由此使对象变财富;另一是价值与主体的活动相联系,并由此使主体的活动变为评价。为了确定某种财富是否配得上财富的称号,或者某个评价是否正确,可以从与财富和评价相联系的那种价值的有效性的观点,对财富和评价进行考察。李凯尔特十分强调理论的价值联系与实践的评价之间的原则区别,认为这是两种就其逻辑实质而言有原则性区别的活动。理论的价值联系处于确定事实的领域之间,反之,实践的评价则处于这一领域之外。只有当价值实际上被主体加以评价,因而某些对象实际上被看成财富的时候,历史学才对价值加以考察。因此,即使历史学与价值有联系,它也决不是评价的科学,历史学只是对实际存在的东西做出确定。

按照李凯尔特的观点,在历史上重要的或有意义的事件,不仅包括那些促使文化财富得到实现的事件,而且包括那些阻碍文化财富得到实现的事件。说一个对象对于实现文化财富具有意义,这决不意味着对这个对象做出评价,因为评价始终必须是或者肯定、或者否定。例如,历史学家作为历史学家来说,可以不必对法国革命对于法国或者欧洲有利或者有害这一点做出判断,因为这是一种评价。反之,任何一个历史学家都不会怀疑,在法国革命这个词中包含的事件,对于法国或者欧洲的文化发展来说是有意义的或重要的,必须从其个别性方面把它作为本质成分包括到法国史或者欧洲史的叙述之中,因为这绝不是评价,而是理论的联系。他强调说,评价不属于历史概念形成这个概念,反之,只有通过与起指导作用的文化价值发生联系,事件在历史上的意义才能显现出来。

有些人经常用"规范"概念取代"价值"概念,把价值哲学定义为关于规范或者规范意识的学说,把哲学的个别部门(特别是伦理学、逻辑学)称为规范学科,把理论的哲学称为思维的伦理学。李凯尔特反对这种做法,因为这种做法把每一种价值都看作伦理价值,把科学的任务错误地理解为以下述方式提出规范,即让规范转向人们的意志,或者告诉人们应当做些什么。他说:"如果有人说专门科学确定事物事实上是什么,哲学则确定事件应当是什么,那便是对价值作了完全错误的理解。"[8]他强调只要哲学是以纯粹科学的方式进行研究,哲学就仅仅与价值的有效性以及在理论上对此做出的理解相关,因此,我们最好不要从规范学科的概念着眼,把哲学研究界定为价值科学。

六　历史的文化科学

李凯尔特着重研究的是历史科学或者历史的文化科学。在他看来,有一些科学,它们的目的不是提出自然规律,甚至一般说来也不是形成普遍概念,这就是最广泛的意义上的历史科学或历史的文化科学。这些科学力图从现实的个别性方面去说明现实,这种现实决不是普遍的,而始终是个别的。一旦对个别性进行考察,自然科学的概念就必然失去其作用,因为自然科学概念的意义恰恰在于把个别的东西作为非本质成分排除掉。无论如何,只要所研究的对象被看作整体,历史学家总是愿意对个别的东西本身做出科学的说明。历史科学把对一次性的、个别的、特殊的东西做出表述看作它自己的任务,而且人们也必须从这个任务出发去说明历史学的本质。

按照李凯尔特的观点,自然和历史不是两种截然不同的实在,而是当我们从普遍性的观点观察现实时,现实就是自然,当我们从个别性、特殊性的观点观察现实时,现实就是历史。在前一种场合下,无限众多的对象被纳入普遍概念的体系之中,这个体系对这些无限众多的对象之中的任何一个事例都同样适用,它把那些反复出现的事物表述出来。反之,在后一种场合下,是以下述方式去理解各种特殊的、一次性的现实,即把每个单一的事物的特殊性和个别性表述出来,把那些在任何地方都不会重复出现的事件纳入它的叙述之中。

李凯尔特强调要从现实与文化价值相联系的观点去观察现实,认为只要把对象看作整体,那么对象的文化意义就不是依据于它与其他现实的相似之处,而是依据于它与其他现实的相异之处。因此,必须把我们从现实与文化价值相联系的观点所观察到的现实,也看成是特殊的和个别的。随着相关的文化价值愈益独特地与某一事件的个别形态相连结,这一事件的文化意义也往往相应地愈益增长。因此,只要涉及文化事件对于文化价值的意义,那就只有个别化的历史研究方法才是适用于文化事件的方法。因为,在研究文化事件的历史科学看来,现实分为本质成分和非本质成分,也就是分为历史上有意义的个别性和纯粹的异质性。我们形成历史概念,就是在保存现实的个别性和特殊性的条件下改造现实的异质连续性。我们可以区别开两种个体,一种是作为纯粹异质性的个体,另一种是就狭义而言的个体。前一种个体与现实本身相等同,不能被任何科学加以研究。后一种个体是对于现实的一定理解,可以被纳入概念之中。在无限众多的、个别的、异质的对象中,历史学家首先研究的只是那些在其个别特征中或者体现出文化价值本身、或者与文化价值有联系的对象。在任何一个单一的对象从其异质性方面向历史学家提供的无限众多的成分当中,历史学家又选择那些作为文化意义的依据、构成历史的个别性并与纯粹的异质性不同的成分。因此,文化概念给历史概念的形成提供了一条选择本质成分的原则。通过文化所固有的价值以及通过与价值的联系,可叙述的历史个别性概念才得以形成。

对于如何研究历史科学,李凯尔特声明,由于他把《自然科学概念形成的界限》一书看作历史科学的逻辑导论,因此他在此书中着重从逻辑角度,也就是从形式方面去考察历史科学。他试图通过自然科学方法和历史科学方法的对比,也就是通过普遍化方法和个别化方法的对比,阐明历史程序本身的规定性特征,特别是历史叙述或历史概念的规定性特征。他声明他在本书中考察的不是就狭义而言的"历史科学",即不是着重考察历史题材本身,而是着重考察历史科学的逻辑,考察历史科学的那些逻辑的、即形式的概念。他说:"如果我们希望对历史学和自然科学的相互关系获得一种逻辑上的清晰认识,我们首先考察的历史概念只能是形式的。"[9]这就是说,他在本书中着重从逻辑上以形式的方式对科学概念做出界定。他同时表示他对历史的形式方面的强调,并不意味着他轻视历史的内容方面。不过,他在此书中着重从逻辑的或形式的观点考察历史科学,认为"只有通过一种逻辑的方式才能从哲学上理解自然科学和历史学在它们的那些突出的实质性特征方面的区别。换句话说,只有通过这种方式,我们才能理解历史科学对于以认识论为基础的哲学来说意味着什么。"[10]

七 历史叙述的客观性

历史叙述是否具有科学的客观性,或者更准确地说,历史科学是否与自然科学一样具有同等程度的科学客观性,这是本书选译的"自然哲学和历史哲学"一章中李凯尔特着重讨论的核心问题。他这样提问:是否现实过程中的特殊、个别之物在其特殊性和个别性方面通过与某种意义相联系而获得一种重要性,而且历史思维也因而获得一种与自然科学的理论根据同样重要的理论根据?他认为只有通过对这个问题做出回答,才能解决历史叙述是否具有科学客观性的问题。

为了论证历史科学或历史叙述具有科学的客观性,李凯尔特从批驳自然主义者对这个问题的看法着手,因为自然主义者一向否认历史方法具有科学的客观性。按照自然主义者的观点,历史科学既然是从特殊和个别的观点去叙述现实之物,把价值观点看成用以形成历史概念的原则,因此历史学家必然始终持一些动摇不定的个人见解,历史学家主张的那些"目的论的"或与价值相联系的发展系列始终是个人随意做出的结果。与此相反,自然科学总是朝着无目的的、有效的规律推进。历史科学则始终被禁锢于人们制定的规章制度之内。自然主义者由此得出结论说:或者只有一门科学、即自然科学,历史学根本不配称为科学;或者只有当赋予历史学以自然科学的、或者至少是与价值无关的基础时,才能使历史学变成一门科学。

李凯尔特着重分析后一个结论,即自然科学是否有能力把自然科学的方法移植到历史学之中而改变历史学的现状。在他看来,自然主义者要做到这一点,可能采取两个办法:一是不把价值看作历史概念形成的指导观点,并用一种与价值无关的历史哲学取而代之;二是从自然概念本身中获得一种价值,它以客观的方式规定什么是变化,或者它作为"自然价值"使历史概念形成的客观性不再受到干扰。

李凯尔特认为这两个办法都是行不通的。有些自然主义者试图通过发现历史发展规律来建立一种自然科学的历史哲学,以论证历史叙述具有科学的客观性。这些人认为,历史学家应当对各种不同的历史发展系列进行相互比较,把它们的共同之点作为本质之物突出起来,然后利用这些结果去划分历史阶段,发现历史发展的规律。李凯尔特却认为,如果进行这种比较,那就必须借助于以前已经确立起来的文化价值,才能确定对哪一些历史发展系列进行比较。从一种与价值无关的自然科学观点出发,不可能确定必须对哪一些历史发展系列进行比较。历史发展系列为数众多,历史学家不能通过分析少数的发展系列去发现历史发展规律,至多只能得出一些不大可靠的猜测。他说:"这些猜测易于导致这样的结果,即历史学家是怀着一些没有经过论证的先入之见去研究他的对象,这些先入之见恰恰不适合赋予历史叙述以我们所期望的那种'客观性'。"[11]

李凯尔特始终强调规律决不能成为从个别性方面叙述一次性的历史发展系列时所使用的指导原则,此时所使用的指导原则始终是价值,因为只有考虑到价值,个别之物才可能成为本质之物。如果某个地方出现过一种假象,仿佛有一条普遍的发展规律成为在叙述一次性的、个别的发展系列时用以选择历史中本质之物的原则,那么这种"规律"根本不是任何自然规律,而是价值原则的图式。他在此书中花了很大篇幅批驳自然主义者为否认历史叙述具有科学客观性而提出的种种论据,最后他断定说:"诚然,在自然主义看来,并没有任何历史学;可是,对于历史学是否可能被看成是科学,自然主义也绝对提不出任何论证。因此,从自然科学的观点出发,既不可能论证历史学具有科学的客观性,也不能对历史学提出任何有根据的怀疑和异议。"[12]

然后,李凯尔特分别考察历史叙述的经验的客观性、形而上学的客观性以及价值的客观性。关于历史叙述的经验的客观性,李凯尔特认为,如果我们不是关注材料的可靠性,而是关注概念形成的原则,那么在与价值相联系的历史概念形成中起指导作用的价值,在经验方面并不比自然科学为了从经验方面对各种对象进行比较所采取的那种观点,具有较少的客观性。因为,在历史学中,人们关注的只是对象与那些事实上得到普遍认可的价值的关系。有些人认为历史概念之所以具有较少的科学性,是因为它隐含有一种主观随意性,这表现为在历史概念的形成中起指导作用的恰恰是这一些文化价值,而不是另一些文化群体的另一些文化价值。李凯尔特对此反驳说,既然历史学能够很好地满足它所诉诸的那一切人都认可这门学科的指导观点这个要求,因此这门学科就选择的主观随意性这一点而言完全没有落后于自然科学。他说:"历史学家参照一些经验地给予的、被一定群体看作在规范上是普遍的文化价值,只限于借助一些具有个别内容的历史概念,把过去事件的一次性的个别过程陈述出来,从而达到从彻底的经验主义观点看来在科学中可能达到的最高的客观性。"[13]

李凯尔特还提出这样一个超越经验的假设,即某些价值是绝对有效的,人的一切价值立场都与这些价值保持一种不止是随意确定的关系。他认为这是一个不可避免的形式上的假设,它不涉及我们所认识的那种文化价值是否在内容上要求具有绝对的普遍性。这个形式上的假设能够充分满足就最严格意义而言的历史客观性,因为如果至少有某一些价值是绝对有效的,因而人们的那些内容充实的、规范性的普遍价值就在客观上或近或远地与这些价值相接近。在那种情况下,人们的文化发展也就与这些绝对有效的价值具有一种必然联系,以致不能把那种从规范上普遍的价值观点、从历史的一次性过程方面去认识历史的努力,看成是纯粹的主观随意性的产物。

至于历史叙述是否应当具有一种形而上学的客观性,李凯尔特在这个问题上持明确的否定立场。首先,他不赞同传统的形而上学实在观。按照这种实在观,存在着两种实在,一种是经验的"现象世界",另一种是超验的、绝对的形而上学实在,后者作为"本质"处于现象之后。他说:"我们把任何一种假定有两种现实的观点称为'形而上学的',其中一种是经验的现象,另一种是绝对的、'处于其后的'现实。与此相对应,如果科学概念的有效性取决于它们的内容在多大程度上再现了那种绝对的真实的存在,我们便称之为形而上学的客观性。"[14]其次,他否认上述这种形而上学客观性,不仅认为自然科学不具有一种科学上有根据的形而上学客观性,而且强调历史叙述也不可能具有那样的形而上学客观性。在他看来,那种旨在以逻辑方式从经验现实向绝对实在推进的形而上学,不可能给与历史学以一种形而上学客观性。有人可能认为,如果假定经验的现实与那些在形式上普遍的价值有一种必然联系,这种联系已被看作历史学具有科学必然性的前提,那么这个单纯的假定中就包含有一个形而上学信念。他却认为,即使情况如此,那也只有在绝对价值的绝对有效性的信念不再受到怀疑的情况下,才能形成关于这种见解的正确性的信念,而且这种信念还必须建立在关于这种有效性的信念之上。他认为一种如此建立起来的形而上学绝不适合于给历史学的客观性提供依据。他说:"事实上,从形而上学客观性的理想这种观点看来,这两门科学的客观性都同样是微不足道的,这就是说,就这两门科学而言,所说的都不可能是它们的内容与那种独立于任何概念形成而存在着的现实相符合。那种建立在以反映'真实存在'为目的的认识概念之上的科学客观性概念,从各种观点来看都是应否定的。"[15]

最后,李凯尔特考察价值的客观性问题,对有些人指责历史叙述是"主观主义"的这种论调进行辩驳。他始终强调价值观点作为历史叙述的指导原则的重大作用,承认历史叙述中不可避免地含有"主观主义"成分。因为,在他看来,概念的有效性仅仅依据于认识主体在形成概念时进行的活动,这种活动无论在自然科学或者在历史学把材料改造为概念的过程中都起着决定性作用,在任何场合下,都需要把本质之物与非本质之物区分开,而且认识主体总是要做出这种区分。认识主体在认识活动中不仅直观着或者想象着,而且要对接受下来的东西采取某种态度。科学的认识不仅依赖于进行想象的主体,而且他的这种依赖还必须进一步被那个进行评价的主体所确认。由于价值是历史学的指导观点,因此历史学不仅依赖于进行想象的主体,而且依赖于做出评价的主体,在此范围内,我们的历史叙述中不得不含有一定的"主观主义"成分。他同时指出这种情况不仅存在于历史学中,而且同样存在于自然科学中,因为在自然科学中不仅科学的形式,而且科学的材料,都必定与做出评价的主体有联系。他说:"因此,根本没有一种与那个做出评价的、承认形式与内容紧密相连的主体没有任何联系的认识。"[16]在他看来,这种情况足以表明,任何一种知识的概念在什么程度上包含有做出评价的主体的思想。如果人们了解这一点,人们也就知道仅仅从认识论的观点看来科学概念形成的客观性问题可能意味着什么。他说:"这个问题仅仅取决于认识主体在认识过程中对之做出判断的那些价值的有效性。如果这些价值是有效的,那么参照这些价值而形成的概念便具有科学的客观性,而且甚至是人们能够期望的那种最高的客观性。"[17]

涂纪亮

2006 年 10 月于北京

注　释

〔1〕 李凯尔特:《自然科学概念形成的界限》,"导论",1921 年德文版,第 15 页。
〔2〕 同上书,第 15 页。
〔3〕 同上节,"序言",第 xvii-xviii 页。
〔4〕 本书第一部分"序言",第 xviii 页。
〔5〕 同上书,第 xix 页。
〔6〕 同上书,第 xix 页。
〔7〕 本书第二部分,第 210 页。

〔8〕 本书第二部分,第 211 页。
〔9〕 李凯尔特:《自然科学概念形成的界限》,"导论",1921 年德文版,第 16 页。
〔10〕 同上书,第 18 页。
〔11〕 本书第二部分,第 140 页。
〔12〕 本书第二部分,第 155 页。
〔13〕 本书第二部分,第 161 页。
〔14〕 本书第二部分第 172 页。
〔15〕 本书第二部分,第 184 页。
〔16〕 本书第二部分,第 189 页。
〔17〕 同上。

《文化科学和自然科学》译者前言

在现代思想意识的斗争中,历史哲学问题具有重要地位。现代资产阶级哲学的主要流派,如新康德主义、新黑格尔主义、实用主义、新托马斯主义等等,都提出自己的历史哲学理论,以与历史唯物主义相对抗。

新康德主义的历史哲学理论以弗赖堡学派的观点为代表。弗赖堡学派以德国弗赖堡大学为中心,又名西南学派或巴敦学派,其创始人是文德尔班,其追随者有李凯尔特、拉斯克、包赫等人,他们着重研究社会历史问题,提出所谓"个别记述方法"的历史哲学理论。在19世纪末至20世纪初,这个学派的观点在德国广为流传,并对当时和以后的资产阶级历史理论发生巨大影响。

李凯尔特是弗赖堡学派最著名的代表之一,1863年生于但泽,1891年开始在弗赖堡大学任教,1916年作为文德尔班的继承人在海德堡大学任教,1936年病逝。他继承文德尔班的基本观点,并大大加以发展,使新康德主义的历史哲学理论达到其完成形态。他的历史哲学观点在其主要著作《认识的对象》(1892)、《自然科学概念形成的界限》(1896)和《文化科学和自然科学》(1899)中得到最充分的表述。

李凯尔特是围绕着科学的分类问题提出他的历史哲学理论的。在他看来,由于科学既可以从它所研究的对象的角度,也可以从它所采用的方法的角度而相互区别,因此既可以从质料的观点、也可以从形式的观点来对科学进行分类。从这点出发,他提出了两种基本的对立:自然和文化的对立;自然科学和历史的文化科学的对立。

自然和文化的对立就是他所谓的科学的"质料分类原则"。按照他的观点，自然是那些从自身中生长起来的、诞生出来的、自生自长的东西的总和，文化则或者是人们按照预定目的生产出来的，或者虽然早已存在、但至少由于它所固有的价值而为人们特意保护着的。在这里，他特别强调他的"价值"概念。他认为价值是区分自然和文化的标准：一切自然的东西都不具有价值，不能看作是财富，可以不从价值的观点加以观察；反之，一切文化产物都必然具有价值，都可以看作是财富，因此必须从价值的观点加以考察。

与这条"质料的分类原则"相比较，李凯尔特更加强调的是所谓科学的"形式的分类原则"，即根据科学所采用的方法对科学进行分类。在这方面，他提出所谓"现实的连续性和异质性原理"，以之作为自己论证的出发点。他说，一方面，现实中的一切都在渐进地转化，没有任何飞跃，每个占有一定空间和一定时间的形成物都具有这种连续性，这一点可称为关于一切现实之物的连续性原理；另一方面，每个现实之物都具有自己特有的、个别的特征，现实中的一切不是绝对同质的，而是互不相同的，这一点可称为关于一切现实之物的异质性原理。现实正是由于具有这样的连续性和异质性，因而不能如实地包摄在概念之中，从这个意义上说，现实是非理性的。

他认为科学不能如实地认识现实，只能在概念上把现实的连续性和异质性分开，使之或者变为同质的连续性，或者变为异质的间断性，似乎这样一来科学概念就获得了控制现实的权力，而现实也就变成理性的了。因此，在科学中出现两种截然相反的形成概念的方法：一种是把现实的异质的连续性改造为同质的连续性，数学就采用这种方法，它所注意的只是现实的量的方面，而不关心现实的质；另一种是把现实的异质的连续性改造为异质的间断性，历史学就采用这种方法，它以分割现实的连续性为代价而保持现实的异质性。

从这一点出发，他把科学分为自然科学和历史的文化科学，并形而上学地把它们对立起来。一方面，自然科学把与任何价值都没有联系的事物和现象看作自己的对象，它的兴趣在于发现对于这些事物和现象都有效的普遍联系和规律,因此必须采用"普遍化的方法"。这一点既适用于物理学,也适用于心理学。这些科学都不从价值和评价的观点去考察自己的对象,都把个别、特殊之物当作非本质成分而不予考虑,仅仅把大多数对象所共有的成分包括到自己的概念之中。

另一方面是历史的文化科学。在这里,他提出文化和历史两个概念以与自然概念相对立。他说,历史的文化科学作为文化的科学来说,要研究与普遍文化价值有关的对象,而作为历史的科学来说,则必须从对象的特殊性和个别性方面叙述对象的一次性发展。他认为这样一来就既得出了这些科学的历史方法,也得出了它们形成概念的原则。在他看来,对历史的文化科学来说,只有那些在其个别性方面对于作为指导原则的文化价值具有意义的事物,才是本质的。在大多数情况下,文化事件的意义正是依据于使这一文化事件有别于其他文化事件的那些特性;反之,它与其他文化事件相同的因素,对于历史的文化科学来说则是非本质的。

李凯尔特花了不少篇幅来论证这条"形式的分类原则",因为他正是在论证这条原则的过程中提出他的历史哲学的基本论点的,本文试图就此对他的历史哲学的基本观点作一点评论和分析。

一

弗赖堡学派的创始人文德尔班早就提出,科学的认识目的在形式上的性质是科学分类的原则。有一些科学是寻找一般规律的,另一些科学则寻找个别的历史事实。由于科学的认识目的不同,便相应地存在着两种不同的思维形式和研究方法:在自然科学中占主要地位的是"综合思维"的形式,所采用的是"规范化"的方法;而在历史学中占主要地位的是"个别记述思维"的形式,所采用的是"表意化"的方法。李凯尔特继承了文德尔班的观点,并进一步加以发展。首先,他强调指出,文化领域里只有个别的东西,自然领域里才有一般的东西。自然领域内的个别的东西可以看作是一般概念或一般规律的事例,而文化领域内的个别的东西则决不能被理解为一般概念或一般规律的事例。他说:"树上的任何一片树叶,化学家的蒸馏器中的任何一块硫磺,都是一个个体,它作为个体,跟任何伟大的历史人物一样,是不能完全包括在任何概念之中的。但是,只要我们面前有一些树叶或许多块硫磺,我们的确会不由自主地把这些给予我们的单一个体变成概念。也就是说,我们不去注意使之成为个体的那些东西,而且我们也应该这样做,因为,只有这样,我们才能得到自然科学意义上的'硫磺'或'树叶'。"[1]但是,如果谈的是一个人,那就完全不可能不管这种区别了。在这里,"如果把某个人,譬如说,把歌德变成概念,那我们一定马上就会发现这一点,因为那时候我们脑子里留下来的只是诗人、部长和人的概念,已经不是歌德了。"[2]

从一般和个别的这种形而上学对立出发,李凯尔特进一步把自然科学和历史的文化科学、自然科学方法和历史方法形而上学地对立起来。他的论证十分简单:既然自然领域里只有一般的东西,因此以自然领域为研究对象的自然科学只能采用普遍化的方法;反之,既然文化领域里只有个别的东西,因此以文化领域为研究对象的历史的文化科学只能采用个别化的方法。他认为自然科学所要形成的是普遍的概念,在这种概念中不包含任何一个单一对象的特殊性和个别性。他引用柏格森的一个比喻来说明这一点:"自然科学只缝制一套对保罗和彼得都同样适合的、现成的衣服,因为这套衣服并不是按照这两个人的体形裁的。如果自然科学'按照每个人的形体'进行工作,那它就必须对自己所研究的每个对象构成新的概念,但这是与自然科学的本质相违背的。"[3]因此,自然科学应当采用普遍化的方法去形成普遍的概念以至于规律的概念。与此相反,历史的文化科学的目的,则不是形成普遍的概念或规律的概念。他说:"这些科学不想缝制一套对保罗和彼得都同样适合的标准服装,也就是说,它们想从现实的个别性方面去说明现实,这种现实决不是普遍的,而始终是个别的。"[4]这些科学把叙述一次性的、特殊的和个别的事件和现象看作是自己的任务,而为了完成这项任务就必须采用个别化的方法。

李凯尔特的这些论点的形而上学性质十分明显。首先,一般和个别本身就不是绝对对立的。列宁指出:"个别一定与一般相联而存在。一般只能在个别中存在,只能通过个别而存在。任何个别(不论怎样)都是一般。任何一般都是个别的(一部分,或一方面,或本质)。"[5]个别和一般的这种辩证关系,既存在于自然界,也存在于社会生活和意识形成领域。在社会生活中,任何个别事件,不管它怎样特殊,总要受一般规律的制约。任何一个历史事件中,既包含特殊的、个别的因素,也包括一般的、普遍的因素,后者存在于前者之中,并通过前者表现出来。不理解一般和个别的这种辩证关系,就既不能理解历史的一般规律,也不能理解任何个别的历史事件。李凯尔特妄图在一般和个别的形而上学对立的基础上,把所谓普遍化方法和个别化方法、自然科学和历史的文化科学截然对立起来,这种作法的基础本身就是站不住脚的。

其次,所谓普遍化方法和个别化方法的形而上学对立也是没有根据的。因为,自然科学和社会科学虽各有特点,但两者绝不是绝对对立的。这两类科学都应从研究个别对象着手,揭示自然界和社会的一般发展规律。一方面,难道自然科学只研究一般的东西吗?难道个别的东西对于自然科学来说中只是普遍概念或一般规律的事例吗?难道球对于地质学来说只是普遍概念的事例吗?对于后面这个问题,普列汉诺夫作过回答:"不是。地质学研究的是地球的历史,而不是其他任何天体的历史,正如俄国史研究的是我们祖国的历史,而不是其他任何国家的历史一样。地球历史的'个别化'毫不次于俄国史、法国史等等。因此,它根本不能装在李凯尔特企图规定的那种划分的框子之内。"[6]另一方面,虽然任何历史概念的范围都受一定对象或现象的限制,但它本身必定包含某种一般的东西。例如,虽然谁也不会怀疑歌德只是个别的人,没有第二个歌德,但是,难道歌德不具有与别人相同的特征吗?难道历史学家用不着理解社会历史发展的普遍规律也能科学地评述任何历史人物吗?事实上,没有任何一门科学或者只采用所谓普遍化方法,或者只采用所谓个别化方法。

二

　　李凯尔特的历史哲学的另一个基本观点,表现在他的有关"价值"的言论中。"价值"是李凯尔特的历史哲学的基本范畴,它在他的理论中起着特别巨大的作用。前面已经说过,李凯尔特认为价值是区分自然和文化的决定性标准,自然是肯定没有价值的,不需要从价值的观点加以观察,而文化产物必定是具有价值的,必须从价值的观点加以考察。他说:"通过与价值的这种联系(这种联系或者存在或者不存在),我们能够有把握地把两类对象区别开,而且我们只有通过这种方法才能作到这一点,因为撇开文化现象所固有的价值,每个文化现象都可以被看作是与自然有联系,而且甚至必然被看作是自然。"[7]

　　不仅如此,李凯尔特还认为价值是历史学家挑选材料时借以区分本质成分和非本质成分的标准。历史学家在叙述某一历史事件时,怎样确定哪些材料是"本质的"、"重要的"或"有意义的"呢?在他看来,这个问题只有通过考察历史对象同文化财富所固有的价值的联系,才能得到解决。在这种联系存在着的情况下,历史事件便是"本质的"、"重要的"、"有意义的";反之,在这种联系不存在的情况下,历史事件便是"非本质的"、"不重要的"、"无意义的",不属于历史叙述的范围。李凯尔特把这一点称为"价值联系原则",并把历史科学的所谓个别化方法称为"与价值联系的方法"。他甚至说:"没有价值,也就没有任何历史科学。"[8]

　　与此同时,李凯尔特特别把"价值"与"评价"区别开来。他认为价值与现实的联系有两种方式。一种联系方式是价值附着于对象之上,并通过这一点使对象变成财富;另一种方式是价值与主体的活动相联系,并通过这一点使主体的活动变成评价。他认为,实践上的评价和理论上的价值联系是两种就其逻辑实质而言有原则性区别的活动。历史学家仅仅遵循价值原则,确定哪些历史事件是本质的或是非本质的,是有意义的或是没有意义的,而不对历史事件作肯定的或否定的评价。李凯尔特举了一个例子来说明这一点:"例如,历史学家作为历史学家来说,可以不必对法国革命对于法国或欧洲有利或者有害这一点做出决定。这是一种评价。反之,任何一个历史学家都不会怀疑,在法国革命这个名词之下所包括的那些事件对于法国或者欧洲的文化发展来说是有意义的和重要的,因此必须从其个别性方面把它们作为本质成分包括到欧洲史的叙述之中。这决不是实践上的评价,而是理论上的价值联系。简言之,评价必定是赞扬或责难。然而,无论赞扬或责难都与价值没有联系。"[9]

李凯尔特所谓的"价值"究竟是什么呢?他对此作了回答:"关于价值,我们不能说它们实际上存在着或不存在,而只能说它们是有意义的,还是无意义的。"[10]又说:"价值绝不是现实,既不是物理的现实,也不是心理的现实。价值的实质在于它的有意义性,而不在于它的实际的事实性。"[11]他认为价值是超验的,是经验的认识所不能达到的,"它们往往在主体和客体之外形成一个完全独立的王国。"[12]可见,他的所谓"价值"原来是某种实际上并不存在的、神秘离奇的东西,是一种主观唯心主义的虚构,与我们所说的价值根本不是一回事。对于李凯尔特的"价值"观点,普列汉诺夫也曾提出过批评。他说,诚然"每个历史学家要从一定价值的观点来挑选自己的科学材料——把本质的和非本质的分开。全部问题在于这种价值的性质是怎样的。但是这个问题完全不能用这样的话来回答:这里的价值属于文化价值的范畴。完全不能!作为科学家——并且在自己的科学范围之内——,历史学家认为有助于他确定那些事件(其总和构成他所研究的个别发展过程)是因果关系的东西是本质的东西,而与此无关的东西是非本质的东西。因此,我们在这里所谈的绝不是李凯尔特所谈的价值范畴。"[13]

还应当指出,历史学家在叙述历史事件时,也不是像李凯尔特所说的那样不对历史事件作任何评价。阶级社会的历史是阶级斗争的历史,任何一部历史著作总是或明或暗地表现出作者的阶级立场,没有任何一个历史学家是从李凯尔特的所谓"价值"观点去挑选材料而又不对历史事件做出评价。

三

否认社会历史发展规律的存在,攻击历史唯物主义,这是李凯尔特提出他的历史哲学的最终目的,也是他的历史哲学所负的社会使命。

李凯尔特是从自然和文化、一般和个别的形而上学对立出发去否认社会历史发展的规律性的。他推断说,自然界里既然只有一般的东西,亦即只有普遍必然的东西,因而存在着规律性;反之,在社会历史领域内,一切都是个别的、不重复的,因而不存在任何规律性。他认为,历史发展的概念和规律的概念是相互排斥的,对于个别、特殊的事物,如果用一般规律去硬套,妄图确定某些一般的原则,那就是莫大的荒唐。他说:"由于规律概念所包括的仅仅是那种可以永远看作是无数次重复出现的东西,所以历史发展的概念和规律的概念是互相排斥的。"[14]就最广泛的形式意义而言的"历史概念、亦即就其特殊性和个别性而言只发生一次的事件这个概念,与普遍规律概念处于形式的对立之中"[15];"'历史规律'这个概念是 contratio in adjecto [用语的矛盾]"。[16]但是,李凯尔特的这些论点是站不住脚的,因为作为他的全部论证的出发点的自然和文化、一般和个别的对立就是不能成立的。一般和个别是辩证的统一,个别一定与一般相联系而存在,自然界里既有一般的东西,也有个别的东西,同样地,社会历史领域里既有个别的东西,也有一般的东西,因而也存在着客观规律。规律是现象中同一的东西,是本质的现象,是宇宙运动中本质之物的反映。规律既存在于自然界,也存在于社会历史领域。任何个别的历史事件,不论它怎样特殊,总要服从一般规律的作用。任何特殊的事件就其具体情况而言是不重复的,但这并不排除它的基本因素的重复性以及在此基础上形成一般规律的可能性。

李凯尔特在断然否认社会历史发展规律的同时,还否认历史唯物主义的科学性,认为历史唯物主义不是一门科学,而是一种"形而上学的观点",是"党派政治的产物"。他说,唯物史观"根本不是一种经验的、与价值相联系的历史科学,而是一种以粗暴的和非批判的方式臆造出来的历史哲学"。他还曲解历史唯物主义关于人民群众和个人在历史上的作用的原理,仿佛马克思主义只承认人民群众是历史的真正创造者,而根本否认个人在历史上的作用,或者用他自己的话来说,仿佛马克思主义"认为伟大人物在历史上是'非本质的',只有那种来自群众的事物才是有意义的"。他甚至曲解说:"从无产阶级的观点或者从被理论家们看作属于群众的观点看来,所考虑的主要是一种多半是动物的价值,结果只有那种与群众直接相关的事物、即经济生活才是本质的",由此产生了所谓"经济的历史观"。这种历史观"用肚子的理想代替了脑和心的理想",并认为"人类的全部发展归根到底不过是'为在食槽旁边争得一个位置而斗争'"。[17]

李凯尔特对历史唯物主义的这些曲解,在资产阶级哲学家中间是有一定代表性的。许多资产阶级哲学家正是像他这样借口历史唯物主义的阶级观点,诽谤历史唯物主义是政治的产物;借口历史唯物主义的群众观点,诽谤历史唯物主义是某种低级的东西;借口历史唯物主义重视经济因素在社会发展中的作用,诽谤历史唯物主义是所谓"经济的历史观"。然而,历史唯物主义正是由于具有这些观点,才成为一门远远高出于一切资产阶级历史哲学的真正科学。关于这一点,列宁曾作过十分精辟透彻的说明:"发现唯物主义历史观,或更确切地说,彻底发挥唯物主义运用于社会现象,就消除了以往的历史理论的两个主要缺点。第一,以往的历史理论,至多是考察了人们历史活动的思想动机,而没有考究产生这些动机的原因,没有摸到社会关系体系发展的客观规律性,没有看出物质生产发展程度是这种关系的根源;第二,过去的历史理论恰恰没有说明人民群众的活动,只有历史唯物主义才第一次使我们能以自然史的精确性去考察群众生活的社会条件以及这些条件的变更。马克思以前的'社会学'和历史学,至多是积累了片断收集来的未加分析的事实,描述了历史过程的个别方面。马克思主义则指出了对各种社会经济形态的产生、发展和衰落过程进行全面而周密的研究的途径，因为它考察了一切矛盾趋向的总和，并把这些趋向归结为可以确切判明的社会各阶级的生活和生产条件，排除了人们选择某一'主导'思想或解释这个思想时所抱的主观主义和武断态度，揭示了物质生产力的状况是所有一切思想和各种趋向的根源。"[18]

涂纪亮

写于1986年3月，北京

注 释

[1] 李凯尔特：《自然科学概念形成的界限》，德文版，第246页。
[2] 同上。
[3] 本书，第9页。
[4] 本书，第7页。
[5] 《谈谈辩证法问题》，《列宁选集》第二卷，人民出版社1972年版，第713页。
[6] 普列汉诺夫：《评亨·李凯尔特的一本书》，载《普列汉诺夫哲学著作选集》，第三卷，人民出版社版，第583页。
[7] 本书，第30页。
[8] 本书，第81页。
[9] 本书，第84—85页。
[10] 本书，第30页。
[11] 本书，第83页。
[12] 李凯尔特：《论哲学概念》，载《逻各斯》1910年第一卷，第33页。
[13] 普列汉诺夫：《评亨·李凯尔特的一本书》，《普列汉诺夫哲学著作选集》，第三卷，人民出版社版，第585页。
[14] 李凯尔特：《自然科学概念形成的界限》，德文版，第245页。
[15] 本书，第27页。
[16] 李凯尔特：《历史哲学》，俄文版，第36页。
[17] 参见本书，第103—104页。
[18] 《列宁选集》第二卷，人民出版社1972年版，第586页。

第一部分

文化科学和自然科学

第二版(1910年)序言

下面这本著作的基本思想,我曾于1899年在本地的"文化科学协会"第一次会议上做过讲演,后来作为报告发表。很久以来,这本简短的著作在书市上就买不着了。我怀疑是否我应当把它再版,因为自从我的《自然科学概念形成的界限》一书(1896—1902)完成以来,这本著作的最初形态已经不能再使我感到满意了。在这个讲演中,有一个非常重要之点、即价值对于文化科学的意义,还没有透彻地讲清楚。此外,在新版本中也不容许不考虑对这里研讨的诸问题的热烈讨论,这次讨论已部分地联系到我的方法论著作。

现在我以修改过的和做了较大补充的形态再一次把这本著作呈献出来,尽管它现在也没有很多地包含我在另一个版本中所未曾详尽阐述和深入论证的思想。这本著作希望以其新的形态适合于我在第一次发表它时已经想到的那个目的。它主要是为专门科学的研究者服务的,他们感到有必要自觉地认识自己活动的实质,而他们又没有兴趣或者没有时间去阅读众多的逻辑著作。这本简短的著作也许可用作我的《自然科学概念形成的界限》一书的导言。可是,它当然不能提供比一篇入门的导言更多的东西。它正应表明的是:科学的分类问题是多么复杂,流行的方案表面上看来简单明了,但远远没有解决问题;因此,这本著作也许能促使人们对这个领域进行深入的研究。

对于最近十年来越来越多地出现的方法论著作,我当然仔细地做过考虑,但是我只能明确地提到其中的一小部分。不能由此推断说,我不感谢对我的言论所提出的那许多深入的批评。特别是,只要想到不久以前出版的某些著作,我就乐意与狄尔泰、闵斯特伯尔格[1]、拉瓦(Rava)、赫波罗尔(Xenopol)等人的新著进行明辨是非争论。可是,本书的目的——尽可能简明扼要地陈述主要论点——不允许做这样争论性的论述。在我的论历史哲学一文(发表在库诺·费舍[2]纪念文集《二十世纪初叶的哲学》〔1905年第一版,1907年第二版〕中)的后面,附有1907年以前出版的最重要文献的目录。

当我在这里向我的深受尊敬的出版人保尔·西贝克(Paul Siebeck)博士先生致以衷心的谢意以感谢他盛情接受本书修订本的时候,我履行了一个愉快的义务。

1910年3月于弗赖堡

注　释

〔1〕 狄尔泰(Wilhelm Dilthey, 1833—1911),德国哲学家。闵斯特伯格(Hogo Münsterberg, 1863—1916),德国心理学家、哲学家。——译者注

〔2〕 费舍(Ernst Kuno Fischer, 1824—1907),德国哲学史家。——译者注

第四版和第五版(1921年)序言

如在第三版(1915年)中一样,本书在这次重新再版时也从头到尾做过仔细的校订,并做了若干补充。可是,内容和范围依然基本上没有变动。倘若这本简短的著作应当保持其作为导言的性质,这样做是必要的。由于这本书好几年来在书市上又卖完了,因此我认为这本对于我在别处详细地发挥过的思想所做的简要的和概括的阐述,有其存在的权利。我这次也必须克制自己不和我的批评者做详细深入的争辩。我希望在我的《自然科学概念形成的界限》的第三版中能够弥补这一点,只要这样做显得对事情有所帮助的话。此外,如果有人希望我对自己的思想做更加详尽的论证,特别是如果有人希望对我的思想采取批评的态度,那我也必须告诉他去阅读那本篇幅较大、内容丰富的著作。目前这本简短的著作绝对不能包罗已被论证过的全部重要论点。

由于在这里只能提到我的论敌的很少一部分论据,因此,像在第三版的序言中只能提到理查·霍尼希斯瓦尔德[1]的值得尊敬的著作一样,这一次我想特别提一下对我的方法论论述表示过态度的赫尔曼·保罗、恩斯特·特勒尔奇[2]和维克多·冯·魏茨泽克的著作(本书注释中对这些著作做了简短的引证)。虽然大多数哲学家都攻击我的观点,但我似乎觉得相互谅解的可能性却更加接近了。因此我敢于表示这样的希望:我的观点经过二十多年来多次阐明之后,将逐渐地得到哲学家们的赞同,而迄今却主要是在专门科学的研究者中间得到赞同的。

亨利希·李凯尔特

1920 年 10 月于海德堡

注　释

〔1〕理查·霍尼希斯瓦尔德(Richard Hönigswald,1875—1947),德国哲学家。——译者注

〔2〕赫尔曼·保罗(Hermann Paul,1846—1921),德国语言学家。恩斯特·特勒尔奇(Ernst Troeltsch,1865—1923),德国历史学家、社会学家。——译者注

第六版(1926年)序言*

对于这个新的版本,也如对于第三版(1915年)和第四版(1921年)那样,我都对全文做了仔细审阅,并做了一些补充。尽管如此,对本书的内容和规模实际上依然没有改动。既然要保留我的这本简短论著作为一篇导论的性质(这本论著有俄语、西班牙语和日语的译本),这样做是必要的。由于本书最后两个版本这几年又已售尽,我可以认为这本以浓缩方式把我在其他论著中详细地发表的思想表述出来的著作已被证明是有价值的。

鉴于我在第二版的序言中陈述的那些理由,我这一次也约束自己不要在本书中较为详细地与我的批评者争辩。在我的《自然科学概念形成的界限》一书第三版和第四版(1921年)中,我已对这些异议和批评做过一些看起来有所帮助的考察。如果人们希望看到对我的思想所做的更加清晰的论证,特别是如果有人打算对我的那些思想提出批评,我就必须建议他们去查阅那本篇幅较大的著作。如上所述,目前这本小册子绝没有包含全部重要观点。

既然我要尽可能避免在本书中添加争论性的讨论,我希望至少在这篇序言中提出一些评论,以防止我一再谈到的那种种误解。

我经常听别人说,按照我的观点,自然科学专一地关注规律,历史学则仅仅研究绝对不会重复的事件,因而要尽可能把那些符合规

---

* 因未不到本书第六版德文文本,这篇序言是根据德文第六版的英译本译出的,页边的页码是英译本页码。英译本是:*Science and History*: *A Critique of Positivist Epistemology*, trans. George Reisman, ed. Arthur Goddard. Princeton, N.J.: Van Nostrand, 1962.——译者注

律的事物排除掉。这种误解不可能是由我所写出的任何文章引起的,而是至多来自文德尔班(Windelband)的那篇著名的校长就职演说"历史学和自然科学"(1894年),这篇演说把自然科学的"规范化"(nomothetic)方法与历史学的"表意化"(idiographic)方法对立起来。我从来没有无保留条件地使用这些术语,因为它们的确可以引起这样一种虚假的印象,即科学的题材必定或者是绝对普遍的(一方面),或者是绝对特殊的(另一方面)。我自己宁愿谈论普遍化方法和个别化方法,而且我始终强调这里涉及的不是一个与绝对对立命题相关的问题,而是一个与相对差别相关的问题。甚至早在1899年当我开始写这本书时,我在这本书里也只不过把一切科学活动实际地进行于其中的那个中间领域的两个极端区别开来。任何人只要没有注意到这个论点,就绝不能对我的观点有所理解。

其后,在我论述自然科学概念形成的界限的那本书中,我详细地阐明历史学和自然科学之间的逻辑区分必然是一种相对的区分,而且我特别写出"自然科学中的历史因素"与"历史科学中的自然科学因素"这两章。因此,自然科学也考察个别之物,反之历史科学也形成普遍概念这样一些反对意见,都与我的理论风马牛不相及;此外,说我以一种站不住脚的方式"割裂"科学的"统一性",这种说法也是没有任何根据的。与此相反,恰恰是我表明,尽管各门科学用以形成它们的概念的那些方式之间存在着巨大的逻辑差异,但在方法论上都可以把各种不同的专门学科纳入一个统一的和有机地结合在一起的整体之中。只有以这种方式才能充分论证科学事业的多种多样的差异,同时又不会在把它分解为许多不连续的、多种多样的部分这一过程中使它遭到"割裂"。

的确绝不能把科学的"统一性"理解为它意指科学的各个分支学科的齐一性。因为,正如世界具有多个方面那样,科学也只有通过为它自身设置各种各样的目标,并且使用为达到这些目标而制定的各种各样的方法,才能把世界的各个方面都包罗于科学之中。如果对统一性和多样性做正确的理解,那么这两者在方法论上并不是相互

第一部分　文化科学和自然科学

排斥的。毋宁说，科学中最完美的统一性就在于它把科学的许多互不相同的分支纳入一个独立自足的、"有机的"整体之中。这恰恰是本书所指向的目标，也是那个必须被理解为已受到关注的目标。

此外，我曾反复地、特别是最近几年碰到这样的反对意见，即认为我的认识论仅仅是"形式的"，而且即使我的言论其实没有错误，但也由于我的形式主义而不能令人满意。必须承认，我不能充分理解这种批评的含义。从某种意义上说，任何一种普遍的方法论都必定是"形式的"，因为它不涉及科学的各个不同分支所特有的内容。它所能做的至多是把这些内容作为一些阐释性的事例加以利用。不过，这种批评所指的也许是我的方法在一个方面是形式的，这就是说，它仅仅考虑一些纯粹逻辑的区别，例如普遍与特殊之间的逻辑区别，因而它忽视各种不同的科学题材所特有的品质，进而也不能洞察形式与内容之间的联系。目前这本小册子恰恰应当表明，就我的情况而言并不存在这种意义的形式主义问题，这本小册子赋予这些质料区别以非常重要的意义。我在这里并没有非常强调普遍化方法和个别化方法之间的区别。有些人（例如叔本华）在界定历史学的特殊性质时早已多次指出这种区别。与此不同，我却力图表明，如果科学要对它的题材的各个方面做出充分正确的评价，为什么不仅必须使用普遍性词项，而且还必须使用独特的个别性词项来表述文化生活，也就是用历史的方式来表述文化生活。这是因为文化生活的每一个现实事例都是一种具体的特殊性，每一种文化都体现了价值，这个事实对于澄清这个问题具有至关重要的意义。由此得出这样一种看法，即需要把个别化方法与那种把历史事实与价值联系起来加以考察的方法结合到一起加以使用。任何人在把握这种不再是纯粹逻辑的或形式的关系之前，他就仍然远远没有理解我所意指的关键之处。不过，我不需要在这篇序言中进一步讨论我的理论的这个方面，因为我已经在正文中对它做了充分详细的论述。我只不过希望一开始就提醒人们注意这一点，以便使我免于被谴责为持一种片面的形式主义。

其次，对于这本书中只是十分简略地涉及而在我的《自然科学概念形成的界限》一书中已详细地讨论过的那些问题,我打算添加一些评论。特别是对于我在那本著作的最近一版(1921年第三版和第四版第404—465页)关于历史理解和非感性意义领域的那一章中以完整的形式——如果愿意也可以说是以扩展的形式——表述的思想,以及在我的《历史哲学问题》(1924年)第三版中表述的思想,我在本书中至多只能做一些参照性的注释(特别参见第20页之后数页)。尽管如此,希望以上所述足以表明,我关于历史科学的理论已为那些把由人类的"精神"活动构成的关于有意义的对象和事件的世界作为自己的研究题材的科学在构建方法方面所做的努力,留下发展空间。诚然,我关于历史科学的方法论的想法至少就这个关键性问题而言主要依据于最近再一次用"精神"和"自然"这些传统词汇加以表述的那同一种区分。不过,我们现在不把"自然"仅仅理解为物质世界,也不把"精神"理解为个人的内在心理生活。毋宁说,"精神"指的是某种本质上不同于、甚至在很大程度上不依赖于一切纯粹心理体验的事物。用一个目前再一次被人使用的词汇来说,它接近于黑格尔所说的那种与"主观精神"相对立的"客观精神"。剩下来的那些被看作纯粹"非精神的"内在生活的事物,都可以被纳入"自然"之内。

如果把精神与心理截然区分开这种使用术语的方式被人们普遍接受,那么"精神科学"(Geisteswissenschaft)这个术语便是无可反对的;穆勒(Mill)曾经把它理解为"道德科学",狄尔泰(Dilthey)也是如此。因此,这些科学研究那样一个"精神领域",它们不是使自己局限于那个作为一切物理事件和心理事件的总和的感性知觉世界,而是思考在这个世界里那些具有"意味"或者"意义"的事件,人们既不能用"外在的"感知、也不能用"内在的"感知去把握这些事物,只能以非感知的方式加以"理解"。如果人们想把这个既不是物质的、也不是心理的可理解之物世界(从前这个世界被称为理智的或者纯理智的世界),标志为"精神",以与一切纯然是心理之物相对立,那是可以这么做的。这里不需要对语词进行争论。不过,在那种情况下,人们究竟宁愿把这些事件称为"文化"科学或者称为研究人的心灵或者"精

第一部分 文化科学和自然科学

神"的种种表现的科学,就不具有头等重要的意义。因此,按照这个假设,把文化与整个自然区分开来的那种东西就不是它的心理内容,而是它的客观的"精神"内容,也就是那样一些事物的总和,这些事物不是被感官所感知,而是可以用非感知的方式加以理解,这些事物使文化具有重要性和意义。

不过,就目前情况而言,只要"精神"这个词通常被用于主要指一种心理存在,那么把某些学科说成是对人类"精神"的种种表现进行研究,那就只能导致方法论中出现模糊和混乱。因为,问题不在于有一组科学研究物质实体,另一组科学研究心理实体,而在于方法论必须看到有一组科学把它的题材即自然,看作没有价值、没有意义,可以把它纳入普遍概念之中,另一组科学却把它的题材即文化表现为有意义的、与价值相联系的,从而不满足于自然科学的普遍化方法。后一组科学为了正确理解它们的研究对象的特殊性和独特性(这些研究对象只不过是类概念的单纯事例),就需要采用个别化的方法。把这些学科称为"研究文化现象的历史科学",比用"精神"这个模糊不清的、从而空洞的概念来标志这些事件能够更清楚地表述这个事实。因此,我仍然认为没有必要放弃在我的《文化科学和自然科学》这本著作的标题中所使用的这些术语。

不过,不言而喻,比一切术语用法更加重要的是这里所提出的论证的实质;就后者而言,我感到高兴的是,自从我关于方法论的著作头几版出版以来,可以说这个领域内消除意见分歧和取得意见一致的前景有了更加顺利的进展。人们首先越来越频繁地承认下面这个否定性命题,即物理之物与心理之物之间的区分并不像过去普遍认为的那样具有决定性的方法论意义。更有甚者,人们不仅承认普遍化方法和个别化方法之间的那种纯粹逻辑的或形式的区分是不可避免的,而且逐渐更加清楚地理解到不同科学的方法之间的那些极其巨大和极其重要的区分都依据于这样一个事实,即它们的研究对象在一种场合下是没有意义和没有价值的,而在另一种场合下却是有意义的和有价值的,或者至少与价值有联系。同时,人们也理解到就那些与价值相联系的实在而言,自然科学方法是不够的,即使从尽可能广泛的意义上去理解这种方法。

几十年前,当我发表我的那本关于自然科学概念形成的界限一书的头一部分时,人们还普遍地把关于价值问题在方法论中也具有关键性作用的信念,看成是荒谬的。的确,有人说我"狂热地专心致志于荒谬言论"。这几十年的过程中,情况发生了变化。许多人看来,历史科学是以价值为其依据这个事实几乎是"不言自明的"。这里没有篇幅从最近发表的关于方法论的文献中引证与此相关的论述。不过,我在这里至少要提到两位作者,因为在本书其他场合没有机会谈到他们的著作。他们的观点肯定接近于本书所持的观点,这一点在我看来由于下述情况而具有更加重要的意义,即他们两人都是从狄尔泰出发,受到狄尔泰的强烈影响;而我虽然对作为一位历史学家的狄尔泰高度尊重,但始终认为自己在方法论问题上持与他相反的观点。只有为数极少的作者能在激励他人方面发挥狄尔泰那样大的影响。阿塞·斯泰因(Arthur Stein)在他刚刚出版的《狄尔泰的理解概念》一书经过重大扩充的第二版中,以特别深入和富有教益的方式阐述了从方法论观点能够从狄尔泰的著作中获得的教益。诚然,在那个时期里,狄尔泰在"赋予历史以生气"和"向历史移入情感"方面——在这段文章中避免使用"理解"一词——所具有的才能是卓越的,也许是独一无二的。不过,这位受人尊敬的人士在进行严密的概念推理方面却不具有同样多的才能。因此有必要超越他的那些理论表述,而这项工作恰恰是由一些原来与他的观点相当接受的人士完成的。

在这些人士当中,首先应当提到爱德华·施普兰格尔(Edward Spranger)。正如他明确地陈述的那样,我们之所以不能用自然科学方法研究心理之物,并非由于原来处于纯粹心理之物本身之中的那种"统一性"。毋宁说,我们的悟性作为一个连贯的整体加以把握的那种东西及其特性,仅仅是通过后者与某种本身不只是心理之物的东西相关联,才进入心理之物之中。他把任何就这种意义而言加以理解之物称为"精神"。与此同时,施普兰格尔还明确地承认这个领

第一部分　文化科学和自然科学

域内的价值因素，并极其强烈地强调这种因素的重要性。他的《生活形式》(1921年)一书实质上是一种价值哲学。因此，必须把那种并非是关于纯粹心理存在的理论的哲学，看作那些研究人类"精神"的种种表现的科学的"基础"。这种学说尽管在使用术语方面存在着这一切差别，但在其基本原则方面却非常接近于本书所持的观点。令人高兴的是，施普兰格尔在他的《生活形式》一书第三版的序言中强调指出这种接近之处。

在埃里希·罗特哈克尔(Erich Rothacker)最近出版的那本很有学识和富有教益的著作《逻辑和精神哲学体系》中，认为心理学具有更加次要的意义。因此，在许多方面，我发现自己赞同他的观点甚至超过赞同施普兰格尔的观点。当然，我不能赞同罗特哈尔自己称之为他的"相对主义"的那种见解。我认为他的下述论断是错误的：严格按照狄尔泰的观念设想出来的那三种类型的世界观在理论上都是同等地有效的，或者甚至是同等地"可能的"。可以表明，"自然主义"仅仅就科学根据而言就是站不住脚的，因为，毫无疑问，有些非感性对象所具有的概念结构不能被看作是已包括在"自然"之内。不过，就方法论而言，特别是就个别科学的结构而言，那样一些问题并不是至关重要的。此外重要的是罗特哈克尔希望"原封不动地接受"我所提出的"大部分"形式逻辑结构，拒绝给文化科学提供任何心理学的基础。不仅如此，他明确承认这些学科是建立在一些预设的价值判断之上。因此，撇开在细节方面的任何分歧不谈，他赞同我几十年来在反对心理主义方面一直为之奋斗的那些见解。

鉴于有这样一些声明，我可以表达这样的期望，与我在本书早期几个版本的序言中所怀有的信心相比，现在有了越来越大的信心，即经过二三十年来对我的观点进行充分的和频繁的讨论，我的观点逐渐也在哲学家中间获得同等程度的赞同，这种赞同过去主要是在那些在专门领域内、特别是在历史科学中从事研究的人士中间获得的。

亨利希·李凯尔特

海德堡，1926年10月

一 任 务

1　　关于专门科学分为两大类,关于神学家和法学家、史学家和语言学家,也如物理学家和化学家、解剖学家和生理学家、生物学家和地质学家一样由于共同的兴趣而被相互联系起来,这一点到现在不仅在专门科学的研究者中间,而且在哲学家中间也都一致同意了。可是,当自然科学家们对于应该如何称呼那条把他们联系起来的纽带而没有任何疑问的时候,在另一类人那里,至少就专门科学研究者的看法来说,简直还没有一个表达共同活动的标志。缺乏普遍流行的和众所公认的名称,这一点接近于这样一个问题:是否与此相对应也就没有一个意义明确的概念呢?因此,我在下面的阐述中给自己提出一个目的:阐明那样一个概念,它能规定非自然科学的经验学科的共同的兴趣、问题和方法,并且能与自然科学家的共同的兴趣、问题和方法划清界限。我相信文化科学这个词最能表达这个概念,因此我们愿意给自己提出这个问题:文化科学是什么?它与自然科学处于怎样的关系?

2　　不过,在回答这个问题之前,还必须说说这样的研究有什么意义。这一研究探讨逻辑学的一部分,说得确切一些,探讨认识论或方法论的一部分,因而我们不涉及各种不同的自然科学学科和文化科学学科的特殊内容。这种特殊内容只是专门科学研究者的研究对象。哲学不能把提供一些"已知的浅薄知识"当作自己的任务,然而这些已知的浅薄知识却是哲学在目前材料丰富的条件下所能做出的最好的东西。科学中发现材料的过程,在专门科学的研究者看来也

第一部分　文化科学和自然科学

许有充分理由把它当作对科学的进步至关重要的事情,然而发现材料的过程根本不是我们首先要注意的。由于所有那些以这种或那种方式有助于发现新事物的手段和方法,在每门科学中都同样是有根据的,因此人们并不想把研究和探索的多样性纳入一个能够显出两类科学活动之间的本质对立的公式之中。凡是只能看作材料汇集的活动,完全不是这里所要研究的。只有在涉及对材料进行整理和加工以便科学地陈述材料的场合下以及在这个过程达到终结的场合下,我们所关心的这种区别才会清楚地显露出来。可是,专门科学的研究者很少注意科学活动的这个部分,因为它在大多数情况下是以某种"自明的方式"实现的;而且,由于对它进行阐释是哲学固有的任务,因此经验研究通常所注意的问题并不是哲学研究的重点。

可是,甚至就加工的过程以及这一过程的结果而言,逻辑学也并不是要对专门科学方法的各种细微差别、变化、中间形式和转变进行十分细致的分析叙述;因为,我相信,就各个不同的专门领域来说,这个任务最好也同样让给那些在这些领域内像专家那样得心应手的人去完成。如果认识论的研究要具有独特的意义,那么认识论毋宁只能从思想的一般区别出发,以便利用由此获得的概念逐步推进到运用于特殊;而在这里,重要的问题是确定出发点,也就是提出专门科学陈述的两种基本形式。

换句话说,我想只限于主要对两个极端做些说明;从某种观点看来,几乎所有的经验科学都处于这两个极端之间。而且,为了说明这种区别,我必须在思想上把那种在实际上相互紧密联结在一起的东西分开,对于在这两类科学之间穿来穿去的那许多线条,至少暂时要置于次要地位,或者只有在可能从这些线条中引导出反对区别这两种形式的意见时才加以考虑。在那些了解到各个活动领域相互之间的多方面关系的重要性的经验科学研究者看来,这种故意一下子就切断它们之间的联系的研究是片面的或者十分粗暴的。但是,逻辑学没有其他任何办法,因为它要在科学生活的丰富多彩的杂多中划出若干界限。因此,最多只能把下面获得的东西,比作地理学家为了给我们的地球确定方位所设想的那些线条,而在任何地方却没有与这些线条精确地相对应的真实事物;区别仅仅在于:专门研究的精神之球并不是一个可说是自行呈现出两极和赤道的球;而要确定两极和赤道的位置,就需要进行特殊的研究。[1]

这样一种通过概括的方式来确定方位的研究的理论价值,是不需要论证的。我不想进一步研究专门科学能够从这种研究中吸取多大的好处,不过这种研究对于它们的益处,在我看来,并不是完全多余的,而它对于文化科学特别有用,因为近几年来在这里文化科学与自然科学的珍贵关系虽然经常得到保护,但也往往以不能容许的方式超越了这两个领域之间的界限。

关于这一点的理由是不难看出的。从事自然科学的人,除了在大多数情况下对自己的专门活动有一个普遍通用的名称之外,还在一个分为若干环节的整体中、在由一些或多或少明显分开的课题联结成的体系中,找到了一个固定的位置。反之,经验的文化科学却首先必须寻找这样一个固定的体系;而且,在经验的文化科学中,不确定性是如此之大,以致文化科学甚至于往往必须防止把自然科学方法宣布为唯一有效的方法。尤其是,如果逻辑学也力图使自己从自然科学的片面影响下解放出来,是否逻辑学在这个斗争中也不一定能够成为一种有用的武器呢?

当然,这绝不是说,今天每个自然科学家对于自己活动的逻辑本质都有清楚的理解,并且由此使自己优越于文化科学的辩护者。可是,自然科学家由于他往往不知不觉地进入的历史状况而处于非常幸运的境地;也正是由于这些原因,在转入论述自己的主题之前,我想用几句话加以说明。

注　释

[1] 虽然这段话在本书的第一版中就已有了,可是我的文章的意思还一再被人误解,好像我主张把专门科学分为两类,它们按形式和内容来说事实上是完全分离的或者应当始终是实际地分开的。这种见解始终与我风马牛不相及,因

此所有反对这样一种认识论的意见都与我的观点无关。从这种意义上说,威尔布兰特(R.Wilbrandt)的文章《从"文化科学"的观点看国民经济的改革》(一篇反批评的论文,载于《政治学总论杂志》1917年,第345页及其后诸页),是具有特色的。这篇(并非完全实事求是的)文章对我的一些实事求是的思想提出的责难,是无的放矢的。即使我把经济生活看作文化,并认为对它也应当作历史的研究,可是我从来没有主张"国民经济"仅仅是或者应当是历史的文化科学。对于这点做出决断,并不是逻辑学的事情。逻辑学所必须做的不是"改造",而是理解专门研究做出的成果。

二 历史状况

我们看一看最近几百年来的科学史,就会发现已经为奠定自然科学的哲学基础做了许多工作,这些工作一部分是专门科学家本人做的,一部分是哲学家做的。在开普勒、伽利略和牛顿那里,经验研究是与为了清楚地理解自己活动的本质所做的并且最后获得巨大成就的努力联系着的。自然科学时代——所谓自然科学时代,我当然是指17世纪而言——的哲学,几乎不能与自然科学分离开。哲学也同样卓有成效地致力于说明自然科学的方法,这一点只要回忆一下笛卡儿或莱布尼茨就够了。最后,到18世纪末,现代世界的伟大思想家(指康德——译者注)已经确定了一个对方法论具有决定性意义的、作为事物实存的自然概念("就它被一般规律所规定而言"),因而,自然科学的最一般的概念大概在不久的将来也会最后确定下来。[1]

诚然,康德通过他的"被规定而言"纵然不是在专门科学中,那也是在哲学中结束了自然概念的独霸地位。这就是说,他也在理论上把自然科学的"世界观"——这种世界观在启蒙运动时代运用于历史的文化生活上而在实践上必然会遭到彻底失败——从一种自以为绝对合法的地位下降到一种相对合法的地位,从而把自然科学的方法限制于专门研究。不过,自然概念通过这种限制只能使它的界限变得更加确定,使它更加清楚地易于理解;而这一点在如此大的程度上实现了,即使有某种落后的哲学企图重新把这个概念带到独霸地位,在自然的专门科学中也不会因此而再受到很大损害。对于专门科学来说,自然概念在实质上依然没有改变。人们由于这样地缩小自己的视野——这种缩小使人重新用陈旧的形而上学的自然主义来代替认识论的观点——所得的恶果,最多只不过是使许多自然科学在对付最一般的理论(例如原子论或唯能论)中出现的某些困难时,表现得无能为力。确乎令人不快的是:现在依然还有一些自然科学家,当他们听到有人说推动科学的不仅仅是他们,便似乎觉得受了委屈。然而,在其他方面,甚至一种并非完全有根据地认为自然科学思想是唯一正确的信念,也有助于使自然科学的专门研究意识到自己的崇高意义,从而获得工作的兴趣与活力。

我们在回顾这段过去时,可以把自然科学称为幸运的遗产继承人。在涉及一般的和基本的概念这个范围内,后代子孙是靠他们的祖宗所汇集的资金的利息过活的。随着时间的流逝,人们变得如此"理所当然"满足于这些概念的精神评价,以致不再需要去关心它们的起源和它们由以产生的联系了。人们能够占有这些概念而无需首先获得它们。如果我们撇开生物学研究中的一个部分不谈(在这一部分里,由于自然科学没有把那个最初纯粹来源于历史的发展原则解释清楚,已引起一些混乱,而且与有机论概念连结在一起的目的观念仍然导致一种非常可疑的形而上学目的论的解释),那么自然科学就因有一个坚固的传统而欣慰。自然科学首先有一个共同的目的,每个特殊部门都为达到这个目的而做出自己的一部分贡献,这就赋予这些部门以统一和联系。因此,自然科学以紧密连接的状态出现,并且由于这种紧密连接的状态博得人们的尊敬,即使完全不提各门自然科学作为它们的老祖宗的可敬的子孙在现代、特别是在物质的一般理论中所做的那些值得惊叹的进步。

没有人会认为文化科学的情况也是大致如此。它们年轻得多,因而是比较不成熟的。直到19世纪它们才取得巨大的进展。在几个特殊的领域内,虽然它们还以很大的可靠性工作着,但它们在这里大多数应归功于这样的情况,即它们能够以这个或那个天才的、具有示范意义的研究者行动为榜样。对于方法论研究的偏爱,曾经为现代自然科学奠定基础带来丰富的成果,而在文化科学中却很少取得什么成果。或者,至少会发现,有些人对于自己活动的本质所做的比较深入的研究,譬如说,如赫尔曼·保罗(Hermann Paul)对于语言科学[2],卡尔·门格尔[3]以及近来的麦克斯·韦伯[4]对于政治经济学那些富有教益地研究,都只不过是一些孤立的研究,并局限于一些特殊的领域。而这绝非偶然,正是在这样一些领域,某些在逻辑上相互有很大分歧的工作方法在科学实践中却十分紧密地相互结合在一起,所以必然有各种逻辑问题直接涌现出来。对于经验的文化科学来说,无论如何直到如今还没有获得大体上近似自然科学所获得的那样广阔的哲学基础。

诚然,那种与经验的文化科学相联系而进行工作的哲学,从文化科学中受到鼓舞而且又能对文化科学发生反作用,在过去已经朝着这个方向迈出了几大步。康德确乎首先发生了这样的影响,这种影响较多地通过破坏自然主义世界观,而较少地通过从认识论方面对自然科学所做的论证。尽管康德的一些信徒对于他们的老师曾为其奠定巩固基础的自然科学及其意义缺乏了解,但是他们正是由于这个缘故而在颇大程度上有助于使每种后来的"唯心主义的"和反自然主义的哲学信誉扫地;然而另一方面也不能否认,有些人由于有力地指出事情的阴暗面而更加有效地促进这种研究。的确,德国唯心主义哲学家们已经在一定程度内为文化科学提供了一些基本概念。特别是黑格尔,他充分地意识到把世界观建立在历史生活之上的意义,尽管他对自然科学毫不了解,然而从另一方面看来他是值得注意的。由于对德国唯心主义哲学的兴趣正在广阔范围内不断增长,因此可以希望现时代——在这个时代里"发展"一词起着如此巨大的作用——从这个伟大的、唯心主义的、十分强调发展思想的哲学家那里重新学到一些东西。[5]

然而,不能原封不动地把黑格尔的体系简单接受过来;甚至在今天也必须提防从字面上来解释黑格尔哲学,而且从前提出的那一些很有价值的命题目前对于规定和说明文化科学的课题也没有多大帮

第一部分　文化科学和自然科学

助。大约在 19 世纪中叶,在我们精神生活的历史中,历史连续性中断了,德国哲学中的某些对于理解历史生活极为重要的因素几乎被人遗忘。当人们采用黑格尔的范畴的时候,也往往不了解它们的意义和它们的影响。例如,当在文化科学中谈到"发展"的时候,人们往往想到那样一位自然科学家,他作为专门科学研究者来说肯定是十分令人赞叹的,而作为哲学家来说却是微不足道的。人们郑重其事地把"达尔文学说"看作是"新的"历史哲学;由于这样的或类似这样的混淆概念,于是要求文化科学也采用"自然科学的方法"。并非所有的学科都以同样的方式受到这种作法的影响。但是恰恰在就狭义而言的历史研究中,我们经历了一次关于方法和目的的热烈争论;如果与我们过去的哲学保持紧密的联系,这次争论部分说来可能根本不会发生。[6]

因此,为了更加接近我的问题,我在这里也不涉及过去已经做的事情,而只涉及目前流传极广的关于专门科学分类的见解,以便使自己只限于对我的观点做纯粹系统的说明。

注　释

〔1〕这个形式定义在方法论上仍将保持它的有效性,尽管像冯·魏茨泽克(von Weizsäeker)(《批判的和思辨的自然概念》,《逻各斯》第Ⅵ卷,1916 年,第 186 页)那样的人认为,康德主义在从内容上形成自然概念方面过分拘泥于数学自然科学的理想,这些理想在 18 世纪具有中心的意义,但在 19 世纪在科学的整体中所占的地位已经完全改变了。

〔2〕《语言史原理》,1880 年;1898 年第三版。其后《德国哲学的方法论》,根据保罗·格隆德里斯的第二版出版的单行本。最后,《历史科学的任务和方法》,1920 年。

〔3〕《关于社会科学方法的研究》,1883 年。(门格尔[Karl Menger,1840—1921],奥地利经济学家。——译者注)

〔4〕《社会科学和社会政治学的认识论的"客观性"》,1904 年(《社会科学和社会政治学文库》,第 19 卷)。《罗舍尔和克尼斯与历史的政治经济学的逻辑问题》,1903—1906 年(《施莫勒的立法年鉴》,第 27、29 和 30 卷)。《对文化科学逻辑

领域的批判研究》,1906 年(《社会科学和社会政治学文库》,第 22 卷)。《社会科学和经济科学的"价值自由"的意义》,1917 年(《逻各斯》,第 7 卷)。(罗舍尔[Wilhelm Roscher, 1817—1894],德国经济学家。克尼斯[Karl Gustav Adolf Knies, 1821—1898],德国经济学家。施莫勒[Gustav von Schmoller, 1838—1917],德国经济学家。韦伯[Max Weber, 1864—1920],德国社会学家、政治经济学家。——译者注)

〔5〕关于德国唯心主义对历史的重要性,可参考特勒尔奇的《康德的宗教哲学中的历史》,1902 年(《康德研究》第 9 卷);拉斯克(1875—1915,德国哲学家,新康德主义者。——译者注)的《费希特的唯心主义和历史》,1902 年;狄尔泰的《黑格尔的青年时代》,1905 年。在梅利斯的《孔德的历史哲学》(1909 年)中,十分详尽地证实了德国思想家们的思想如何强烈地影响了那些往往被认为是与他们根本对立的思想家。

〔6〕在这件事情上可比较贝洛夫(G. V. Below, 1858—1927,德国经济史家——译者注)关于"新的历史方法"的一篇十分卓越的论文(《历史杂志》,第 81 卷,新卷次,第 45 卷,第 193 页以下)。为什么这个争论只要涉及方法问题就如此强烈地几乎引起各方面的反应,这是那些不直接参与此事的人所不能看出来的。对于兰普雷希特(Lamprecht, 1856—1915,德国历史学家。——译者注)的历史著作,我不能做出评论。他再次把方法论问题提到重要地位,这个功绩是不应否认的。但是,在这个领域内,没有逻辑上的论证,当然是得不到什么效果的,因此,当兰普雷希特使用他那些就其逻辑意义而言十分模糊不清的口号(如个人心理的方法和社会心理的方法等等)来从事工作时,这次讨论对他来说是不能获得什么成果的。显而易见,他自己的历史著作是和他的"方法"不一致的。他像任何一个历史学家一样从历史发展的一次性中叙述一次性的历史发展,他似乎不是以"自然科学家的"方法,而是从后面将要讨论到的那种意义上以个别化的和与价值联系的方法来叙述的。典型主义、趣味性这样的一般性的概念或口号有多少,这对于方法的逻辑性质来说是没有决定性意义的。奥斯瓦尔德·斯宾格勒(Oswald Spengler, 1880—1936,德国历史哲学家。——译者注)的《西方的没落》一书在这个问题上也表现出很大的暧昧性,这就使这本书(与以前的《作为教育家的勒蒙勃兰特[Rembrandt]》和张伯伦[Chamberlain, 1899— ,美国经济学家。——译者注]的《十九世纪的基础》相类似),由于一些明显的原因在世界大战之后的气氛中获得耸人听闻的、适合时髦的成就。这一著作有许多部分是没有意思的;但是由于在这一著作中

把"世界史的形态学",即采用生物学的普遍化方法来表现历史生活的思想宣布为一种新的方法,因此必然会使任何一个看过这本著作的人为之心动。斯宾格勒所探求的这种"形态学"的逻辑基础,当它被写出来之前,老早就遭到了驳斥。

三　基本对立

　　由于科学既可以从它所研究的对象的角度,也可以从它所采用的方法的角度而相互区别,因此,既可以从质料的观点、也可以从形式的观点来对科学进行分类。这两种分类原则是一致的。这绝不像许多人相信的那样是自明的。现在,当人们认为这两类专门科学在本质上互不相同时,就往往没有考虑到这一点。目前在哲学中仍然几乎普遍地流行着这样的看法,即把自然概念和精神概念当作质料的分类原则的基础。与此相关,人们把"自然"这个有多种含义的词理解为物体的存在,把"精神"这个有更多含义的词理解为心灵的存在,同时又从心理生活的内容上的特点中(这些特点表现出心理生活是与物理世界相对立的)推演出精神科学和自然科学所依据的这两种方法在形式上的区别。结果产生了以下这样的情况:除了力学这门最一般的和基本的物体科学之外,又出现了一门与之对应的关于心理生活的一般科学,即作为一门基本的"精神科学"的心理学,而且人们期望在精神科学的领域内特别由于采用心理的方法将得到相应的巨大进步。因此,人们在历史学中看到一种应用心理学,而它与这门学科的现状并不完全符合。

　　尽管各种见解之间在细节方面还存在着严重的分歧,但是在哲学中,关于划分专门科学时首先重视心理存在的特性这样一种基本思想,即使在下述场合下仍然被认为是自明的;例如,在狄尔泰那里,由于一种十分明显的历史意义,已经证实迄今现存的心理学特别对于历史科学的创立是没有用处的。今后将需要有一门新的、将要建

第一部分　文化科学和自然科学

立的"心理学"。[1]

　　与在哲学中占统治地位的意见相反,许多经验研究者日益清楚地感觉到用精神科学这个词非常不足以说明非自然科学的专门学科的特征。[2]事实上,我相信从自然和精神的对立出发进行的分类研究,不能达到理解经验科学之间实际存在着的区别,然而问题却首先取决于这种区别。为了目前明确方向,我首先试图以简要的方式把我的观点同现在流行的由于习惯固定下来的观点对比一下。

　　的确不能否认,非自然科学的经验科学主要与心理的存在发生关系;因此,从这种观点看来,把经验科学标志为精神科学并不是完全错误的;但是,重要的是认识论的本质特征却没有由此描述出来。因为,借助于心理的概念,既不能使这两种不同的科学兴趣之间的原则区别得到阐明(这种区别是和对象的质料区别相对立的,它促使一组专门科学的代表认为自己相互联结的亲密程度胜过于与另一组专门科学的代表联结的程度),也不能完全用所述的方法推演出这两种相互不同的专门研究方法的任何有益的、逻辑的即形式上的对立。近来,除哲学家之外,主要是自然科学家在心理学领域内从事工作,反之,历史学家和其他"精神科学"的代表却往往对现代心理学漠不关心,这种情况绝不是偶然的。这毋宁说有其位于事情本质之中的原因,而要改变这种情况大概是不可能的,甚至或许也不值得希望这样做。我相信,心理学对于某些所谓"精神科学"的意义,不仅被心理学家过高估计了,而且直到今天还往往被逻辑学家作了过高的估计。无论如何,对于那一半从事专门研究的知识界来说,无论已经有的或者任何将要建立的关于心理生活的一般科学,都不能成为如同力学对于自然科学那样奠基性的科学。的确,应用目前心理学中流行的那些方法,恰好必然会把历史科学引入迷途,而在以"社会心理"理论代替历史叙述的场合下,就已经引起这样后果了。

　　但是,更为重要的是,用自然和精神这样一种唯一的对立,根本不能从方法论上把专门科学的多样性划分开,因为在这里面临的问题比人们通常想象的情况要复杂得多。在我看来,方法论在划分专门学科时必须以下面两对基本概念去代替自然和精神的这一种区别。

像物体和心灵那样就其存在方式而言互不相同的两组对象,是不能作为专门科学分类的基础的,因为至少在直接可以触知的现实中,没有任何东西可以在原则上避开像自然科学那样对形式的特性进行研究。从这种意义上来理解,只有一种经验科学这种说法是有根据的,因为只有一个经验的现实。事实上,可以而且必须从现实的整体性中,即从作为物体实存和心灵实存的总和中,把现实看作是一个统一的整体或"一元论的"(像流行的术语所说的那样)整体,与此相应,各种专门学科可以而且必须按照同一种方法对现实的各个部分进行研究。而如果一旦这么去做,那么研究物体事件的科学和研究心理生活的科学由于共同的兴趣就会相互紧密地连结起来。

因此,对象在质料上的对立只有在下述限度内才是专门科学分类的基础,即:从整体现实当中显现出对我们具有特殊意义或重要性的一定数目的事物和事件,而在它们之中我们不仅看到"自然"还看到其它东西。对于那些东西来说,仅仅靠那种在其他方面完全正确的自然科学叙述本身,还是不够的。针对它们而言,我们还要提出另一些完全不同的问题,可是这些问题首先是和我们最好概括为文化一词的那些对象相关联的。根据文化对象的特殊意义把科学划分为自然科学和文化科学,这可以使专门研究者由此分为两个集团的那种兴趣的对立得以最明显地标志出来。因此,在我看来,自然科学和文化科学的区分适合于代替通常的自然科学和精神科学的划分。

但是,仅仅这样还不够。必须用一个形式的分类原则来补充这个质料的分类原则;就此而言,这个问题比通常的看法复杂一些;顺便提一下,它的似是而非的单纯性只是由于"自然"一词具有多种含义。从被标志为文化的那一部分现实的任何质料特性中,显然很少能够得出专门科学方法的基本的形式对立,正如从自然和精神的区分中很少能得出这种对立一样。因此,我们不能直截了当地说什么"文化科学的方法",像人们相信可以说自然科学方法或心理学方法

第一部分 文化科学和自然科学

那样。但是,我们必须同时指出,"自然科学方法"一词也只有逻辑的意义,因为"自然"一词在这里不仅指物体世界,而且具有上述那样的康德式的或形式的意义,因此无论如何不是意味着"物体科学的方法",虽然只有物体科学的方法才算是精神科学的方法或心理科学的方法的对立物。毋宁说,在被普遍规律所规定的这个范围内,只有一个同样是逻辑的概念,才能成为作为事物的实存的自然这个逻辑概念的对立物。我相信,这就是就最广泛的形式意义而言的历史概念,亦即就其特殊性和单一性而言的一次发生事件这个概念;而这个概念和普遍规律概念处于形式的对立之中,因此我们在划分专门科学时必须谈到自然科学方法和历史方法的区别。

因此,在这里,按照形式观点着手进行的分类绝不是与按照质料观点进行的分类相一致的,如同通常在划分自然科学和精神科学时所表现的那样;因而也绝不能说必须以自然和历史的形式区别去代替自然和精神的质料区别,像人们对这种分类错误地理解的那样。我们可以说,只能以自然和文化的区别去排除和代替自然和精神的区别。而我确乎认为可以指明:当对一切文化对象作必要考察也正是按照历史方法对它们叙述时,我们的两种分类原则之间是存在着联系的;而且这种方法的概念同时可以从以后阐明的关于文化的形式概念中得到理解。当然,自然科学方法现已深深地伸延到文化领域之内,因此尤其不能说只有一种历史的文化科学。反之,在某些方面甚至可以说在自然科学内有一种历史的方法。因此对于逻辑的考察就产生了一些中间领域;在这些中间领域内,一方面,内容上的自然科学研究和方法上的自然科学研究,另一方面,内容上的自然科学研究和方法上的历史研究,是相互紧密地联系着的。但是,这种联系并不是那种由此使专门研究中的自然科学和文化科学的对立一概被排除掉的联系。毋宁说,我们可以借助于我们的概念获得所寻求的经验科学的基本对立:我们不仅从质料方面而且从形式方面把历史的文化科学概念同自然科学概念截然划分开来,从而进一步表明,尽管有这一切过渡和中间形式,但在研究自然实存时一般说来可以按照自然科学的方法来进行,而在专门科学研究文化生活时一般说来则可按照历史的方法来进行。

现在,我的任务就在于把上述意义的自然和文化的质料对立以及自然科学方法和历史方法的形式对立加以展开,以达到使这里提出的论题的根据清楚地显现出来,从而使这种与通常作法大不相同的划分专门科学的尝试的根据清楚地显现出来。对此,我必须再一次强调声明,我主要只限于陈述典型的基本区别,对较为详尽的论证只能略加说明。这篇文章并不打算提出一个完全的、把一切科学或者只把一切专门科学包括在内的认识论体系。我们在这里完全不考虑哲学的方法,而且由于后面即将谈到的原因,也不从数学的逻辑结构方面对数学进行考察。我们只涉及那些研究感性世界的现实存在的经验学科;对于它们来说,重要的只是弄清楚在它们的叙述中的两种相互对立的基本形式,这些基本形式证明自然科学和文化科学的划分是正确的。

注　释

〔1〕参考狄尔泰:《关于叙述的和分析的心理学的思想》,《普鲁士皇家科学院会议报告》,1894年,第1399页以下。

〔2〕我在1898年曾头一次把这一著作的内容向学术界人士作过报告,在这些人士中间,已经不再有任何人主张把在逻辑学中还很流行的这个词用于指那些有别于自然科学的学科,近来则越来越经常地使用文化科学一词。

四　自然和文化

一种把逻辑问题置于首要地位的、严格系统的研究，必须从对方法的形式区别的考虑出发，从而由历史科学的概念去理解文化科学的概念。[1]但是，由于专门科学首先涉及对象的区别，而且专门科学的分工在长时间内也首先是由自然和文化的质料区别所决定的，因此，为了使我不致于比本来需要的程度更加远地离开专门研究的兴趣，我首先分析对象的对立，紧接着探讨形式的、方法的区别，从而指出形式的分类原则和质料的分类原则之间的联系。

自然和文化这两个词并不是意义明确的，而自然概念尤其往往需要用一个与它相对立的概念才能比较精确地加以确定。如果我们一开始就保持本原的意义，我们就能最大限度地避免产生主观随意的印象。自然产物是自然而然地由土地里生长出来的东西。文化产物是人们播种之后从土地里生长出来的。根据这一点，自然是那些从自身中成长起来的、"诞生出来的"和任其自生自长的东西的总和。与自然相对立，文化或者是人们按照所估计的目的直接生产出来的，或者是虽然已经是现成的，但至少是由于它所固有的价值而为人们特意地保存着的。

我们可以把这种对立扩展到我们所愿意的程度，但它始终必须与下述情况相关联：在一切文化现象中都体现出某种为人所承认的价值，由于这个缘故，文化现象或者是被产生出来的，或者是即使早已形成但被故意地保存着的；反之，一切自行生长出来或成长起来的东西，却可以不从价值的观点加以考察，而如果这种东西的确不外是上述意义的自然,那就必须不从价值的观点加以考察。价值(wert)是文化对象所固有的,因此我们把文化对象称为财富(Guter),以便使文化对象作为富有价值的现实同那不具有任何现实性并且可以对现实性不加考虑的价值本身区别开来,自然现象不能成为财富,因它与价值没有联系。所以,如果把价值和文化对象分开,那么文化对象也就会因此而变成纯粹的自然了。通过与价值的这种联系(这种联系或者存在或者不存在),我们能够有把握地把两类对象区别开,而且我们只有通过这种方法才能做到这一点,因为撇开文化现象所固有的价值,每个文化现象都可以被看作是与自然有联系的,而且甚至必然被看作是自然。

但是,对于使现实变成文化财富并且由此使现实与自然区别开的那种价值特性,我们还必须作如下的补充。关于价值,我们不能说它们是现实的或不是现实的,而只能说它们是有效的,还是无效的。文化价值或者事实上被大家公认为有效的,或者至少被文化人(与自然人相对——译者注)假定为有效的,它的有效性、从而那些具有价值的对象的意义也被假定为具有一种不仅是纯粹个人的意义;而且,文化就其最高意义而言不是与那些单纯地愿望的对象相关,而必定是与财富相关。当我们一般地想到价值的有效性时,我们为了自己生活于其中的群体或者由于其他的理由而或多或少感到"有责任"对财富进行评价或关怀;但是,我们不能仅仅从道德的必要性方面来思考它们。价值能够作为"应做之事"与我们相对立。根据这种想法,我们不仅能够把文化对象和那种虽然被大家评价和追求、但只是本能地评价和追求的东西区别开,而且能够与下面那种东西区别开,这种东西之所以能够被评价为财富,虽然不是由于纯粹的本能,但也是由于情绪的突然激动。[2]

易于由此得出,只要谈到两类实在对象之间的区别,自然和文化的这种对立确实是专门科学分类的基础。宗教、教会、权利、国家、伦理、科学、语言、文学、艺术、经济以及它们借以进行活动所必需的技术手段,在其发展的一定阶段上无论如何也是严格地就下述意义而

第一部分 文化科学和自然科学

言的文化对象或财富:它们所固有的价值或者被全体社会成员公认为有效的,或者可以期望得到他们的承认。因此,我们只需要把我们的文化概念加以扩大,把文化的萌芽阶段和没落阶段以及文化所促进的或者阻碍的事件都包括在内,那我们就看出文化包括了宗教学、法学、史学、哲学、政治经济学等等科学的一切对象,即包括了心理学之外的各门"精神科学"的对象,因此文化科学一词对于非自然科学的专门科学来说是一个完全恰当的标志。人们还把农业器械、机器和化学药剂归入文化之列,这个情况肯定不是像冯特[3]所认为的那样对使用文化科学一词提出异议,相反,它表明这个名词比冯特所主张的精神科学一词恰当得多地适用于各门非自然科学的学科。技术发明诚然在大多数情况下是借助于自然科学而得以成功的,但它们本身并不属于自然科学研究的对象,同样也不能列入精神科学之中。只有在文化科学中,才能找到关于它们的发展的叙述,而它们对于"精神"文化可能具有怎样的意义,是不需要证明的。

像地理学和人种学这样一些学科属于什么,那诚然还有待确定。但是,就这些学科来说,要对这一点做出决定,只有看它们从怎样的观点提出自己的对象,也就是说,它们是否把自己看作是纯粹的自然抑或是把自然和文化生活联系起来。地壳本身纯粹是自然的产物,但它作为一切文化发展的场所,还具有一种不属纯粹自然科学的兴趣。一方面可以把原始人看作"自然人",但另一方面也可以研究在他们那里文化的"端倪"多早就已发现。这种两重性由于不取决自然和精神的区别问题,也就有助于证明我们的观点,我们由此可以毫不踌躇地把非自然科学的专门学科称为上述含义的文化科学。

可是,人们有时还从另一种意义上使用文化这个词,因此更加明确地把我们的概念和一些与之相类似的概念区别开来,这也许是恰当的。在那些概念中,文化这个词有时包括过分广泛的范围,有时又包括过分狭小的范围。不过,对于这一点,我只限于举出一些例证。

我选择保罗所提出的文化科学概念[4],作为过分广泛的理解的典型。对他的观点进行简短辩论之所以愈加必要是因为:他通过他的令人信服的论证不仅使文化科学一词代替精神科学一词流行起来,而且他还属于在近几十年内首先指出规律科学和历史科学之间的基本逻辑区别的人之列,对于这种区别,我们在后面还要谈到。尽管如此,保罗却把"心理因素的作用评定为……文化的有代表性的特征",在他看来这甚至"是这个领域和纯粹自然科学对象之间唯一可能做出的精确划分",同时,由于他认为"心理因素……是文化运动中最本质的、一切都取决于此的因素",所以他也认为"心理学……"成了"一切从较高意义上理解的文化科学的最重要的基础"。他之所以避免使用精神科学这个术语,只是因为"一旦我们踏入历史发展的领域,……除了心理的力量之外,我们还必定与生理的力量发生关系"。因此,他对这个概念所下的定义结果成为:在心理单独出现的情况下,心理是纯粹精神科学的对象;而由生理存在和心理存在所组成的一切现实,则属于文化科学。

  在这种思想中有一点无疑是正确的,这就是不能使文化科学只限于对精神现象的研究,而由于这个缘故,精神科学一词是标志不了多少东西的。但是,人们必定会进一步追问:经验的文化科学一般说来是否有理由像心理学所作的那样把生理存在和心理存在分离开来呢?文化科学所使用的"精神"概念是否因而与心理学所形成的"心理"概念相一致呢?即使不考虑这一点,我也不能理解保罗是怎样地用他的方法把自然科学和文化科学"精确地"相互区别开来。保罗甚至得出这样的结论:按照他的定义,必须承认有一种动物文化。不过,他还不能主张,就精神过程而言,这种动物生活在各种情况下都属于文化科学。毋宁说,只有当我们不仅把动物生活看作是人类的一般精神生活的萌芽阶段,而且把它看作就我所提出的那种意义而言的人类文化生活的萌芽阶段时,动物生活才能成为文化科学。如果切断与文化价值的这种联系,那我们就只能把它与"自然"联系起来。这样一来,对这个领域所做的"唯一可能的精确划分"便在这里完全不中用了。

  当保罗举出艺术创作的和社会组织的发展史作为动物生活的文

化生活的例证时,他是暗暗地承认这一点的。因为,当谈到动物的艺术情趣和社会组织时,这只有一种意义,即这里所说的是那种完全可以和人类文化相类比地考察的现象;然而这就成为我所说的文化现象了。但是,对于动物生活的这种看法不能认为是唯一有理由的;而且,这还表明,把人类文化概念移植到动物界之中的这种作法,在大多数情况下是一种游戏似的和令人迷惑的类比。如果"国家"一词既被用来标志德国,又被用来标志蜂巢,那么应当如何去理解这个词呢?如果米谢尔·安格洛斯·梅迪舍尔(Michel Argelos Mediceer)的坟墓和鸟的啭鸣都是用"艺术作品"来表示,那么"艺术作品"一词究竟意味着什么呢?总之,正是由于心理是保罗的概念中的本质特征,因此他的概念对于划分文化和自然是不中用的,而他的进一步论证表明,他自己也不能使这个概念符合自己的目的。

但是,我对此不作进一步的深入研究。我只想再用一个例子说明,没有一种使财富和不具有价值的现实区别开来的价值观点,就不能发现文化和自然的显著区别。我现在还想解释,为什么在文化概念的定义中,价值是如此易于被精神概念所代替。

的确,不仅应该从价值的观点,而且应当从对文化现象做出评价的那些具有心理的人的观点去考察文化现象。因为价值只能被具有心理的人所评价。这就产生了一个情况,即心理的东西一般说来被看作是比生理的东西有更多的价值。事实上,就文化现象而言,在自然和文化的对立(一方面)与自然和精神的对立(另一方面)之间是有联系的,因为文化现象就是财富,因此文化现象一定总是与评价共同联系在一起的,从而一定总是同时与精神生活共同联系在一起的。然而,即使这是正确的,但这并不能证明通过自然和精神的对立所作的科学分类是正确的。由于心理生活本身应当被看作自然,因此心理之单纯的现实存在(das blosse Vorhandensein)毕竟还没有构成文化对象,从而不能应用于给文化概念下定义。毋宁说,只有在作为评价的必要前提的心理中,而且甚至要在可以一同联想到一种普遍有效的价值的时候,价值本身才能给文化概念下定义。事实上,这可能时常发生,特别当人们采用"精神"一词的时候,而这也说明了我们所拒绝的那种尝试。但是,只要人们把精神理解为心理,就没有权利这样地把精神和对普遍有效的价值的评价等同起来。毋宁说,人们应当在概念上明确地把"精神"存在,即心理上的评价活动,同价值本身及其有效性区别开来,就像必须把财富同附着于其上的价值区别开来一样;必须弄清楚在"精神价值"中重要的并不是精神,而是价值。因此,不要再用心理来划分文化和自然。心理只有作为评价才与文化相连接;而且,即使作为评价,它与从现实中创造出文化财富的那种价值也不是一回事。

最后,我可以十分简略地谈一谈那种把文化概念限制在一类过分狭小的一般评价对象之内的定义。这里之所以要着重地谈一谈这些定义,主要是因为由于其中的一些定义,使"文化"一词对许多人来说获得了一个简直是令人厌烦的含义,从这种含义可以解释人们对于文化科学一词的厌恶心情。我不是指像"文化斗争"和"伦理文化"那样一些与科学毫不相干的复合词。我也没有想到人们由于看到语言在某些方面被滥用了(在这种滥用语言的情况下,人们把"文化"只是理解为群众运动,或者把过去的战争看作"不道德的东西"而不归入文化之列),必定会讨厌使用这个词。毋宁说,我所注意的是那种特别与广大公众如此喜爱的"文化史"概念相联系的思想。为了使我们的文化概念能够用于把科学分为两类,我们的文化概念当然必须始终要完全摆脱比如说那种存在于所谓科学和政治史之间的对立,这种对立在舍费尔(Dietrich Schäfer)和戈特海恩(Gothein)的著作中得到了有趣的说明。一方面,按照我们的定义,国家是文化财富,恰如国民经济或者艺术是文化财富一样,肯定没有任何人会认为这是一个主观随意造出的术语。但是,另一方面,把文化生活直接同国家生活等同起来,那也是不行的。因为,即使可以说,特别如像舍费尔所指出的,一切较高的文化都只能在国家之内发展,因此当历史研究把国家生活置于首要地位时,它也许是有充分理由的;但是,还有许多事物,如语言、艺术和科学,在其发展中有一部分是不依赖于国家的。

为了理解如何不可能使一切文化财富都隶属于国家生活而相应地不可能使一切文化价值都隶属于政治价值,我们只需要再想一想宗教就够了。

因此,我们坚决主张这个与语言应用完全一致的文化概念,这就是说,我们把这个概念理解为众所公认的价值附着于其上的那些实在对象的总和,这些实在对象由于人们考虑到这种价值而得到保存,我们用不着对这个定义补充以更详细的内容,就能知道这个概念可以被我们继续用来把专门科学划分为两类。

注 释

〔1〕在我的《自然科学概念形成的界限——历史科学的逻辑导言》(1896—1902年,1913年第二版)一书中,我已经采取这种方法。还可以参考我的论文《历史哲学》(载《二十世纪初的哲学》,为纪念库诺·费舍而作,1905年,1907年第二版)。我郑重声明,这一著作也没有打算提出一个完整的科学体系;因此,由于没有在我的体系中为这个或那个学科找到位置而引起的一切反对意见都是无的放矢的。

〔2〕这里不需要进一步深入地研究各种不同的价值的有效性,要区分它们是有许多困难的。还可参考这一著作的最后一节,在那里叙述了文化历史的客观性。在那里,按照对于理解经验的客观性所需要的程度,尽量阐发了文化价值的有效性概念。

〔3〕冯特:《哲学导论》,1901年。(冯特[Wilhelm Wundt,1832—1920],德国生理学家、心理学家、哲学家。——译者注)

〔4〕《语言史原理》,第8版,第6页以下。

五　概念和现实

如果由于总是可以按照同样的方法去研究自然对象和文化现象,从而使自然科学和文化科学之间的区别得到详尽的说明,那么这种证明在逻辑上就没有多大意义了。为了表明在两类专门科学之间存在着其他某些深刻的区别,我现在从质料的分类原则转到形式的分类原则。但是,为了说明这一点,首先一般地谈一谈各种专门科学的认识方法是不可缺少的;而且我想从把认识看作现实的反映这样一个流传极广的概念出发来谈这一点。在没有认识到这个概念——至少就科学认识而言——是站不住脚的之前,就不能指望会对任何科学方法的本质有所理解,甚至对科学"形式"这个概念首先就弄不清楚。

只要人们把要去认识的世界看作一个与直接认识到和经验到的世界不同的世界,因而也就是看作位于已觉察的世界"之后"的"超验的"世界,那么反映论表面上似乎是有道理的。在这种情况下,认识的使命就在于用直接所与的材料形成一些与那个超验世界相一致的表象或概念。例如,柏拉图的认识论——我在这里可以极其简略地作些概括——认为"理念"就是现实;而且,由于理念是一般的,是与处处特殊的、个别的而其实本来并非真实的感性世界相对的,因此个别的东西不是真实的,只有一般的东西,因而反映理念的表象,才是真实的。由于这个缘故,要在概念的普遍性中才能发现概念的本质。同样地,现代物理学家认为具有质的规定性的所与世界只是"主观的",反之,具有量的规定性的原子世界才是客观的,因而认识的任务

第一部分　文化科学和自然科学

就在于形成具有量的规定性的表象或概念,而这些表象或概念同样是真实的,因为它们反映了现实。

但是,即使这个大胆的假设是正确的,我们至少还不能直接地认识位于所与现实"之后"的那个世界,因而绝不能直接断定表象或概念与那个世界是一致的,这就是说,不能直接断定映象和原型是相似的。为了弄清楚认识的本质,我们只能从研究与超验世界相一致的那些表象或概念由以形成的那个改造(Umformung)过程开始。无论如何,即使就超验的真理概念来说,逻辑学一开始就不能把认识看作是反映,而只能看作是通过概念对直接所与材料进行改造,因为只有这种改造才是认识所能直接接触的过程,而所探讨的超验现实的映象要通过这个过程才能形成。

然而,这个超验的真理概念也许是完全没有根据的,也就是说,我们的专门科学的认识局限于直接所与的、内在的感性世界,它的任务仅仅在于模拟这个世界。事实上,只要在这种情况下能够证实映象与原型的一致,那么这一点看起来似乎包含较少假设成分。但是,当我们进一步观察时,就会看出反映论恰恰在这里是颇为值得怀疑的。因为,在这种假设下,知识的进步仅仅取决于在再现(Wiederholung)现实方面所达到的程度。这样一来,镜子能够最清楚地"认识",或者一个十分逼真地涂上颜料的模特儿——至少就事物的可见性而言——最接近于"真理"。采用这样一种就反映意义而言尽可能精确的再现或重现(Verdoppelung)现实的方法,是否确实对进行认识的人有所帮助呢?只有当被反映的经验对象本身是我们所不能直接接近的时候,完满的映象才对我们具有科学价值;但是认识远远没有包含一种像这样的绝对完满的重现。由此看来,是否科学认识甚至在这里也没有表现出是一种改造呢?是否不假定一个超验的世界,反映论就更加站不住脚呢?

当然,有人可能说,他希望借助于认识来达到的不外是事物的映象:科学必须如实地"描述"世界,而那种不与现实准确地相一致的描述是一概没有科学价值的。对于表达这样的愿望,当然用不着多说,但是毕竟可以提出一个问题：这样的愿望是否可能实现。只要人们尝试一下精确地"描述"现实，把现实以及它的全部细微末节"如实地"纳入概念之中，以便从此获得关于现实的映象，那么人们就会很快地看出这样的研究是没有意义的。经验的现实证明自身是一种茫无边际的杂多；当我们愈益深入到这种杂多之中、并开始把它分解为它的各个单一部分时，这种杂多便显得愈益庞大，因为现实的一个"最小的"部分所包含的内容比任何一个有限的人所能描述的要多得多，而且他从其中纳入自己概念之中、从而纳入自己的认识之中的东西，与他必须舍弃的东西相比，简直是极其微不足道的。[1] 如果我们必须用概念去反映现实，那么，我们作为认识者就会面临一个原则上无法解决的任务。因此，如果任何一件迄今所作的事情一概都可以要求成为知识，那么对于内在的真理概念来说在这里也确乎必须是：认识不是反映，而是改造；不仅如此，我们还可以补充一句：与现实本身相比，认识总是一种简化（Vereinfachen）。

对我们的目的来说，也许只要如此简单而又无可争辩地加以驳斥，就可以推翻科学必须提供现实的映象这种观点了。但是，由于不可能把现实"如实地"纳入概念之中而导致把经验现实断定为"非理性的"，也由于这种看法遇到了决定性的矛盾，因此我愿意再对此作些补充，特别是要说明在什么意义上可以把现实称为非理性的，而又在什么意义上可以称为理性的。

如果我们注意任何一种直接给与我们的存在或事情，那我们就容易明白我们在其中任何地方都找不到截然的和绝对的界限，而是到处发现渐进的转化。这一点是与任何所与现实的直观性有联系的。自然界中没有任何飞跃，一切都在流动着。这是一个古老的原理，而且事实上这个原理适用于物理的存在及其特性，也正如适用于心理的存在一样，因而也适用于我们直接认识的一切真实的存在。每一个占有一定空间和一定时间的形成物，都具有这种连续性。我们可以简要地把这一点称为关于一切现实之物的连续性原理（Satz der Kontinuität alles Wirklichen）。

但是,此外还有另外的情况。世界上没有任何事物和现象是与其他的事物和现象完全等同,而只是与其他的事物和现象或多或少相类似;而且,在每个事物和现象的内部,每个很小的部分又是与任何一个不论在空间和时间方面离得多么近或者离得多么远的部分不同的。因此,正如人们所说的,每个现实之物都表现出一种特殊的、特有的、个别的特征。至少任何人都不能够说,他在现实中曾经遭遇到某种绝对同质的东西。一切都是互不相同的。我们可以把这一点表述为关于一切现实之物的异质性原理(Satz der Heterogeneität alles Wirklichen)。

显然,这个原理也适用于每个现实之物所表现出的那种渐进的、连续的转化,正是这一点对于现实的可理解性问题十分重要。不论我们往哪里看,我们都发现一种连续的差异性(stetge Andersartigkeit)。正是异质性和连续性的这种结合在现实之上盖上了它自己固有的"非理性"的烙印,这就是说,由于现实在其每一部分中都是一种异质的连续,因此现实不能如实地包摄在概念之中。如果人们给科学提出精确地再现(Reproduktion)现实的任务,那只会显现出概念的无能为力,而绝对的怀疑主义便是当反映论在认识论中居于统治地位的时候所产生的一个唯一的、当然的后果。[2]

因此,不能给科学概念提出那样的任务,而是必须询问:科学概念如何获得对现实之物的把握权力;而这个问题的答复也是显而易见的。只有通过在概念上把差异性和连续性分开,现实才能成为"理性的"。连续性可以在概念上加以把握,只要它是同质的;而异质的东西也能成为可以把握的,只要我们能够把它分开,从而把它的连续性变成间断性。于是,在科学面前甚至出现两种恰恰彼此相反的形成概念的方法。我们把每个现实中的异质的连续性,或者改造为同质的连续性,或者改造为异质的间断性。只要这一点能够做到,也就可以把现实称为理性的。只是对于那种想要反映现实而不是改造现实的认识来说,现实才始终是非理性的。

数学采用的是前一种方法,这种方法是从排除异质性开始的。

诚然,数学也部分地涉及同质的间断性,譬如说,像在简单数字的序列中呈现的那样。但是数学也能够从概念上把握连续性,只要它把这种连续性看作是同质的,而数学就是以这种方法取得它的最大胜利的。数学的"先天性"是与它的形成物的同质性相连接的。在人们确信不会碰见某种原则上新的东西的情况下,可能对尚未看见过或者经验过的东西做出预先判断(Vor-Urteil)。[3] 但是,从那种想认识现实的科学的观点看来,这个胜利是以很高的代价取得的。数学所说的那种同质的形成物,一般说来不再具有任何"真实的"存在,而属于那样一个领域,对于这个领域,如果人们愿意说它存在着,人们也只能称它为"观念的"存在。对于数学来说,同质连续的世界是纯粹的量的世界;由于这个缘故,这个世界是绝对"非现实的",因为我们所能认识的只是具有质的规定性的现实。

因此,如果想牢牢地把握质以及与其相连的现实,那就必须保持它们的异质性,而分开它们的连续性。在这里所有那些位于由概念划定的界限之间的东西都从现实的内容中失去,而这样的东西是不少的。因为,即使我们使这些界限如此紧靠在一起,但现实本身连同其连续的、因而也是无穷的多样性不知不觉地从界限之间流过去。因此,我们借助于概念只能在现实之流上面架一座桥梁,不论各个桥拱可能是多么细小。对于这一点,任何关于真实存在的科学都不能有所改变。尽管如此,以这种方法形成的概念的内容在原则上比同质的东西和纯数量的东西更接近于现实本身。我们在这里不需要对纯数量的东西作更广泛的探索,因为我们只限于研究那些希望形成关于真实对象的概念的科学。一般说来,自然科学和文化科学之间的区别仅仅对真实对象的科学才是适用的。像数学那样的关于观念存在的科学,既不属于自然科学,也不属于文化科学,因此在这方面不再加以考虑了。

只要证明现实本身是不能"如实地"纳入任何想把握现实的内容的概念之中,那对于我们划分那些研究对象的真实存在的经验科学这个目的来说已经足够了。只有在唯一的一门专门科学那里,才会产生这样一种假象:虽然有这一切情况,这门科学仍然能够详尽无遗地把握现实,显而易见,这门科学就是数学物理学。现代的理性主义——它认为现实是完全可以把握的——主要就是以这门学科为出发点。毫无疑问,物理学必须研究真实的存在。但是,由于数学的应用,物理学必须把异质的现实加以分解而构成的那种间断性仿佛被包括到概念之中。[4]不过,我们现在暂且把这个个别的情况放在一旁等待以后研究,现在只着眼于其他关于现实的学科。这些学科在任何情况下都限于研究现实的一个比较小的部分,因此,它们的认识只能是现实内容的简化,而绝不是现实内容的映象。

于是,由此得出了一个对于方法论具有决定性意义的观点。要使科学所进行的改造活动不是主观随意的,科学就需要有一种"先天的"判断或预先判断;科学在把现实的这一部分和另一部分划分开时,或者在把异质的连续性变成间断性时,就可以利用这样的判断。这就是说,科学需要一个选择原则,根据这个原则,科学就能像人们所说的那样把所与材料中的本质成分和非本质成分区别开来。相对于现实的内容来说,这个原则具有形式的性质;这样一来,科学的"形式"这个概念便清楚明白了。只是在本质成分的总和(Inbegriff)中,而不是在对现实内容的反映中,我们才有形式方面的认识。我们也可以把借助于形式原则从现实中分离出来的这个总和称为事物的"本质",如果这个词一般说来对于经验科学具有重要意义的话。

如果是这样,方法论的任务就是按照专门科学的形式的特点清楚地说明专门科学家在进行科学研究时往往不自觉地引为依据的那些在形成本质中作为标准的观点,而在这里对于我们重要的完全在于这种研究的结果。因为,科学方法的特点显然取决于如何分开现实之流以及如何把本质成分挑选出来的那种方式,而要解答在两类阐述现实的专门科学之间就其方法而言是否存在着原则性区别的问题,则取决于如何解答是否就专门科学的一般形式的特点而言也存在着两种相互有原则区别的观点的问题,专门科学依据这些观点把现实之中的本质成分和非本质成分分离开来,从而把现实的直观内容纳入概念的形式之中。

在我们设法回答这个问题之前,对于"概念"的应用还要作些补充。我们明白,就我们所提出的问题而言,是不会有人反对我们在这里把"概念"一词用于表示科学活动的认识结果的。可是,与此同时,由于我们也把凡是科学从现实中归纳起来以便用以把握现实的那一切东西的总和称作这个现实的"概念"(Begriss),因此我们没有在一般科学阐述的内容和概念的内容之间作任何区分,于是可能有人认为这种用法是主观随意的。但是,只有当在词汇学中有一个坚固的传统时,这种主观随意性才是没有道理的。大家知道,就概念一词而言,恰恰是完全缺乏这样的传统。人们把这个词既用于表示科学判断的"最后的",即再也不能分解的"因素",也用于表示由许多这样的因素组合成的最复杂的形成物。人们把不能下定义的"盐"或"甜"——它们表示直接感知的内容——称作概念,同样地也谈到与引力规律相等同的引力概念。由于这种区别对于方法论来说十分重要,因此我们在这里想把人们不能下定义的"简单概念"作为概念的因素,而与作为这些因素的合成物并通过科学活动形成的科学概念本身区分开。在"概念"和"通过概念做出的阐述"之间,显然不能划一条原则性的界限;因此,当我们把那包含有对于现实的科学认识的概念合成物称为这个现实的"概念"时,我们是合乎逻辑的,而绝不是主观随意的。我们十分需要一个普遍的词汇来表示一切形成物,这些形成物包含科学从直观现实纳入自己思想之中的东西,而为了标志这种东西与直观的对立,概念这个词恰恰是非常适合的。

因此,科学概念可能或者是由不能下定义的概念因素组成的合成物,或者是由可以下定义的科学概念组成的合成物;这些科学概念与由它们形成的更加复杂的概念相比,又必须看作是后面这些概念的因素。按照这种假设,概念形成的形式原则对于被认识的对象来说只表现在概念因素集合于有关对象的概念的那种方式之中,而不是表现在概念因素本身之中;这条原则必须与对这个对象的科学阐述的原则相一致。只有通过这种方式,我们才能得出问题的提法,而

第一部分　文化科学和自然科学

这种提法能够把各种不同的方法按其形式结构加以比较。作为科学方法的标准的形式的特点,必定蕴含在把现实归纳到科学之中的那种概念形成的方式之中;因此,为了理解科学方法,我们必须学会认识科学概念的形成原则。这样一来,我们的词汇便既是易于理解的,同时又是有根据的。如果所认识的东西同所把握的一样多,那么认识的结果必然蕴含在概念之中。

　　由此就驳倒了人们对于采用概念一词所提出的种种反对意见。[5]说这里涉及的不仅是词汇学的问题,那是不确切的。概念的形成始终应当被理解为若干因素的组合,而不论这些因素本身已经是概念或者还不是概念。我们关注的仅仅在于说明就这种意义而言的概念形成原则,因为,只有在这些原则中而不是在当作因素运用的概念中,探讨现实世界的经验科学之间的本质的、逻辑的区别才能显现出来。如果有人把运用概念形成新的概念称作"阐述",从而只承认"方法"上的区别,而不承认"概念形成"上的区别,那么这些人就既不能说引力"概念",同样也不能说意大利文艺复兴"概念"。在这里,无论如何,重要的问题在于用什么样的原则把科学概念的成分或因素联系起来。

注　释

〔1〕在我的《自然科学概念形成的界限》一书(第二版第30页以下数页)中,我曾经试图详细地论证这个乍看起来似乎有些荒谬的思想。

〔2〕我要明确指出,我并不是说现实之物具有"无限性"(Unendlichkeit),因为人们可能说,这个论题中已经涉及在概念上对直接材料的改造。问题仅仅在于,要弄清楚直接所与实在的那种事实上的不可一目了然性(Unübersehbarkeit),并且指出这种不可一目了然性所依据的理由。当然,这一点只有借助于概念才能实现,因为没有概念就根本不能构成任何可以理解的论断。但是,概念在这里仅仅应当成为关于不可理解之物的概念,换言之,在于表明那些绝不能被理解的事物。因此,不可认为,我们能够形成关于作为异质的连续性的现实之物的概念,这便表明现实之物的可知性,而把现实之物说成是不可知之物就不再有任何意义了。专门科学力求认识现实世界的内容;而关于这种

内容,异质的连续性这个形式概念所告诉我们的,不外是它使我们认识到现实世界的不可穷尽性。因此,甚至在这个形式概念形成之后,现实之物对于专门科学来说仍然保持着内容上的不可理解性;异质的连续性标志着专门科学在内容方面形成概念的界限。这样一来,库尔特·斯顿堡在《历史科学的逻辑》(1914 年,第 45 页)中对我提出的反对意见便被排除了。

〔3〕这一点可参看我的论文《一、统一和诸一,关于数概念的逻辑的意见》,1911 年,《逻各斯》第Ⅱ期,第 26 页以下。

〔4〕我们以后会看出这也是一种错觉。

〔5〕参看弗里什埃森·科勒(M. Frischeisen-Köhler)的《对李凯尔特的历史逻辑的一些意见》,《哲学周刊和文学报》,1907 年第 8 卷。

六　自然科学方法

　　从传统的观点看来,一切科学的概念形成或科学阐述的实质首先在于,人们力求形成普遍的概念,各种个别的事物都可以作为"事例"从属于这种概念之下。事物和现象的本质就在于它们与同一概念中所包摄的对象具有相同之处,而一切纯粹个别的东西都是"非本质的",不会纳入科学之中。甚至我们在近代科学兴趣以前所使用的词汇,除了专有名词之外,就其意义而言也或多或少是普遍的,而且在一定程度上也可以把科学看作是一种对那些未经我们参与而早就形成的对于现实的理解的继续扩大和自觉琢磨的方式。因此,概念或者是通过对经验所与的对象进行比较而获得的,或者概念可能达到一种广泛的普遍性,以致它们远远超出直接的经验。这一点如何可能,我们在这里不去考虑。只要指出下面这一点就够了:在这种情况下,概念的内容是由所谓规律组成的,也就是说,是由对于现实的一些或多或少广阔的领域——从来没有任何人看到这些领域的全部范围——所做的无条件地普遍的判断所组成的。所以,概念时而具有较大的普遍性,时而具有较小的普遍性,因此,概念对于特殊的和个别的事物来说是或多或少离得比较远的;但有时也能与特殊与个别之物接近,以致只有少数的对象能包摄于这种概念之中。然而,概念抛去了一切使现实成为单一和特殊之物的东西,就这种意义来说,概念始终是普遍的。因此,科学不仅由于它具有概念性而与直观性相对立,而且,由于它具有普遍性而与现实的个别性相对立。

　　早在亚里士多德的逻辑中(直到现在为止,几乎所有的逻辑研究在这一点上都依据亚里士多德的逻辑),就是按上述方式,而且仅仅按这种方式去理解科学概念的形成的。不论现代的规律概念与古代的种属概念有多大的差别,下述这个观点在今天似乎仍然和以前一样流行:关于单一的和特殊的东西的科学是没有的,即从对象的单一性和特殊性方面去阐述对象的科学是没有的。毋宁说,一切对象都从属于普遍的概念之下,在可能的情况下,也从属于规律概念之下。

一切科学的形式特征是否确实是由这种概念形成的方式决定的呢?

如果人们把概念仅仅理解为科学用以形成它的概念的"因素",如果人们进一步认为只有普遍的概念才能由普遍的因素形成,那么对这个问题必须做肯定的回答。科学概念的最终因素在一切情况下都是普遍的。概念之所以只能由普遍的因素所形成,这只是因为科学所使用的词汇必须具有普遍的意义,以便能为大家所理解。因此,就概念的因素而言,在科学方法中是没有任何形式上的区别的。毋宁说,这个问题只能做这样的表述:由这些普遍因素形成的科学概念是否始终是普遍的,而当我们只考虑自然科学方法的时候,对这个问题也必须做肯定的回答。这样一来,我们必须从康德的意义上,也就是从形式的或逻辑的意义上去理解"自然"一词,而不是把它仅仅理解为物质世界。事实上,在这种假设下,认识自然就意味着从普遍因素中形成普遍概念,如果可能的话,形成关于现实的绝对普遍的判断,也就是说,发现自然规律的概念。自然规律的逻辑本质决定了在其中不能包含有那种只能在这个或那个单一和个别现象之中发现的东西。

如果有人否认这是自然科学的方法,那最多只是因为人们把普遍性概念理解得过分狭窄,或者只想到一种特殊的普遍化的方式。由于这种情况已经发生,并且由此对这里发挥的思想产生了最奇怪的误解,因此,我想对自然科学概念的"普遍性"再多说几句。

我们把每个这样的概念称为普遍的,在这种概念中不包含这个或那个特定的、一次性的现实的任何特殊性和个别性。在这样做的时候,我们不考虑普遍概念由以形成的那个过程中的差异。我们也很少询问,我们涉及的是关系的概念还是事物的概念,不论这种差异对于逻辑学来说可能是多么重要。我们在这里必须把关于普遍概念的完全普遍的概念当作基础,因为唯一重要的事情在于认识到一切自然科学的共同之点。我们不可以只限于考虑那样一种概念形成,它作为"比较的抽象"包含有一定数量的事例的共同之点。事实上,谁也不会否认,这种分类的形式只限于一部分自然科学。还有另一种获得普遍概念的方式,例如,自然科学通过实验能够在一个单一的对象中发现概念,甚至也有可能发现它们所探索的规律,而人们可以把这种抽象称为"孤立的抽象",以便与比较的抽象区别开。但是,如果从一个对象中形成的概念只对这个对象有效,那也可以认为这种抽象完全没有达到它的目的。因此,这种差异在这里可以不必考虑。概念或者规律应当始终适用于任何巨大数目的对象,因而是完全普遍的。

不言而喻,自然科学用于认识对象的普遍化方法,绝不排斥对于个别特殊之物与细微末节作详尽深入的考察。如果人们认为这只是对为一定数量的所与现实所共有的特点进行概括,那就会产生这样的假象:仿佛自然科学在把个别事物省略去时,从事物中纳入自己概念之内的东西少于我们对于事物的认识,或者仿佛普遍化的方法恰好意味着"对于现实的规避"。对于科学必须使现实简化这个命题,不能从这个意义上去理解。毋宁说,任何一门科学都力求更加深入地洞察现实,对于现实获得比现在已经知道的更多的了解。这一点是毋庸赘言的。因此,也不能把普遍化和"分析"对立起来。这只是意味着,任何分析不论多么详尽都不能穷尽现实在内容上的多样性,自然科学在其对分析结果的最终表述中并不考虑所有那些只能在这个或那个特殊对象中发现的事物,因此,自然科学即使沿着分析个别事例的道路前进,也能达到普遍的概念。[1]

自然科学为了认识它的对象,一定需要不满足于一个普遍的概念。自然科学往往要研究那个对于一个概念来说是非本质的"余物"（Rest），以便把它纳入新概念之下；而当这一点做到之后，自然科学又需要对那个从第二次分析中保留下来的余物进行第三次的研究。从形式的观点看来，不可能详细说明自然科学为了使它的概念形成达到终极，必须在多大程度上深入到现实内容的多样性之中，因为这取决于科学的各个不同的部门给自己提出的目标和目的。但是，首先，不论这种分析借助于多么众多的概念而推进多么远，不论现实有多少前所未知的特性被揭露出来，自然科学仍然不能借助于概念而表述所研究的对象的一切特性，因为特性的数量在任何一个异质的连续性中都是不可穷尽的。其次，不论自然科学的知识多么详细，不论它们形成了多么丰富的概念，自然科学始终把那仅仅为一个单一对象所固有的东西看作是非本质的。因此，甚至把自然科学从个别的现实中形成的一切概念总合在一起，也绝不能复制一个单一的现实对象的特殊性和个别性。谁相信相反的情况，谁就会像柏拉图那样把普遍之物看作现实之物，并认为个别和特殊之物只是普遍性的合成物。但是，这种概念实在论（Begriffsrealismus）在今天看来已经完全不中用了。现实是由特殊和个别之物组成的，从普遍的因素中绝不能构成现实。

因此，在概念的内容和现实的内容之间形成一条鸿沟，它像普遍和个别之间的鸿沟一样宽阔，在它的上面是不能架桥梁的。尽管如此，我们能够把自然科学的成果应用于现实，也就是说，我们能够借助于这些成果使我们在自己的环境中识别方向，对现实进行计算，甚至通过技术来支配现实。这个事实并不使人感到惊奇，更不能被看作对我们的见解提出了异议。[2] 这种应用绝不能扩大到个别和特殊之物。我们只能预示现实中的普遍之物，并且正是借助于这一点，才能洞察普遍之物。如果没有通过普遍化的方法对世界进行简化，那就不能对世界进行计算和支配。在个别和特殊之物的无限多样性没有通过普遍概念得到克服之前，这种多样性使我们感到头晕目眩。借助于一个关于个别内容的概念，我们绝不能越出这一个场所之外，

第一部分 文化科学和自然科学

而达到另一个场所和另一个时间。因此,自然科学概念的普遍性以及在这些概念和一次性现实之间的鸿沟(我们在其中发现了这些概念的理论本质),恰恰也就是自然科学概念的实际运用的必要前提。"实用主义"为了表明科学思维仅仅是为实际利益服务的,同样也求助于概念的简化。尽管这种学说中蕴含的功利主义可能是荒谬的,尽管概念对于现实的理论"威力"在实践上很少被人了解,但是,如果概念的内容与个别之物相符合,我们就不能把它用于构造科学理论,也不能把它用于实际生活,这一点仍然是正确的。

只有当人们不注意现实的个别性的时候,才可能忽视自然科学和现实之间的鸿沟。谁试图把自然科学概念应用于个别之物本身,谁就会碰到一条无法逾越的界限。诚然,医生是根据自然科学知识进行诊断的,从而有可能为他的个别的病人服务。他可以把这个特殊的病例隶属于普遍的疾病概念之下,并依次去做他认为在一般情况下有助于治病的事情。因此,他必定非常需要普遍化。但是,另一方面,这个聪明的医生恰恰也很清楚,现实中没有"疾病一般",而只有"疾病的个体",因此,在他自己的活动中仅仅利用自然科学书籍提供的材料是不够的。他还必须了解个别化,而这是自然科学不能教给他的。简言之,不仅自然科学概念应用于现实生活的可能性,而且这些概念利用所含有的界限,都再一次证明普遍化方法是自然科学概念形成的特征。用柏格森的一个巧妙的比喻来说,自然科学只缝制一套对保罗和彼得都同样适合的现成的衣服,因为这套衣服并不是按照这两个人的体形裁剪的。如果自然科学"按照每个人的体形"进行工作,那它就必须对自己所研究的每个对象构成新的概念。但这是与自然科学的本质相违背的。自然科学只是在从个别之物中发现那种可以把个别之物隶属于其下的普遍之物的情况下,才去注意个别之物。在这个范围内,必须说现实的特殊性是任何自然科学概念形成的界限。

有时,事实上,自然科学只能够根据一个单一的事例来形成概念;但是这种情况也不会使我们错误地认为,除了一个即将谈到的例外情况之外,这些概念仅仅适用于这一个事例。在这些情况下,就自然科学的逻辑结构而言,自然科学概念的经验范围只是由一个事例构成,这种情况可以说是"偶然的";然而,由于概念的内容仍然可以应用于任何数量的事例,因而它是普遍的类概念。例如,当人们起初知道"始祖鸟"是一种鸟的时候,这对于确定一个类确乎是重要的,就和现在对于这个类已知道两个事例一样。因此,"原始异足动物"这个概念当它的经验范围还没有由一个完整的事例所组成的时候,在逻辑上已经是普遍的了。由于这一切理由,我们可以把自然科学方法称为普遍化的方法,从而表明自然的形式概念。自然是在普遍化过程中被认识的。这就构成了自然科学知识的逻辑本质。

诚然,在天文学的某些部分中,某些天体构成一个例外情况;可是,更加精确的研究表明,甚至这个例外情况也不能否定这条普遍规则,因为一次性事件本身在规律科学中起的作用,是由十分特殊的环境决定的,而且只限于一个明确划定的范围之内。在这里,也如在物理学中一样,数学也具有重大的意义;关于这一点,我们在后面还要谈到。

我们暂时撇开这些情况不谈,就已显然可见:所有那些在逻辑意义上属于自然科学的或普遍化的学科,如何由于这种概念形成的方式而被划分出来,合成一个具有共同目的的统一整体,每门专门的科学都在自己的领域为实现这个共同目的而做出自己的贡献。

在普遍化的科学看来,现实主要分为两种实在(Realität):一种占有空间(在这里需要强调"占有"一词,因为纯粹广延的"物体"不是现实的),一种不占有空间(虽然绝不能因此就认为它是"非空间的")。如果我们撇开唯物主义的游移不定(Velleïtät),那么各种普遍化的专门研究都严格地把物理存在和心理存在区分开。各种专门研究为了它们的概念形成的利益必须这样作,尽管广延之物和非广延之物本身在一定意义上仅仅是概念抽象的产物,甚至是普遍化抽象的产物。[3]专门研究不能把这两类对象——它们的概念是相互排斥的——纳入一个统一的概念体系之中,而只能尝试在通过普遍化的方法对每个现象系列理解之后把这两个系列明确地联系起来。因此,对于普遍化的科学来说,有两个划分开的研究领域,相应地也就必定有两个普遍化的专门科学体系,其中一个研究物质现实,一个研究心理现实。但是就它们的逻辑的、因而形式的结构来说,这两个体系是彼此相同的,对物理现象或心理现象的每种专门研究都在它们之中找到自己的位置。

如果我们认为这两个体系是完满的,那么在物体科学中也如同在心理学中一样,有那样一种理论,它包含有一切物体或一切心理所共有的东西,因而它采用了可能设想的最普遍的概念。这样,就可以按各门科学的最终概念的广泛程度和普遍程度进行分类。在各个相关的领域内各有一个关于概念或规律的体系,这个体系只是对这个相对特殊的领域有效,而为了形成这个体系,就要对精微的细节进行深入的观察。但是,甚至在这里也处处要对本质成分进行选择,这些本质成分表现为一些与纯粹个别之物相比始终是普遍的概念。所有这些相对特殊的概念形成,像柏拉图的概念金字塔那样,相互连接为一个统一的整体;这个金字塔形状的逻辑结构,不依赖于它们是否是种概念或规律概念、事物概念或关系概念,而在每一个体系内,最普遍的理论也规定着专门研究,只要这在原则上不排斥把普遍性较少的概念隶属于普遍性最大的概念之下。

因此,比方说,如果假定有一种在原则上不符合规律的现象,那么这个假定是与任何一门普遍化科学的意义相矛盾的。对于物体科学来说,只有那些在原则上与力学的解释不矛盾的概念形成方法才是有价值的。因此,"活力"论并没有能解决问题,反而只能使问题更加模糊,尽管生物学没有一些相对特殊的概念是不行的。[4]心理学还没有成为一种众所公认的关于心灵生活的理论,因此在完成体系的结构方面远远落后于物体科学。可是这不是原则上的区别,而只是程度上的区别。尽管心理学在个别细节方面可能在逻辑上与物体科学有所区别,但它无论如何确实采用了普遍化的、因而在逻辑意义上是自然科学的方法。

当然,这并不是说,由此应该不加批判地把物体科学中屡试不爽的方法移用到心理学之中。就细节方面来说,任何一种科学研究方法都必须使自己符合自己的对象所具有的内在特性。在这里,问题仅仅在于这些特性是否具有一种逻辑意义,以致它们排斥自然科学所采用的普遍化的概念形成方法。我想在后面用一个适当的例子说明,这一点是不能从所考察的心灵生活的本质中推演出来的。

人们常常发现在所经验到的心理存在中有一种与物质世界不同的统一联系,并由此得出关于心理存在的陈述方法的结论。事实上,对于这样的"统一"是毋庸置疑的。但是,还必须清楚地说明这种统一是什么。如果这种统一确实抵制自然科学的方法,那就必须审察是否这种抵制导源于心理存在的本质,或者并非由一种完全不同的因素中产生出来的,这种因素或者根本不属于经验种科学,或者只有依据于心灵的文化生活的特性才能得到理解。

例如,有人可能提出"意识"的统一,并且可能把这种统一和物理现实的多样性对立起来。但是,这里所谈的是认识论的概念,因此,这种纯粹形式的统一并没有用一种与物理方式有原创性区别的方式把心理的杂多连接起来,而且这种形式对于心理学方法完全是无关紧要的。由于心理学的概念形成仅仅与心理现实的内容发生关系,因此意识的逻辑统一绝不能成为心理学概念形成的对象。的确,没有任何一门经验科学研究这种形式,因为它是任何经验的逻辑前提。

然而,事实上,这并非是心灵中表现出来的唯一的一种"统一"。人们还可能提出另一种"联系",这种联系使我们不可能从概念上把心理因素孤立起来,就像把物理因素孤立起来那样,而且这种联系是排斥把心灵存在加以原子化的,因此它决定了概念形成的一些十分重要的逻辑特性。但是,甚至这一点还是不很清楚的。一方面,这种联系的统一可能是由于不考虑心灵生活所隶属的肉体,研究心灵生活就是不可能的,因此,必须把肉体看作是一种机体,这种机体把自己的统一移植到与它相联的心灵存在之上。或者,另一方面,这种统一的产生是由于人假定了价值,并且考虑到这种价值把他的心灵生活连接成为统一。必须仔细地区别开心理领域内的这两种"联系",即使我们假定,只有借助于一种有目的的心理本质,把肉体看作机体这种观点才能成立,而且心灵生活的"有机"统一也只有通过向后移植（Rückübertragung）才能形成。

在有机统一的头一种情况下（价值在这里不起任何作用）,不论这种统一是从肉体移植到心灵生活,抑或最终导源于心灵生活本身,这种统一都成为心理学方法论的一个重要问题。这个问题或许还不大受人注意;其实,这个问题的解决可以排除"力学"的或原子论的心灵生活观念,正如排除就纯粹力学意义而言的机体观念一样。毫无疑问,不能把后面这种机体理解为纯粹的机械,因为那样一来它们就不再是"机体"了。因此,生物学常常显示出一些特殊的概念形成原则,不能把这些原则完全归结为物理学的观察原则。[5]相应地,也可以说,不能用一种与纯粹力学理论相类似的观点去理解心理生活,因此只有与整个心灵生活的统一相联系,才能研究任何一个心理过程。但是,即使这一点是正确的,这在原则上并不排斥心理学采用一种就逻辑的或形式的意义而言是自然科学的方法,正如不排斥采用自然科学方法去研究机体一样。因此,心灵生活的这种"有机的统一"对于我们的目的来说是没有什么意义的。

只有当从价值的观点去考察这种统一时,人们也许才可能认为：普遍化的方法必定会破坏这种统一,因此,并非只有采用自然科学方法才能对统一的心理进行研究,因为采用这种方法就会抛弃与价值的联系。但是,无论如何不能由此证明,心灵生活本身是抵制自然科学观点的,或者那种用自然科学不能加以理解的统一是由心理的本质之中产生出来的;所能证明的只是,某些种类的心灵生活由于自己所固有的意义而不能用普遍化的方法详尽地加以研究,这种可能性应当是毋庸置疑的。正如我们将要看到的,文化科学问题毋宁说就在于此。然而,只有当我们把方法在纯粹逻辑上和形式上的区别同自然和文化的质料分类原则联系起来时,我们才能研究这个问题。现在重要的问题只在于说明：那种仅仅从心灵生活的而非物质的这个角度去研究心灵生活的科学,是没有任何理由不采用那种在逻辑意义上是自然科学的、即普遍化的方法的。由此可以得出结论,每一种现实,也包括心理现实,都可以通过普遍化的方法而被理解为自然的一部分,因而也必须用自然科学方法加以把握。否则,就完全不能形成一个完整的、把心理的和物理的自然都包括在内的概念。

注　释

〔1〕我必须向黎尔、特别是弗里什埃森·科勒着重说明这一点,后者在几篇同样标题的论文中(《体系哲学文库》第十二卷和第十三卷),以及在他的《科学和现实》(1912年)一书中,对我的《自然科学概念形成的界限》作了详尽的批评。他说我曾十分认真地把自然科学和"对现实的规避"等同起来;这一点使我有点吃惊,因为他的论证在其他方面是十分客观的,而且我乐于承认这些论证是尖锐的。甚至他的误解在某种程度上也对我有所教益,因为它使我注意到我在某些点上还没有充分地向认真仔细的读者解释清楚。因此,我在下面还要再次提到他的批评,只要这样做才符合于这篇文章的性质,即避免过分详细地作专门的、逻辑的研究。也可参看我的《自然科学概念形成的界限》一书,第二版,第188页以下。

〔2〕对此参见弗里什埃森·科勒的《科学和现实》,第158页以下。

〔3〕还可以用另一种方式把物理存在和心理存在区别开,例如,把我们大家共同体验到的东西称作物理的。反之,把仅仅为每个人体验到的东西称作心理的,就是如此。但是,我们在这里不注意这种区别,而且指出这种区别和本文中所说的区别是不一样的。我们在这里也不考虑那种涉及物理存在和心理存在同价值的关系的第三种区别。这种区别对于"精神"概念来说才是重要的。

〔4〕在这点上,可参看理查·克朗纳《生物学中的目的和方法:一种逻辑研究》,1913年版。

〔5〕参看《自然科学概念形成的界限》,特别是第456页以后及第二版第405页以后。对于那种不含价值的目的论概念,我在这里不作进一步的研究,而它对于理解以后的章节并非是不可缺少的。

七　自然和历史

可是,如果我们对自然科学概念做如此广泛的理解,即认为自然科学概念是与普遍化科学的概念相一致的,那么在认识实在的感性世界方面一般说来是否可能有一种不同于自然科学方法的方法呢?我们已经看到,为了选择出本质的成分,科学需要有一个指导原则。通过经验的比较把共同的东西概括起来,或者以自然规律的形式把普遍的东西表述出来,便为科学提供了这样的原则。如果说,不仅物体现象,而且心灵现象都可以而且必须以这种方式去进行研究,同时也没有第三个现实之物的领域,那么就形式的观点来说,科学还有什么别的任务呢?因此,关于现实之物的科学的概念看起来是与就最广泛的形式意义而言的自然科学的概念相一致的,而一切研究真实存在的科学都必须从此出发,即发现其对象所隶属的一般概念或自然规律。从一定意义上说,人们可以援引亚里士多德的著作以支持这种意见。不仅自然科学而且一般科学都是普遍化的。

事实上,凡是想根据自然和精神的对立来划分两类专门科学的人,只要他把"精神"理解为心理,他就找不到对于这种观点的任何有力的论据。当人们试图从心灵生活的特性中引出一些理由来说明不可能按照自然科学方法进行自己的研究时,人们或者至多可能发现一些在逻辑上只具有次要意义的区别(这些区别既不能证明提出自然科学和精神科学之间原则上的形式对立是有根据的,也不是从逻辑的意义上对待自然科学概念),或者运用形而上学的论断,这些论断即使是正确的,但对于方法论却毫无意义。例如,有人说,与受因果制约的自然相反,精神生活应当是"自由的",从而不服从于规律,因为规律性概念是与自由概念相矛盾的。

采用这样一些论断只能在认识论中引起混乱。如果在这个问题上确实取决于自由或因果必然性,那么穆勒[1]关于只有自然科学才是科学的论点就应当是正确的,因为绝不能根据形而上学的自由概念阻止人们用叙述物体世界时所用的那种方式去合乎规律地叙述经验所与的心灵生活,况且自由概念也不能干扰经验的普遍化方法。因此,即使心理学的个别细节方面可能与物体科学有很大区别,但它的最终目的却始终是把特殊的、个别的现象归属于普遍概念之下,而且在可能情况下还要对规律进行研究。就逻辑的和形式的方面来说,心理生活的规律也就是自然规律。因此,心理学被合乎逻辑地看作是自然科学,这不仅就自然和文化的区别来说是如此,而且就它的普遍化方法来说也是如此。直到目前为止,经验的心理学只有采取自然科学的普遍化方法才能获得自己的成就,这个事实也有助于使这个问题得到解决。

如果在专门研究内部还有一种与自然科学方法根本不同的关于现实世界的概念的形成方法,那么这种概念形成方法也不能建立在"精神"生活即心理生活的特性之上,这一点无论从形式的分类原则或者从质料的分类原则来说都是同样清楚的。毋宁说,只有逻辑学才能希望达到对现有的各门专门科学的理解,逻辑学心平气和地把心理生活让给普遍化的科学去研究,可是它同样果断地问道:是否除了作为自然科学方法的标准的普遍化概念形成原则之外,还有第二种与此有原则区别的形式观点,这种观点以一种全然不同的方式把现实之物中的本质成分和非本质成分区别开。在我看来,凡是致力于通过观察实际的研究来检验自己的逻辑理论的人,首先就完全不能忽视这个从形式方面来说不相同的科学方法的事实。如果这个事实与传统逻辑不一致,那对于逻辑学来说就更加不利。

有一些科学,它们的目的不是提出自然规律,甚至一般说来也不仅仅是形成普遍概念,这就是在最广泛的意义上而言的历史科学。

第一部分　文化科学和自然科学

这些科学不想缝制一套对保罗和彼得都同样适合的标准服装,也就是说,它们想从现实的个别性方面去说明现实,这种现实绝不是普遍的,而始终是个别的。而一旦对个别性进行考察,自然科学概念就必定失去其作用。因为自然科学概念的意义恰恰在于它把个别的东西作为"非本质的"成分排除掉。历史学家赞同歌德关于普遍的东西所说的话:"我们利用普遍的东西,但是我们不喜欢普遍的东西,我们只喜欢个别的东西。"无论如何,只要所研究的对象被看作是整体,历史学家总愿意对个别的东西本身做科学的说明。因此,对于那种不是想支配科学而是想理解科学的逻辑来说,下面这一点是毋庸置疑的:几乎被整个近代的逻辑学、甚至被某些历史学家赞同的亚里士多德的意见,必定是错误的。历史科学如何表述它所研究的现实之物的特殊性和个别性,这在目前尚不清楚。因为现实本身由于它的不可估量的多样性而不能纳入任何概念之中,又因为一切概念的因素都是普遍的,因此关于个别化概念形成的思想目前表现为有问题的。可是不能否认历史学认为对于一次性的、特殊的和个别的东西做出表述是它自己的任务,而且人们必须从这个任务出发去说明历史学的形式本质。因为,一切关于科学的概念都是关于任务的概念,而且人们只有从科学为自己设置的目的出发并深入到它的方法的逻辑结构,才有可能对科学做逻辑的理解。这就是达到目的道路。历史学不愿像自然科学那样采用普遍化的方法。对于逻辑学来说,这一点是具有决定性意义的。

　　最近,至少就这一方面(尽管在某种程度上只是消极的方面)来说,自然科学方法和历史方法的对立已经完全弄清楚了。我已经提到,保罗曾把规律科学和历史科学区别开来。我不想详细叙述其他说明这个观点的文章,在这里只是谈一点文德尔班的见解。[2]他除了提出自然规律的"规范化"(nomethetische)方法之外,还提出了一种用以叙述一次性的和特殊的事件的历史学的"表意化"(idiographische)方法,并做了这样的限制,即规范化的方法肯定不仅可以用于发现就严格意义而言的规律,而且可以用于形成经验的一般概念。这种见解无疑是正确的。为了获得两个纯粹逻辑的、因而是纯粹形式的自然概念和历史概念(自然和历史所指的不是两种不同的实在),我自己曾经试图如下地表述关于按照科学方法对科学进行分类的基本逻辑问题:当我们从普遍性的观点来观察现实时,现实就是自然;当我们从个别性和特殊性的观点来观察现实时,现实就是历史。[3]我还想相应地把自然科学的普遍化方法和历史学的个别化方法做一对比。

我们从这种区别中得到了所寻求的科学分类的形式原则,凡是想真正从逻辑上研究认识论的人,必须以这种形式区别作为基础。否则,他就不能理解经验科学的逻辑本质。下面这个事实可能使人感到遗憾,但又不能从世界中排除掉:各个专门研究的科学在形成概念时实际采用的方法,朝着两个在逻辑上相互对立的方向分裂开;认识论首先必须考虑的就是这种分裂,而不是任何质料的区别。[4]逻辑学并不会由于下面这些一般的老生常谈而得到帮助:一切科学都是统一的;不可能有好几种真理;或者历史不是"科学",因为它不是普遍化的。的确,一切经验科学在下面这一点上是彼此相同的:一切科学都是要对感性世界的真实存在做出真实的判断,也就是说,它们只是阐述真正存在的对象,而不是阐述幻想的产物。在这个限度内,只有一种统一的科学,它的目的是研究一种现实。但这是就科学的内容、而不是就科学的形式而言。因此,对于那种只限于研究形式的逻辑学来说,这只是一个默认的前提。其次,还有一系列思维形式,在把经验现实纳入科学概念之内的一切场合下,这些思维形式都是不可缺少的。然而,同样肯定的是科学也给自己设置一些在形式上互不相同的普遍化和个别化的目的,从而必须有为达到这些目的所需要的在形式上互不相同的形成概念的方法。凡是把"科学"这个名称仅仅用于表示普遍化方法的产物的人,当然不会被人反驳,因为那样的术语规定一般说来是处于真假范围之外的。但是,不能说,这个不允许把兰克[5]和所有伟大历史学家的著作算作是"科学"的术语,是一个特别恰当的术语。毋宁说,人们应该致力于形成这样一个科学概念,它把那些名为一般科学的东西都包括在内。为了达到这个目的,首先要考虑这样一个事实,即科学并不是在任何地方都采用自然科学方法或普遍化方法这一种形式。

我们首先用一些例子更加清楚地说明这一点。为了达到这个目的,我们把贝尔(K.E.v.Baer)关于蛋发展为鸡的有名叙述和兰克关于16和17世纪罗马教皇的有名叙述做一对比。在一种情况下,无限众多的对象被纳入普遍概念的体系之中,这个体系对这些无限众多的对象之中的任何一个事例都同样适用,它把经常重复出现的事物表述出来。反之,在另一种情况下,是以下述这种方式去理解特定的、一次性的系列现实,即把每个单一事物的特殊性和个别性表述出来,把那些在任何地方都不是重复出现的事件纳入叙述之中。从任务的这种区别中,必然会产生某些在逻辑上互不相同的思维方法和思维形式。和每个自然科学家一样,贝尔把不同对象所共有的东西概括起来,思维的产物就是普遍的类概念(Gattungsbegriff)。反之,兰克必须把他的每个教皇纳入特殊的概念之下,为此就必须形成具有个别内容的概念。这两种叙述所固有的思维目的和思维形式恰恰是相互排斥的,因此所采用的方法之间的这种原则性的逻辑区别是不容置疑的。诚然,这些例子是这样地挑选的,即可以从其中同时还看到其他东西。当一种叙述从普遍或一般的观点去考察自己的对象,而另一种叙述从特殊和个别的观点去考察自己的对象时,那就可以清楚地看出在这里表现出在经验科学的方法之间可能有的那种可以设想的最大的逻辑区别。在经验科学的叙述方面,不可能有就逻辑或形式的观点而言与上述两种目的根本不同的第三种目的,其不同的程度就如前面两种目的相互不同那样。因此,认识论在划分那些研究现实的学科时,必须把上述区别看作是一切专门科学在形成科学概念的方法上的基本形式对立,除这种对立之外,其他的区别在逻辑上都是次要的。因此,认识论将这样地划分经验科学:一切对现实进行研究的专门科学活动,或者形成普遍的概念,或者形成个别的概念,或者含有这两种概念的混合物。可是,由于只有了解纯粹的形式才能了解混合的形式,因此,认识论首先要研究概念形成的两种基本形式,即普遍化的方式和个别化的方式。

很难想象,有人会为了某种缘故而反对这个原理。至多可能有人怀疑,把上述纯粹形式的区别同自然科学方法与历史方法的对立等同起来是否有其理由,或者是否不要在比较狭窄的意义上使用"历史"一词。可是,这些问题不是难以回答的。

任何人都会把贝尔所进行的研究称作自然科学的研究,而把普遍化的概念形成方法和自然科学的概念形成方法等同起来的理由我们已经知道。对自然一词的这种逻辑使用是与康德的术语相一致的,这就同时也给与这种逻辑使用以历史的充分理由。可是,用历史方法一词来表示那些旨在研究现实的特殊性和个别性的科学方法,也是同样有理由的。当人们把兰克关于教皇的著作称作历史研究时,人们也一定会想到这里处理的是精神事件,特别是人类的文化生活。然而,如果人们不考虑内容的规定(为了获得逻辑概念,这样作是必须的),那么"历史的"一词常常包含有一种确定的、普通理解的意义,而这也就是所采用的意义。

当然,语言的使用并不是始终一贯的。人们也谈到"自然的历史",而"发展的历史"一词通常恰恰是指那样的研究,在这种研究中,就如在贝尔关于鸡的发展的叙述中一样,人们可以清楚地看出自然科学方法的逻辑本质。但是,这些是例外情况。人们在直接谈到"历史"时,经常指的是某一事件的一次性的、个别的过程;而且,把历史作为特殊的东西和自然作为普遍的东西对立起来的作法,恰恰在哲学中颇为流行。"历史的"权利是与"自然的权利"相对立的,前者是一次性的、个别的权利,后者是大家共有的或应当共有的权利。"历史的"宗教是与"自然的"宗教相对立的,前者是一次性的、特殊的宗教,而关于后者,人们则想信它是和人们的共同本性一道赋予每个人的。其后,当18世纪的理性主义——它只在事物可以被纳入普遍概念之内的情况下才考虑事物——以轻视的口吻谈到"纯粹"历史的时候,它同样也把历史的东西与一次性的、个别的东西等同起来;而在德国唯心主义哲学中,这种语言使用方法还得到更加深远的发展。

但这只能是把逻辑意义上的历史的东西与一次性的、特殊的、个别的东西等同起来的一个新的理由。康德及其后继者同样以藐视的口吻谈到纯粹的历史,这表明尽管他们在历史的思想方面比启蒙时期的哲学家有了更大的发展,但是,他们对于历史的逻辑的理解至多也只不过达到萌芽阶段。

总之,把作为个别化方法的历史方法与作为普遍化方法的自然科学方法对立起来,这不是随心所欲地做出的。在人们接受康德关于自然的逻辑概念的情况下,毋宁说还要求有这个关于历史的逻辑概念。无论如何,我们只有这样才能获得一个唯一有用的从逻辑上去研究经验科学的出发点。逻辑学的任务是,首先从历史学的科学目的即从对现实的一次性的、个别的过程进行的叙述中,去理解这里所运用的作为达到这个目的的必要手段的个别化思维形式。对于任何一个要理解各种专门科学活动的人来说,是不可能否认这一点的。只有那些像自然主义者所做的那样不是弄清楚事实上现存的科学而去制造一个"科学"概念的人,才会指责把历史方法和个别化方法等同起来的作法。

注 释

〔1〕《演绎逻辑和归纳逻辑的体系》,希尔的德文译本,1877 年第四版,第 2 卷,第 6 册:《关于精神科学的逻辑》。

〔2〕《历史学和自然科学》,1894 年。重印本载入《序曲集》第五版,1915 年,第 2 卷第 136 页以下。叔本华是那些首先清楚地了解自然科学和历史学的一般逻辑区别的人们之一。可是,他只是把这种观点利用来否认历史学具有科学的性质,像许多人追随着他所作的那样。从肯定的方面看来,下列这些著作是重要的:哈姆斯(Harms)的《哲学及其历史:Ⅰ.心理学》,1878 年;纳维尔(Adrien Naville)的《科学分类》,1888 年,1920 年第三版(经过很大的补充和彻底的修改);齐美尔(Simmel)的《历史哲学问题》,1892 年,但他的主要观点在这本书的第二版(1905 年)中才十分清楚地表现出来。更加详细的材料可参看我的《自然科学的概念形成的界限》一书第二版第 66 页以下。

〔3〕《自然科学概念形成的界限》,1896 年,第 255 页;1913 年第二版,第 224 页。

〔4〕 不言而喻,把形式的区别置于首要地位,并不排斥稍后一些再考虑质料的区别。因此,不能说科学不是根据形式的观点、而是根据质料的观点来分类的。这两方面都是同样有道理的,每一方面都是按照人们在当时所提出的目的来决定。

〔5〕 兰克(Leopole von Ranke,1795—1886),德国历史学家。——译者注

八　历史学和心理学

如果我们把自然科学和历史学看作形式的对立,那我们就必须说,撇开已经提到的少数例外情况不谈,自然科学致力于用它的概念去把握为数众多的、甚至可能是无限多的各种各样的对象,而历史学则力求使它的叙述仅仅符合于它所研究的某个与所有其他对象不同的对象,这个对象可能是一个人物、一个世纪、一个社会运动或一个宗教运动、一个民族或者其他等等,历史学借助于这种方法使听众或读者尽可能接近它所指的个别的事件。反之,自然科学用来说明现实的概念愈加普遍,它便能愈加清楚地说明现实的某一部分,而现实的特殊部分与整个自然的共同之点便表现得愈加明显,单一对象的内容在其个别性方面与普遍概念的内容便愈益相互分离。

从自然和历史的这种形式对立中已经可以得出一些对方法论来说颇有重要意义的结论。可是,在这里我们想只限于谈一个特别议论纷纷的问题。从以上所述中,已经必然推断出关于一般心灵生活的科学即心理学对于历史学可能具有的意义;对于这一点,在那些未必想把历史学当作普遍化自然科学的人们之间取得一致意见应该是容易的;而这一点对于根据什么理由把科学分为自然科学和精神科学这个问题却具有决定性的意义。

我们知道,当历史学研究文化事件时,它几乎总是也要研究心灵生活,由于这个缘故,把历史学标志为精神科学并不是完全错误的。因此,关于历史学家,我们习惯于说,他们必定是优秀的"心理学家"。但是,历史学家通常并不十分关心科学的心理学;然而,看起来,似乎历史学家愈多地从事于研究心理学,他们便会成为愈加优秀的"心理学家"。这种论证听起来很有说服力,它一定会促使关于心理学对历史学具有奠基性意义这样一种见解得到广泛流传。

但是,只要我们进一步观察,我们就会发现,即使就那些特别受人钟爱的理论来说,这种说服力也往往是建立在所使用的词汇的多意义性之上。我们不仅把历史学家,而且把诗人和造型艺术家都称为"心理学家",因为我们理应认为,他们为了完成自己的任务必须是"关于人的专家"。但是,除了名称之外,艺术所从事的"心理学"与关于心灵生活的抽象科学毫无共同之点,任何人也不会建议诗人去从事科学的心理学研究,以便通过这种研究更好地学会如何写诗。艺术不是从概念上而是直觉地(如果可能的话)把握心灵生活,以便借助于一种与科学方法全然不同的方法把心灵生活提升到一个具有普遍意义的领域。无论如何,从"心理学上"去理解人的这样一种艺术才能,是完全不依赖于对于科学的心理学的认识的。

这一点也适用于历史学家所使用的"心理学",尽管这种心理学与艺术家的心理学可能有很大区别。这种心理学甚至可能比艺术家的心理学更加远离关于心灵生活的普遍化科学,因为它完全致力于研究一次性的和特殊的事件。因此,在根本没有科学的心理学、甚至还没有今天的心理概念的时代里,我们就已在历史学家中间发现一些卓越的"心理学家",这一点是毫不奇怪的。譬如说,在这个意义上,我们很可以把修昔底德(Thukydides)算作是心理学家。甚至冯特(Wundt)[1]——他曾首先想把心理学作为"精神科学"的基础——也给这个历史学家作证,说这个历史学家"在对历史事件作心理学理解方面可以作为后世的榜样"。因此,这确实是一件值得深思熟虑的事情。它的重要性不会由于滕尼斯(Tönnies)[2]的下述提示而有所减低:波里比乌斯(Polybius)、塔西佗(Tacitus)以及近代的休谟(Hume)、吉本(Gibbon)、缪勒(J. V. Muller)、提埃里(Thierry)、盖尔温努斯(Gervinus)这样一些历史学家从他们的时代看来乃是很有修养的心理学家。因为,即使这是正确的,那它也只是表明,当时的心理学对这些历史学家丝毫无所损害。这些人的心理学在今天就科学方面来说确乎已经陈旧了。他们之所以成为著名的历史学家,并不是有赖于他们的心理学,而是与心理学无关。事实上,在大多数历史学家那里,这种被他们看作正确的心理学理论对于他们的历史工作只起了非常微不足道的作用。撇开这一点不谈,由于后来的大多数历史学家就其"心理学的"知识而言确实与策库狄特斯没有原则性的区别,因此,用一个名词仔细地把关于一次性的、个别的事件的"心理学"(譬如说,在我们谈到弗里德里希·威廉四世的心理或十字军东征的心理时所说的那种心理学),同以普遍化方法进行的科学的心理学区别开,或者,如果人们不想抛弃心理学这个词,也可以从自然和历史的普遍对立的观点把它标志为"历史的心理学"(不过我们不能把这种历史的心理学看作一种科学),这些作法从方法论的意义来说是十分值得欢迎的。

于是在客观上得出如下结论:从普遍方面对心灵生活的说明才是科学。"历史的心理学",即在一定时间对个别人或特定人群的理解,就它自身来说还不足构成科学。它也许可以借助于科学的心理学而得到完善,但是绝不能被任何关于心灵生活的普遍化科学的代替。因为,即使有某种心理学理论把全部心灵生活都纳入普遍概念之下,也不能用这种方法得到对一次性的、个别的事件的认识。如果我们希望从心理学方面说明心理存在的性质,那么我们就要找出生理存在的一般规律或者任何其他普遍概念。但是,我们并不能由于在它的个别过程中重新体验——如果可能的话——这种心灵生活,便学会从"用心理学的方法"认识历史的心灵生活。我们通过这种方法至多只能得到为历史叙述所需要的材料,还不能得到关于所涉及的对象的历史概念。纯粹的"体验"(Erlebnis)并不是科学,也不能给予它一个普遍化的形式,以达到历史认识的目的。人们了解到这一点,那就不再会认为历史学家为了形成自己的"心理学"知识必须努力研究科学的即普遍化的心理学这一点是不言而喻的了。人们就根本不会把任何采用普遍概念进行研究的关于心灵生活的科学,看作是历史科学的基础,就如同力学是关于物体世界的自然科学的基础一样。[3]

这并不意味着在普遍化的、科学的心理学和历史学之间完全没有任何联系。我想明确地强调指出这一点,因为我的见解屡次被人理解为好像我否认历史学家从科学的心理学中学会任何道理的可能性。我的看法绝不是这个意思。相反,我以前就已明确指出,虽然在大多数情况下没有科学的心理学知识也能从"心理学方面"去理解历史,可是这种理解可以借助于普遍化的心理学而得到完善。这一点可能在多大范围内实现,这不取决于逻辑学的观点。当历史学在事实上没有比过去更加紧密地与科学的心理学联系在一起,就去考察各种不同的偶然事件,那是没有任何意义的。只有当我们预先假定历史学家最大限度地利用了科学的心理学知识,并看出心理学对于历史学能够提供和不能提供的东西,只有这样才能促进逻辑学的见解。

如果人们了解到心理学的普遍化方法和历史学的个别化方法的区别,那就只能如此设想这两门科学的最大限度的联系。要叙述个别的事物,就不能没有普遍的概念,至少不能没有普遍概念的因素:正如我们所看到的,任何科学叙述的最终成分必定是普遍的。因此,历史个别性概念也是由纯粹普遍的因素所组成,而且是用后面所要论述的那种方式组成的。当然,不要把这一点理解为仿佛现实本身的个别性是普遍性的简单组合,因为,正如我们已经看到的,其结果是柏拉图式的概念实在论。问题仅仅在于借助于科学来说明个别性以及为达到这个目的而利用普遍概念;而且,这一点之所以重要,是由于历史学家在这种情况下往往需要采用具有普遍性意义的词,这些词在我们从事科学研究之前已被历史学家所发现,并且被我们通过学习语言所掌握。可以说,这种先于科学的"概念"是不精确的和不确定的,其实它根本不是概念。因此,只有在历史学用科学的概念代替它为了叙述个别的历史事件而采用的那些先于科学的、具有普遍性意义的词时,历史学才能成为科学。然而历史学必须从心理学中取得科学的概念。在这种情况下,普遍化的概念形成和个别化的概念形成的对立仍旧没有受到触犯,尽管心理学对于历史学这门科学的意义是无庸置疑的。

事实上,由此得到证明,心理学可能成为历史学的辅助科学,但是必须精确地确定这种成果对于认识论的影响。首先,如果人们希望做得彻底,那就必须把这种考察稍为再扩大一些。历史学家绝不是只限于说明心灵生活,他所研究的人也是物体的,因而是受他们的物质环境的影响决定的。不考虑物体世界,我们绝不能理解任何历史的叙述,而且物质的东西在历史上就其个别性而言甚至可能是很重要的。由此可见,心理学并非一门唯一的可以说能够成为历史学的辅助科学的普遍化科学。

例如,当我们从一部关于一次特殊战役的历史中知道,士兵们在作战之前必须做好几天的行军,从而弄得疲备不堪,没有多大能力去抵抗身体茁壮的军队的进攻,或者当我们听到某个被包围的、被切断一切供应的城市只能守一定的时间,因为饥饿使人们衰弱,最后使人们不能做有效的防卫,那么历史学家在叙述这样的事件时,就要采用一些与物质事件有关的、具有普遍意义的词,而这些词在大多数情况下往往是历史学家在研究科学之前就已掌握了的概念。因此,必须说,从科学的生理学观点看来,历史学家在运用为叙述一次性的事件所需要的那些普遍性概念时,是以一种不精确的和不确定的方式进行的。为了在科学上成为"精确的",历史学家也必须求助于疲劳和营养的生理学,因为只有这样他才能够用严密的科学概念去代替先于科学的概念。

原则上说,这个要求与上面所说的话(即为了使历史学成为科学的,它就必须采用心理学的成果)确实是没有区别的。可是,这个要求听起来好像显然不是十分有理。这是由于什么缘故呢?也许,这是因为生理学作为科学远远地走在心理学的前面,因此在这里立刻可以清楚地看出,历史学家就其主要作为历史学家来说从普遍化科学的概念中得到的帮助是多么的少。

这些概念对于历史学家来说始终只是叙述的手段,而不是叙述的目的。这就显然可见,没有"精确的"手段也能达到目的。在刚才所考察的两个例子中,情况无疑就是如此。如果认为这是一条普遍规律,那就可以相信,人们对心理学在对历史学的影响上所寄托的那些希望,主要是建立在心理学在以前还很少研究历史学通常叙述的那许多种心灵现象,而且恰恰是笼罩着这些现象的那种心理学迷雾给予想象力以描绘各种各样的可能性的游戏。因此,我们不得不说如果普遍化的心理学在研究心灵规律上(这些规律对于历史上的本质生活是有效的)已经取得像生理学在认识疲劳饥饿方面那样大的进展,那么这种心理学的成果对于历史学来说也许正如生理学的成果对于历史学一样都是没有意义的。

因此,我们可以得出如下结论:在大多数情况下,历史学家在开始科学工作的阶段之前已经掌握的普遍概念的知识,完全足以使他达到自己的目的,即叙述自己的对象的个别性和特殊性。自然科学所要求的概念因素的精确性在普遍化的科学中具有决定性的重要意义,但对于追求另一个目的的历史学家来说,则没有什么意义。不仅如此,历史学家也许还会发现,他的先于科学的关于普遍概念的知识比任何心理学理论更加可靠地引导着他前进,因为这种知识使他的叙述更加易于被所有要求这种知识的人所理解,胜过于采用科学概念所能达到的程度。

但是,我们已经说过科学的心理学理论有可能从科学上促进历史学,尽管历史学家对于这种促进的需要是很少的。这种可能性的存在,犹如生理学、化学或者任何其他自然科学的概念可能被利用来精确地叙述历史事件一样。而且,甚至也许可以指出某些领域,在叙述这些领域时,历史学没有普遍概念的科学知识就不行。在所研究的对象甚至在其普遍的类属性方面也以一种我们所不理解的方式与我们从先于科学的生活中所知道的事物截然不同,因而我们缺少一个普遍的理解公式的情况下,人们特别会求助于普遍化的科学。由于这个缘故,人们有理由指出,譬如说,历史学家在叙述弗里德里希·威廉四世时也需要精神病理学的知识,因为对于一般理解和清楚说明精神病患者的心灵生活来说历史学家所知道的东西一般说来是太少了。因此，普遍化的理论可能成为历史学的一些重要的辅助科学。要在这里划一条界线，这从原则上说是不可能的。很可能，在将来的历史科学中，自然科学的亦即以科学的普遍化方法形成的概念在叙述一次性的和个别的事件方面，将比现在发挥更大的和更加有益的作用；而在现在，这些概念所引起的麻烦多于它们所起的促进作用，关于这一点，人们只要想一想兰普雷希特关于个人心理学方法和社会心理学方法的区别就够了。

但是，对于科学的逻辑学的区分来说(在作这种区分时，不仅要考虑手段，而且要考虑目的)，所有这一切都没有原则性的意义。这仅仅涉及历史学用以构成其个别化叙述的那些因素的或大或小的"精确性"。不论历史学家可能在多大的程度上利用了普遍化的科学，后者对于历史学来说绝不能具有奠基性的意义，像力学对于关于物体世界的普遍化科学那样。关于历史学家以个别化方法形成概念的原则，即关于历史学家如何挑选因素以及如何把因素和本来的历史概念连结起来的方式，普遍化科学什么也没有告诉历史学家。历史学作为一门科学所要做的并不是把任何事物和现象的个别性当作它们的纯粹的类别性加以叙述。历史学也受一定观点的指导，它是在考虑到这种观点的情况下利用它的先于科学的或科学上精确的概念因素，而这种观点是它既不能从心理学中也不能从其他任何普遍化科学中得到的。对于确定心理学和逻辑学的逻辑关系来说，这是一个具有决定性的情况。所有其他情况在逻辑上都只具有次要意义。

这同时使我们了解到，我们不能止步于个别化方法这个概念，它在此以前被我们当作历史学所特有的东西接受下来。为了用上述方式按照逻辑学的基本倾向把科学分为两类，我们必须把形式的区别和质料的区别结合起来。自然和历史的纯粹逻辑学的概念的对立只不过清楚地显露出下面这种传统的看法是没有根据的：一切科学概念都是普遍的，因而历史学在其描述心灵生活的情况下也不外是一种应用的心理学。而且，个别化概念仅仅给我们提出了问题，还没有给我们提供一个关于科学的历史学方法的实证概念，像通过普遍化概念对自然科学所做的那样。我们从普遍的观点把现实称为自然，从而使自然科学的概念形成原则显现出来。反之我们从特殊的观点把现实称为历史，却还不足以了解历史概念形成的逻辑结构。根据这一点，历史学的任务似乎必须是在没有选择原则的情况下"如实地"叙述它所考察的个别现实，从而导致它必须提供现实的映象（就映象这个字的严格意义而言）。可是，我们知道，这个任务是自相矛盾的，为了形成概念和提供知识，历史学也必须在现实事件的连续之流中划出若干界限，并把它的不能测定的异质性变为可以测定的间断性。可是我们还不知道，即使在这样的情况下，个别性如何能在这个过程中保存下来。一般说来，个别化的概念形成是可能的吗？历史方法的问题就在于此。因此，正是通过普遍化方法和个别化方法的对立，我们所考察的基本问题才对我们显现出它的全部困难。仅仅"规范化"方法和"表意化"方法的区别，对我们来说还是不够。

注 释

〔1〕 冯特：《逻辑》，第三版，第3卷；《精神科学的逻辑》，1908年，第2页。

〔2〕 滕尼斯《历史理论》，1902年，载《系统化哲学的文献》，第8卷。

〔3〕 我在一位心理学家那里也发现一种归根到底与此相同的见解。卡尔·马尔贝（Karl Marbe，德国心理学家。——译者）在评论恩斯特·艾尔斯特（Ernst Elster）的《文艺学原理》一书时写下如下的话："要毫无困难地把文艺历史学家所感兴趣的对象纳入心理学标题之下，那是不可能的。恰恰这个事实可能使作者理解到，至少在他的意义上不能使心理学对文艺学来说成为卓有成效的。现代的心理学家试图把精神生活理解为许多简单的因素和事实的复合物。这种心理分析对于文学历史家来说是没有什么用处的。文学历史学家希望从人类的精神生活的某一部分的复杂性中去重新体验和理解这部分精神生活"。因此，可以说，我很高兴马尔贝——他在评论我的《自然科学概念形成的界限》一书时曾宣称他不可能在"任何重要之点"上与我一致——是如此与我接近了，因为作为上面引证的他那段话的基础的那种区别，在我的书中已作为一个非常"重要之点"十分详细地叙述过，并且已明确地运用到心理学和历史学的关系中。

九　历史学和艺术

当然,较之自然科学的叙述而言,历史学的叙述更加易于被比拟为对现实的反映。在转到叙述历史概念的形成原则之前,我们也想稍微谈一谈从历史学的纯粹形式概念中产生出的这种情况。与此相关,如我们思想活动顺序所要求的那样,必须阐明历史学和艺术的关系这个屡被讨论的问题。在这样做的时候,我们同时可以看出直观在历史学中起了什么样的作用。

在那还没有经过科学加工的现实中,亦即在异质的连续性中,每一对象的特异性(我们也把这称为个别性)是和直观性紧密相连的;这种特异性确实仅仅是在直观中直接给与我们的。因此,可以认为,就叙述个别性而言,最好是通过个别直观的重现来实现它,因此历史学家力求把过去从其个别性方面直观地重新显现在我们面前;而他之所以能够做到这一点,是由于他使我们能够在一定程度上从一次事件的个别过程中重新体验这一事件。虽然,和一切科学一样,历史学家在其叙述中也是求助于一些具有普遍意义的词,因而绝不可能通过这些词而直接形成关于现象的直观形象。但是事实上,历史学家有时也要求听众或读者借助于他们的想象力去想象那样一些事物,这些事物在内容上远远超出这些词的普遍意义的全部内容的范围。为此,历史学家通过对具有普遍意义的词进行特殊的组合,把想象引入他所希望的轨道,所以他让想象力在对所要重现的形象的改变方面只有尽可能小的活动范围。每一首诗证明这一点是可能做到的;每首诗诚然也求助于一些具有普遍意义的词,然而它能刺激想象力而形成一些直观的形象。

现实的个别性可以借助于直观的幻想形象而被叙述出来,这个情况首先说明为什么人们往往要把历史学和艺术特别紧密地联系在一起,或者简直把历史学和艺术等同起来。因为事实上,历史学的这一个方面和艺术的活动是亲近的,至少因为它们的目的都在于刺激我们的想象力去形成直观形象。但是,与此同时,历史学和艺术之间的亲近之处全在于此。可以说这种亲近对于历史科学的本质来说是没有多大意义的,因为,第一,在纯粹艺术的直观与历史学家所创造的直观之间有原则性的区别;第二,在作为一门科学的历史学中,直观因素从逻辑学的观点而言,一般说来只能具有次要的意义。

为了理解这一点,首先必须弄清楚艺术与直观的、个别的现实之间的关系。和科学一样,艺术也难于反映或重复现实,尽管我们的"现实主义者"屡次宣称他们想做到这一点。毋宁说,艺术或者能创造出一个崭新的世界,或者至少能够在其表现现实时对现实进行改造。但是,这种改造所依据的原则并非逻辑学的,而是美学的。由于美学因素本身在科学中不可能具有决定性的意义,因此如果认为历史学的任务就在于得到一种不具有美学形式的直观,那么历史学除了单纯地重现现实之外就没有其他目的了。我们已经知道,这个任务在逻辑学上是没有意义的,因为每个异质的连续性、亦即实现的任何一个不论多么有限的部分,都是不可计量的和不可穷尽地多种多样的。有人说,历史学就是艺术,因为它创造出直观。这种言论对于历史学的方法却什么也没有说明。

然而,问题还不仅止于此。只要艺术不外是艺术,它就不会从直观的个别性方面去理解直观。艺术作品是否与这个或那个个别现实"相似",这对于艺术来说完全是无关紧要的。毋宁说:艺术旨在借助于美学所确认的手段,把直观提升到"普遍性"的领域;对于这种普遍性,我们在这里不做进一步的确定,它和概念的普遍性显然有原则性的区别。也许,可以把美学的基本问题表述为关于普遍直观的可能性问题,这样一来,这两种基本问题之间的关系便显现出来了。无论如何,就某些方面来说,艺术家的活动是与历史学家的个别化方法直接对立的;由于这个缘故,那就不应当把历史学称为艺术。为了看清楚这一点,不能只考虑那样一些艺术作品,如画像、某个特定地方的风景画或者历史小说,因为它们不仅仅是艺术作品,它们所包含的那些作为对一次的、个别的现实之重现,恰恰在美学上是非本质的。我们也可以完全不考虑:艺术把它所表现的每个对象孤立起来,并通过这个方法把每个对象从它与其余现实的联系中提取出来;而历史学则恰恰与此相反,它必须研究自己的对象与周围环境的联系,在这个范围内,历史学无论如何是与艺术相对立的。我们只要指出下面这一点就足够了:一幅画像的特殊的艺术本质并不在于它的相似程度或理论上的真实性;同样地,一部小说的审美价值也不在于它与历史事实的一致性。我可以把这幅画像和这部小说判定为艺术作品,而完全用不着知道它们与其表现的个别现实有什么关系。如果有人把这些艺术作品拿来和历史学相比较,而不把其中的纯粹艺术成分和那些与艺术不相干的成分区别开,那只能引起混乱。诚然,一幅画像和一段历史叙述有相似之处,但这仅仅是由于它们含有一些在艺术上没有意义而在历史上有意义的成分。我们从这里得到一种显然有助于说明艺术和历史的关系的见解。

不应由此否认,如画像有时表现出的那样,在历史成分和艺术成分的直接的、统一的联系中,隐藏着一个问题,这个问题的解决从一个方面来说对于说明历史学的本质是有意义的。事实上,有许多历史叙述,包括其中某些最令人惊叹的叙述,就是一些像达到高度艺术水平而同时又很相似的画像一样的艺术作品。但是,如果人们想了解历史学和艺术的关系的实质,那就首先必须拿那些不包含任何历史成分的艺术作品来比较,而且只有在那种情况下才能问:在一幅画像中,艺术形态和历史真实,亦即审美价值和理论价值是如何能够形成统一的。

这个问题的解绝不属于本文的范围。只要能够驳斥那些认为历史学在逻辑学的本质问题上必然与艺术有紧密关系的见解,我们就满足了。如果认为任何一个现实都是个别的直观,那就可以把科学和艺术同直观的关系归纳为如下公式:普遍化的科学在其概念中不仅消除了它的对象的个别性,而且消除了它们的直接的直观性。历史学就其作为一门科学来说,同样也抛弃了直接的直观性,把直观性转变为概念,但它力求保存个别性。最后,艺术在它只想是艺术而不是其他科学的情况下是从直观表现出发的,这种直观表现抹杀了现实的个别性本身,或者把它贬低为某种非本质的成分。诚然,历史学和艺术这两门学科都比自然科学更加接近现实,因为这两门学科都只消除了个别直观的一个方面。在这个范围内,把历史学称为"现实的科学",以及认为艺术比自然科学提供了更多的实在,这种说法和看法相对说来都是正确的。但是,艺术和历史学相互之间是对立的,因为,在前者中,直观是本质的,而在后者中,概念却是本质的。在许多历史叙述中呈现出的这两者的结合,只能被比拟为这样一幅画像,对于这幅画像,不仅要从它的艺术质量方面去观察它,而且要从它的相似性方面去观察它。

我们已经说过,在许多历史著作中表现出的艺术与科学的这种结合是毋庸置疑的。在某些情况下,历史学为了表现出个别性也需要把刺激想象力当作一种表现直观形象的手段。但是,肯定不能把这个事实作为根据,而把历史学称为艺术。不管历史学家可以以艺术手段创造出多少个别的直观,但因为他所创造的直观始终必须是个别的直观,历史学家仍然与艺术家有原则性的区别。他的叙述在一切情况下都必须在事实上是真实的,而这种历史的真实性对于艺术作品来说恰恰是不予考虑。毋宁可以这样说,在艺术家表现现实的时候,他在一定程度内受制约于普遍化科学的真实性。只要艺术作品能够迫使我们想到我们所知道的现实,我们便能容忍艺术形态与其作为类的一个事例隶属于其下的普遍概念之间的不一致性。然而,继续论述这种思想,会把我们引导到一个与本文目的完全不同的方向。这里只是要证明艺术家在创作时不必考虑与历史事实相一致。

第一部分　文化科学和自然科学

　　然而当我们考虑到任何科学中,包括在历史学中,对经验现实的直观只具有次要的意义,或者只是达到目的的手段,这时历史学和艺术之间的距离便似乎显得更大了。由于这个缘故,人们对文德尔班所做的自然科学和历史学的区别表示怀疑,这种区别据说在于自然科学力求发现规律,历史学则力求塑造形象。这并没有说明逻辑学上的本质区别。如果从字面上去解释这种区别,那至少会形成一个过分狭窄的历史学概念,而且会转移作为一门科学的历史学的重心。历史学经常并不是力求塑造形象,即使它塑造形象,像在传记中所做的那样,那也不能由此了解它的逻辑本质。的确,对于历史学采用个别化方法这个命题,如果把它等量齐观地理解为历史学是"传记的总和",它必须提供一些在艺术上完美的画像,那就没有什么比对命题的这种误解更加令人不快的了。只有在历史学由以形成它的往往非直观的概念的那种方式中,才能发现历史学的科学性质。只有从研究历史学如何把直观改造为概念这样一种观点出发,才能从逻辑学上对历史学有所理解。

　　因此历史学由以成为一门科学的形式原则是与艺术家的创作原则完全无关的,也不能从纯粹直观中引导出历史学的形式原则。由于这个原因,在使用"现实的科学"这个词时要十分慎重。过去有人说,历史学或者表现个别性,因而变成为艺术,或者是一门科学,因而必须采用普遍化的方法。这陈旧的说法是完全错误的。在历史学能够开始他的那部分活动之前(这部分活动从上述意义来说是与艺术家的方法相似的),或者在历史学为了重新体验历史和使我们尽可能地接近现实,而赋予它的概念以直观的形式之前,它首先就要知道:第一,在现实由以组的那无限众多的对象中,它必须把哪一些对象表现出来,第二,在任何一个单一对象的不可计量的多样性中,哪一部分对它来说是本质的。然而为了知道这一切,它和自然科学一样也需要有自己的"先天"(a priori)、自己的预先判断。只有借助于它们,它才能够从概念上把握现实事件的异质的连续性。因此,在历史学求助于想象的那些部分中,它可以造成直观的形象;但是,这种直观活动在其中展开的范围,用以规定材料的联结和编制的观点,对于什么在历史上具有或不具有意义所做的决断,简言之首先构成历史学的科学性质的那种东西,并不包含在直观材料本身之中,而且与艺术毫无关系。如果发现历史学家具有某些艺术才能,那当然是会令人高兴的,但历史学家也完全可以不必借助于艺术手段去解决自己的纯粹科学的课题。因此,我们必须询问:既然历史学必须表现一次的、特殊的和个别的事物,那它如何能够成为科学呢?

十　历史的文化科学

我们把现在所研究的问题称为关于历史概念的形成问题,因为我们扩大了"概念"这个词的口头习惯用法,把"概念"理解为对现实的科学上的本质成分所做的任何一种概括。只要人们了解到概念化和普遍化不可能完全一致,那就可以认为这种扩大是正当的。因此,应当找出概念——特殊和个别是它的内容——的指导原则。不仅对历史科学的形式性质的理解,而且自然科学和文化科学的质料划分的合法性,也都依靠对这个问题的回答。我相信,如果能证明我们借以把专门科学的对象分成两类的那同一个文化概念,同时也规定了历史的或个别化的概念形成原则,那就可以认为这种划分是正当的。这样一来,我们现在终于能够证明形式分类原则和质料分类原则之间的联系,从而理解历史的文化科学的实质。

这种联系其实是简单的,而且,只要我们探讨一个我们希望不仅以自然科学方法从概念上去把握的、而且以历史的个别化方法去体验和理解的是一些什么样的对象时,这种联系就立刻变得清楚明白了。我们将会发现,对于那种与任何价值无联系、从而被看作上述意义的纯粹"自然"的现实,我们在大多数情况下仅仅具有一种就逻辑意义而言的自然科学兴趣,因此,这个现实的个别形态之所以对我们具有意义,并不是由于它们的个别性,而往往只是作为说明一个或多少普遍的概念的事例。反之,至于文化现象以及那些被我们当作文化萌芽阶段或类似之物而与文化现象相联系的现象,情况则与此不同;也就是说,在这里,我们对特殊和个别之物及其一次性过程感兴趣，因而我们要求用历史的、个别化的方法去认识特殊和个别之物。

我们在这里看出了专门科学方法质料分类原则和形式分类原则之间的普遍联系，而且也易于理解这种联系的基础。只要把对象看作整体，那么对象的文化意义就不是依据于它与其他现实的相同之处，而正是依据于它与其他现实的相异之处。因此，必须把我们从和文化价值相联系的观点去观察的现实，也看成是特殊的和个别的。的确，随着相关的文化价值愈益独特地与某一事件的个别形态相连结，这一事件的文化意义也往往相应地愈益增长。因此，只要涉及文化事件对于文化价值的意义，那就只有个别化的历史研究方法才是适用于文化事件的方法。如果把文化事件看作自然，亦即把它纳入普遍概念或规律之下，那么文化事件就会变成一个对什么都适用的类的事例（Gattungsexemplar），它可以被同一个类的其他事例所代替。因此，我们不能满足于仅仅用自然科学的或普遍化的方法去处理文化事件。虽然，这样的处理是可能的，甚至也许是必需的，因为任何一种现实都是可以用普遍化的方法去理解的，但是，在这种情况下，这种处理的结果将是这样：再一次用歌德的话来说，它把那种"只有分离开来才具有生命"的东西"生搬硬套地凑成一种僵死的普遍性"。因此，用自然科学概念来表现文化生活，这种作法虽然可能有其正当理由，但仅仅用这种方法是不够的。

但是，文化和历史之间的这种联系立刻又导致进一步的见解。这种联系不仅表明为什么仅仅采用自然科学的或普遍化的方法本身对于表现文化事件来说是不够的，而且表明文化概念如何使历史得以成为一门科学，也就是说如何借助于这个概念来形成个别化的概念形成方法，这种方法能够从那纯粹的、不能加以科学表述的异质性中把可表述的个别性提取出来。诚然，文化事件的意义完全依据于它的个别特征，因此我们在历史科学中不可能要求确定文化事件的普遍的"本性"，而必须用个别化的方法来研究历史科学。但是，另一方面，对象的文化意义也并非依据于一切现实所固有的个别的杂多性，这种杂多性由于它的不可计量性是绝不能认识和表述的。反之，

第一部分　文化科学和自然科学

从文化科学的观点看来,人们所考虑的始终只是个别对象的一个部分。的确,只有这一部分才使这个对象成为下述意义上的"个体",即成为某种单一的,特殊的和不能被其他任何现实所代替的东西。历史学家所要叙述的对象,不是对象与同类中其他事例就自然科学的意义而言的共同之处,例如,在一个历史人物的情况下,与"人类"(homo sapiens)的共同之处,也不是对象的不可计量地众多的、就文化意义而言无关紧要的个别特征。

由此可以得出,在研究文化事件的科学历史看来,现实分为本质成分和非本质成分,也就是分为历史上有意义的个别性和纯粹的异质性(Anderssein)。这样一来我们便得到我们所寻找的一条指导原则(至少就其最普遍的、虽然还不确定的形式而言),按照这条原则,我们形成历史概念,就是在保存现实的个别性和特殊性的条件下改造现实的异质连续性。现在,我们能够区别开两种个别,一种是作为纯粹异质性的个别,另一种是就狭义而言的个别。一种个别与现实本身相等同,不能被任何科学所研究。另一种个别是对于现实的一定理解,是可以被纳入概念之中的。在无限众多、个别的即异质的对象中,历史学家首先研究的,只是那些在其个别特征中或者体现出文化价值本身或者与文化价值有联系的对象;而在任何一个单一的对象从其异质方面向历史学家提供的那无限众多的成分当中,历史学家又选择那些作为文化意义的依据、构成历史的个别性并与纯粹的异质性不同的成分。因此,文化概念给历史概念的形成提供了一条选择本质成分的原则,犹如作为现实的自然概念从普遍的观点对自然科学所做的那样。通过文化所固有的价值以及通过与价值的联系,可叙述的、历史的个别性概念才得以形成。

上述这种概念形成,也如对这两种个别的区分一样,在逻辑学中迄今没有受到注意。它们之所以易于被人们忽视,是因为——我想明确地指出——那些包含有历史的个别性并从各处的个别现实中把历史的个别性挑选出来的历史概念,并不是像自然科学概念那样清楚明白地表现出来。我们已经知道造成这种情况的原因。只有在很少的情况下,历史概念才能像普遍概念那样用抽象的公式或者定义表述出来。毋宁说,历史概念的内容往往被历史科学用大量的直观材料包裹起来。有时,我们发现历史概念正是隐藏在直观的形象之中;对于构画这个形象,历史概念只提供了图式和纲要,因此,我们倾向于把形象看作主要之物,看作对个别现实的反映。因此,人们可能对那样一些逻辑原则感到迷惑,这些原则构成那种部分地直观的历史叙述的基础,并且决定了历史上的本质成分。的确,甚至可能有人认为,在这里根本没有任何选择原则,历史只不过把实际发生的事件简单地记述下来罢了。由于人们有理由认为对个别事件的单纯"叙述"还不是科学,因此人们相信历史学首先必须上升到科学的行列;又由于人们只知道一种概念形成原则,因此人们便会向历史学推荐自然科学的普遍化方法。采取这样的方式,是不可能理解历史科学的本质的。同时,从对个别化的选择原则的忽视中可以解释一个令人惊讶的事实:这种把历史学变成自然科学的荒谬尝试,竟受到了那种只制定出一种普遍化选择原则的逻辑学的赞同。

当然,甚至许多历史学家也不愿意承认,这里提出的逻辑学原则正确地表现出他们的活动的理论实质,也就是说,这一原则首次使我们有可能把历史的个别性和非本质的异质性区别开。反之,他们认为自己的唯一任务是把现实重现出来。的确,他们的最伟大的导师之一曾明确地向他们交代一个任务:要"如实地"表述历史。

但是,这并没有证明我的论证是不正确的。的确,对于那种或者主观随意地歪曲事实、或者在对事实的描述中充满了赞扬和责难的叙述来说,可以认为兰克对于"客观性"的要求是正当的。对于主观随意的历史构造,特别要强调指出尊重事实的必要性。但是,这并不意味着历史的客观性在于单纯地重现事实,而没有一条作为指导的选择原则,尽管兰克曾经这样相信。在"如实地"这种说法中,也如在"表意化"方法中一样,只包含着问题而没有对问题的解决。我们想起了一个有名的关于自然科学方法的公式,这个公式与兰克的公式十分相似。基希霍夫(Kirchhoff)宣称力学的任务是"完全地和以最简单的方式叙述自然界中发生的运动",这种说法并没有提出许多在方法论上有意义的见解,因为"叙述"如何成为"完全的"以及什么是"最简单的方式"恰恰就是问题。这样的提问只能掩盖方法论问题,而不能解决方法论问题。作为认识论的逻辑学虽然必须以大学者的著作为指南,但不需要因此而拘泥于他们对于自己活动的本质所发表的言论。阿尔弗雷德·道夫(Alfred Dove)[1]在谈到兰克时说得很对,他说,兰克不是通过中立,而是通过普遍的同情来避免对单方面的同情。因此,甚至这位"客观"历史的大师,从了解他的人所说的话看来,在他作为研究者来说也始终是一个有同情心的人。可见,他同自然科学家是有原则区别的,因为在自然科学家的科学活动中"同情"是不起任何作用的。对于一个抹煞掉自我的历史学家来说(如兰克所希望的那样),就没有任何科学的历史,而只有一堆没有意义的、由许多简单和纯粹的形态所组成的混合物,这些形态是各不相同的,但在同等程度上或者是有意义的或者是无意义的,引不起任何历史的兴趣。

如果我们认为一切存在物都没有意义而完全与价值无关,那么世界上的任何一个事物都有自己的"历史",也就是具有自己的一次性的形成过程,正如每一个事物都有自己的"自然",也就是可以被纳入普遍概念或规律之中一样。我们通常希望而且能够撰写的仅仅是关于人的历史,这个情况已经表明我们在这种情况下是受价值指导的,没有价值,也就没有任何历史科学。人们之所以还可能对此产生误解,只是因为从文化价值的观点对本质成分和非本质所做的区分,已经大部分被那些遗留下历史著作的作者们实现了,或者被那些从事经验研究的人们当作如此"自明地"实现了,以致他们不注意过去这里发生过的事情。他们把对现实的理解和现实本身混淆起来。逻辑学的任务就在于清楚地阐明这种理解的本质以及阐明这种自明的东西,因为与关于跟价值没有联系的自然的普遍化观点相反,个别化的文化科学的性质正是立足于这种自明的东西之上。

现在,我们看出为什么在前面强调指出下面这一点是很重要的;

只有借助于价值的观点,才能从文化事件和自然的研究方法方面把文化事件和自然区别开。我们现在也许可以这么说:只是借助于这种观点,而不是借助于一种特殊的现实,个别的"文化概念"的内容才变得易于理解,而这种内容是与普遍的自然概念的内容不相同的。因此,为了使这种区别的特征更加清楚地显现出来,我们必须明确地把历史的、个别化的方法标志为与价值联系的方法,总之,自然科学是一种对规律的或普遍概念的联系进行的研究,它不研究文化价值,也不研究它的对象和文化价值的关系。

这句话的意思是易于理解的。如果有人对任何一个历史学家说,他不能把本质成分与非本质成分区别开来,那么历史学家必定感到这是对他的工作的科学性提出责难。因此,他会毫不犹豫地承认他所叙述的只是那些"重要的"、"有意义的"、"有趣的"事情,或者人们可能说是这样的事情。他一定会以轻蔑的眼光看待那些以寻找蚯蚓为乐的人。以这种形式来叙述,一切都十分清楚而用不着明确说明了。尽管如此,这里却正是问题所在,而这个问题只有在认识到历史对象同文化财富所固有的价值的联系,才能得到解决。在这种联系不存在的情况下,事件便是"不重要的"、"无意义的"和"无聊的",不属于历史叙述的范围;对于自然科学来说,则没有这种意义上的非本质的东西。因此,通过与价值联系的原则所要明确地表述的,就是任何人在谈到历史学家必须懂得把"重要的"和"无意义的"区别开时所隐含地主张的见解。

尽管如此,还必须从另一个方面说明价值联系(Wertbeziehung)概念,特别是要把它作为一个纯粹理论的原则与那些可能与它混淆的概念区别开。这样一来,便不会产生这样一种假象,仿佛人们给历史学提出了一些任务,而这些任务是历史学作为一门科学可以拒绝而且必须拒绝的。目前广泛地流行着这样一种独断的主张:至少在专门科学中已排除了任何价值观点。人们必须把自己限于叙述真实的事件。事件是否具有价值,这与历史学家完全无关。对于这种独断的主张,应当说些什么呢?

在某种意义上，这是完全正确的。事实上，历史学家并不是要确定事件是否具有价值，而只是叙述实际上发生过的事情，因为他是理论工作者，而不是实际工作者。因此，我们还必须说明我们的历史概念丝毫也不与这些主张相矛盾，如果对这些主张作正确理解的话。为了这个目的，以及为了避免误解，首先扼要重述我们以前从文化概念的观点对于价值和现实以及它们的相互关系所说的话，是适宜的。

　　价值绝不是现实，既不是物理的现实，也不是心理的现实。价值的实质在于它的有效性（Geltung），而不在于它的实际的事实性（Tatsächlichkeit）。但是，价值是与现实联系着的，而我们在此以前已知道其中的两种联系。首先，价值能够附着于对象之上，并由此使对象变为财富；其次，价值能够与主体的活动相联系，并由此使主体的活动变成评价。为了确定财富是否确实配得上财富的称号或者评价是否正确，可以从与财富和评价相联系的价值的有效性的观点去考察财富和评价。当我们打算对于对象采取实际态度的时候，我们就是这样做的。可是，我谈到这一点，只是为了说明历史的文化科学虽然研究财富和研究进行评价的人，但不能对这样的问题做出任何答案。如果历史的文化科学做出答案，那么它就要做出评价，然而对对象做出评价绝不能成为历史文化科学的历史观点。在这里，我们不需要讨论价值的有效性是否是和在多大程度是一个理论问题，以及哲学对价值采取什么样的态度。价值的有效性并不是历史问题，肯定的或否定的评价也并未构成历史学家的任务。从这个方面来说，那种认为价值观点与历史学没有什么关系的见解，无疑是正确的。

　　因此，如果要说明作为一门理论科学的历史学的实质，那就必须十分明确地把我们所说的价值联系方法和评价方法严格地区别开。这就是说，只有当价值实际上被主体加以评价，因而某些对象实际上被看作财富的时候，历史学才对价值加以考察。因此，即使历史学与价值有联系，它也绝不是评价的科学。毋宁说，历史学只是对实际有的东西加以确定。黎尔[2]所反对的下述看法是不正确的：使某一事物"与价值相联系"和对事物"做出评价"，这是理智的同一种不可分的判断活动。恰恰相反，实践的评价和理论的价值联系是两种就其逻辑实质而言有原则性区别的活动；遗憾的是，对于它们的区别，人们以前没有给与足够的注意。理论的价值联系处于确定事实的领域之内，反之，实践的评价则不处于这一领域内。文化人承认一定的价值是价值，从而力求造出这种价值附着于其上的财富，这是一个事实。仅仅就这个事实而言(历史学家大都默默地以这个事实为前提，而且必须以它为前提)，而不是就价值的有效性而言(历史学家作为经验科学研究者是不需要研究这种有效性的)，现实对于历史学来说才分为本质成分和非本质成分。即使没有任何一种被文化人评价的价值必定是有效的，并不以评价为转移，但下面这一点在任何情况下仍然是正确的：对于实际地被评价的价值的实现来说，或者对于这种价值附着于其上的那些财富的形成来说，在整个现实中只有一部分挑选出来的对象是有意义的，而这个部分内的每一个对象中，又只有它的一部分内容在这方面是需要加以考虑的。因此，即使没有历史学家的评价，历史的个别性也会借助于对象和价值的理论联系得以形成，在这点上它与纯粹的异质性是不相同的。

这样一来，那就显然可见，在历史上重要的和有意义的事件，不仅包括那些促进文化财富得到实现的事件，而且包括那些阻碍文化财富得到实现的事件。只有那些纯粹异质的、与价值没有联系的事件才作为非本质的事件被排除掉；这个情况已经足以表明，说一个对象对于价值、对于实现文化财富具有意义，这绝不是意味着对于这个对象做出评价，因为评价始终必须或者是肯定的，或者是否定的。虽然现实的基于价值联系的意义是无可怀疑的，但对于现实具有肯定的价值或否定的价值，这却是有争论的。例如，历史学家作为有历史学家来说可以不必对法国革命对于法国或欧洲有利或者有害这一点做出决定。这是一种评价。反之，任何一个历史学家都不会怀疑，在法国革命这个名词下所包括的那些事件对于法国或欧洲的文化发展来说是有意义的和重要的，因此必须从其个别性方面把它们作为本质成分包括到欧洲史的叙述之中。这绝不是实践的评价，而是理论的价值联系。简言之,评价必定是赞扬或责难。然而,无论赞扬或责难都与价值没有联系。

　　这就是我们的见解。当历史学提出赞扬或责难的时候,它就越出了它作为一门关于现实存在的科学的范围,因为赞扬或责难只有借助于一种其有效性已得到证实的价值标准才能站得住脚,而这不可能是历史学的任务。毫无疑问,没有任何人由于这个缘故就想禁止历史学家对于他所研究的事件采取评价的态度。甚至也许没有一部有意义的历史著作是完全不作肯定的或否定的评价的。所要强调指出的只是:评价不属于历史概念的形成这个概念;反之,只有通过与做出指导的文化价值的联系,事件在历史上的重要性或意义才能表现出来,这种重要性或意义同对事件的肯定评价或否定价值并不是一回事;因此,个别化的概念形成的逻辑上成为可能,并不是可以不要与价值的理论联系,而是可以不要实践的评价。黎尔说得完全对:同一个历史学家在观察这一事实时所处的联系不同,所获得的着重点也不同,而它的客观价值则始终不变。但是,这并不像黎尔所认为的那样,是对上述的观点表示异议,而只是对它的证实。在历史学家仅仅是历史学家的范围内,这种"客观价值"对他来说是无关紧要的,也就是说他不探讨这种价值的有效性。正是由于这个缘故,随着联系之中存在着区别,也就是说,随着历史学家在从理论上观察对象时当作指导原则的价值观点存在着区别,"着重点"(亦即对象对于不同的、由不同的文化价值所指导的个别历史叙述的意义)也是有区别的。

　　同样地,迈尔[3]的反对意见[4]只足以说明和增强我关于历史概念形成的本质的观念。为了说明价值观点怎样决定对本质成分的选择,我曾经强调指出,弗里德里希·威廉第四拒绝接受德国王位,这在历史上是本质成分;反之,给他制作外衣的裁缝虽然也同样是真实的,但在历史上却无关紧要。[5]迈尔可能对此反驳:当然,所说的裁缝对于政治历史来说始终是无关紧要的,但是我们很可能设想,在关于服装式样、缝纫手艺和服装价格的历史上,他是本质成分。这样的反驳肯定是正确的。既然如此,我不举裁缝为例,或者我不得不明确地指出裁缝对于政治历史是非本质的。但是撇开这一切不谈,迈尔的论点恰恰证明,随着作为指导原则的文化价值发生变化,历史叙述的内容也发生变化,因此与文化价值的理论联系决定了历史概念的形成。同时,这再一次表明对客观价值的判断完全不同于与价值的历史联系,因为,如果不是这样,同一个对象就不可能对于一种叙述来说是本质的,对于另一种叙述来说却是非本质的。

理论的价值联系的实质以及价值联系和"实践"评价的区别现在已弄清楚了,因此没有人需要害怕,当他躲过吞没一切个别性的普遍化方法这个危险漩涡(Charybdis)的时候,又陷入非科学的评价这个险礁(Scylla)[6],从而使他作为科学家来说遭到彻底的失败。这种担忧往往使历史学家不愿意承认价值联系是他的科学活动中的一个必要因素,另一方面,也促使兰普雷希特能够以胜利者的口吻来谈论这一著作。兰普雷希特认为,在我对历史方法做了"坦率的"说明之后,甚至十足的门外汉也再不会看不出历史方法和真正科学思维之间的明显矛盾。由于这个缘故,他希望我的著作在历史学家中间得到最广泛的传播;显然,在他看来,当历史学家们了解到他们的方法是以价值联系为前提之后,他们将返回到自己的"自然科学的"所谓与价值不相干的方法。[7]现在就很清楚,为什么在历史学中对价值观点的恐惧,和兰普雷德希特的胜利一样,都是没有根据的。个别化的历史,也如自然研究一样,能够避免非科学的评价。只有借助于理论的价值联系,历史学才能与自然研究对立起来,而历史学科学性却并未因此就发生问题。

为了说明价值联系的实质,特别是它对于历史科学的意义,我还要做如下补充。首先,对一个术语进行考察。由于人们习惯于把任何依据价值观点进行的观察都称为"目的论的"观察,因此在历史学中可以不谈价值联系的概念形成,而谈目的论的概念形成。我过去就曾这样做过。但是,最好或者完全避免使用这个意义模糊的、因而易于引起误解的词,或者详细地说明它的意义,对它加以限定。[8]不仅必须把理论的价值联系和评价严格地区别开,而且必定不要造成一种假象,仿佛借助于历史学中的"目的论的"概念形成,就能说明历史学所涉及的那些人作为目的有意识地提出的任何事物。在这方面,我们不研究这一点是否可能的问题,因为这涉及历史的内容。这里只是说明那样一种方法论观点,借助于这种观点,历史学通过划定个别形成物的界限来形成现实的异质连续性。认识论并不能决定这种形成物内容是由什么组成的。

而且,不能把"历史的目的论"(Geschichtsteleologie)理解为一种可能与现实的因果观相冲突的见解;因此,把这里讨论的方法论问题看作是因果性或目的论的非此即彼,那是错误的。[9] 个别化的和与价值联系的历史学,也必须研究所涉及的一次性的、个别的事件之间的因果联系。这种因果联系与一般的自然规律并不是一致的;尽管为了说明个别的因果联系[10],人们也可能非常需要普遍概念,以之作为历史概念的概念元素。问题在于,甚至在询问原因的情况下,在历史中选择本质成分的方法论原则仍然是以价值为转移的。在事件的特性中,只有对财富的实现具有意义的原因,才受到考虑。而这样的"目的论"和因果性绝不会处于对立的地位。

如果我们想到,只有借助于价值联系的概念形成,历史事件才能作为发展系列上的阶段被表现出来,那么这种概念形成的实质便更加明显了。在历史学中,"发展"这个有多种意义的概念(它被普遍地看作是一个固有的历史范畴),完全受到我们在其中发现一般历史概念形成的指导观点的那同一个原则的支配。首先,我不能把历史发展理解为随便任何一个经常重复出现的事件,如像小鸡在蛋中的发展那样;与此相反,所应注意的始终是一次性的形成过程的特殊性。其次,我们不能把这个形成过程理解为一系列与价值完全无关的变化阶段,而只能理解为这样的阶梯,它们本身由于与一个有意义的结果相关联而变成为有意义的,只要通过价值联系所包含的意义把着重点传递到它的先决条件之上。因此,当我们说,只有通过个别化的、与价值相联系的概念形成,文化事件才能形成发展的历史,这只是一种比较广泛的、同时考虑到现实的不断形成的说法。正如文化价值把狭义的个别性(即通过自己特性所获得的意义和总和)从现实对象的纯粹异质性中提取出来一样,文化价值也把处于一个经历一段时间和受因果决定的形成过程中的那些在历史上属于本质的成分联接成为历史上重要的个别发展。

借助于历史的发展这个概念,能够进一步判断下述论断的确实性:历史学家是根据历史上起作用(historisch Wirksamkeit)的程度来挑选他的材料的。这个论断就其本身来说可能意味着含有某种正确成分,因为许多事件的历史意义事实上完全依据于这些事件对文化财富所起的作用,因此,往往不能理解那些不能作为起作用的环节列入历史上有意义的发展系列之中的事件如何获得历史的意义。但是,一旦把这个论断转用于反对那种认为价值观点是挑选材料的标准的见解的时候,它便不正确了。历史上起作用是与一般的、纯粹与价值没有联系的起作用不一致的,这就是说,仅仅起作用本身绝不能充当决定什么在历史上是本质成分的标准。任何一个事件的确都会发生某种作用。据说,当我一蹬脚,天狼星就会震动;但是,这种作用也如其他大多数作用一样在历史上完全是非本质的。毋宁说,只有那种在历史上发生有意义的作用的事件,才是"历史上起作用的";而这又无晨是意味着文化价值是挑选历史上的本质成分的标准。只有在我们已经根据理论的价值联系确定了什么事件是历史上的本质成分之后,我们才能向后追溯原因或者探询结果,然后才能叙述那些由于其特性的作用促使历史上本质成分得以形成的事件。

因此,如果有人像迈尔[11]和黎尔[12]那样说,对历史中的本质成分的选择不是根据价值观点,而是根据历史上起作用的程度,那么这种说法是一种虚假的对立,它只不过是靠"历史的起作用"这个词句的模棱两可意义来掩盖自己的没有根据。历史必须叙述历史上起作用的事件这个命题,如果是正确的,那就只能够是对下面这一论点的另一种表述:历史必须表现那种对文化价值来说是本质的作用。但是,由于纯粹起作用的原则绝不能代替价值联系的原则,因此我们宁愿采用我们的说法,因为只有这种说法才能清楚明确地表明所要说的意思。在没有这种借以确定什么作用在历史上是本质成分的价值观点的情况下,就不能把历史的起作用这个概念作为选择原则来进行任何工作。

最后,为了避免误解,必须明确地把历史发展概念与进步概念区别开,而这又要借助于评价和价值联系的区别才能做到。与历史的发展相比较,纯粹的变动系列包含得太少了,而进步系列又包含得太多了。如果"进步"一词具有简明的意义,那它就意味着价值的升高,即文化财富的价值的提高。因此,任何一个关于进步或退步的论断都包含肯定的或否定的评价。把变动的系列称为进步,这种论断往往意味着每一个后继的阶段都比先行的阶段实现了更高的价值。只有那些同时主张价值的有效性的人(他们认为这种价值中缺乏进步),才会作这样的评价。但是,由于历史学并不探询价值的有效性,而仅仅考虑某些价值事实上被评价这一事实,因此历史学可以不对一个变动系列是进步抑或是退步这个问题做出决断。由于这个缘故,进步概念属于历史哲学,它从体现在历史事件之中的价值的观点去说明历史事件的"意义",并对历史是充满价值或者敌视价值这一点做出判断。这种历史哲学的叙述在多大的程度上可能成为科学,在这里仍然暂时不谈。经验的历史叙述是拒绝作这样的判断的。就历史这个词的专门科学意义来说,任何一种判断都是"非历史的"。

为了结束对于个别化概念形成和价值联系之间的关系的论述,还有一点需要补充。我们说,历史学家作为历史学家来说并不考察那种指导其叙述的价值的有效性。尽管如此,他并不把自己的对象和随便任何的价值联系起来。毋宁说,他预先假定,他通过自己的叙述所诉诸的人们,也如他自己一样,即使不是把这种或那种特殊的财富,也是把宗教、国家、权利、伦理和科学的普遍价值(考虑到这种价值,历史叙述是本质的),一概承认为价值,至少也是理解为价值。因此,在给文化概念下定义时,不仅需要强调指出价值概念一般说来对于区别开文化事件和自然起决定性作用,而且同时也需要说明,文化

111 价值或者事实上被普遍地、即被所有的人评价为有效的,或者至少被文化集团的全体成员期望为有效的(gültig)。

文化价值的这种普遍性,使历史概念的形成排除了个人的主观随意性,因而是历史概念形成的"客观性"的依据。历史上的本质成分不仅对于这个或那个个别的个人,而且对于所有的个人,都一定是有意义的。的确,从哲学的观点看来,在历史客观性的概念中,同时还含有一个问题。但是,在这方面,我们可以不考虑这个问题。我们在这里只是研究历史的经验客观性,也就是研究历史学家是否停留在确证事实的范围之内这样一个问题;在这方面肯定可以看出,就文化价值的普遍性而言,经验的客观性也在原则上得到保证。一定的财富在文化集团内部受到普遍的评价,或者人们可以期望集团成员会关注这种价值附着于其上的现实,从而促进文化。这是一个事实,它在原则上和任何其他事实一样可以确定下来。这样一来,就足以使历史学家感到满足了。

对于从普遍文化价值这个概念的观点确定个别化的方法,现在只有一点还需要做明显的说明。如果上述意义下的"客观的"历史叙述只能以受到普遍评价的价值为指导,那么,那些宣称其实没有任何关于特殊和个别之物的科学的人们,似乎毕竟是有道理的。这一点在下述范围内是正确的:为了被纳入科学之中,特殊之物必须同时具有普遍的意义;而且,在特殊之物中加以科学叙述的只是它的普遍意

112 义所依据的那个部分。的确,甚至需要强调指出,不要由此造成一种假象,仿佛历史就在于单纯地"描写"单个的事实。和自然科学一样,历史学也使特殊之物隶属于"普遍之物"。但是,尽管如此,同样肯定的是,自然科学的普遍化方法和历史学的个别化方法之间的对立却依然没有受到影响。历史上的"普遍之物",并不是普遍的自然规律或者普遍的概念(对于它们来说,每个特殊之物只不过是随便任何其他许多"事例"之一),而是文化价值。只有文化价值才能在一次性的个别之物中逐步发展,也就是说,它与现实如此地联系着,以致使现实由此变成文化财富。因此,虽然我把个别现实和普遍价值联系起

来,但是个别现实并没有由于这个缘故而变成普遍概念的类的事例,反之,它始终是由于其个别性而具有意义。

我再一次对这些论点做些概括。我们在概念上把两种经验科学工作相互区别开,但这并不是说,它们事实上在任何地方都是分开的。我所提出来的只是纯粹的形式。一方面是自然科学。"自然"一词既从自然科学的对象方面,又从它们的方法方面,表明了自然科学的特征。自然科学把与任何价值联系无关的存在和现象看作自己的对象,它们的兴趣在于发现对于这些存在和现象有效的普遍概念联系和——如果可能的话——规律。对于自然科学来说,特殊之物仅仅是"事例"。这一点适用于物理学,同样也适用于心理学。这两门科学都不从价值和评价的观点对各种不同的物体和心灵的东西作任何区分,都把个别之物当作非本质成分而不加考虑,而且通常仅仅把大多数对象所共有的成分包括到自己的概念之中。没有任何对象在原则上是不受自然科学方法处理的。自然就是与价值无关的和以普遍化方法理解的整个现实。

另一方面是历史的文化科学。对于这些科学来说,我们没有一个与"自然"一词相对应的词,它既从其对象方面,同时又从其方法方面表现出这些科学的特征。因此,我们必须选用两个词,它们与自然一词的两种意义相对应。作为文化的科学来说,它们研究与普遍文化价值有关的对象;而作为历史的科学来说,它们则从对象的特殊性和个别性方面叙述对象的一次性发展。因此,文化事件的存在这个情况,既提供了这些科学的历史方法,同时也提供了概念形成的原则,因为对于这些科学来说,只有那些在其个别特性方面对于作为指导原则的文化价值具有意义的事物,才是本质的。因此,这些科学以个别化的方法从现实中挑选出的东西、即"文化",完全不同于自然科学在用普遍化方法把同一现实作为"自然"加以考察时所做的那样。因为,在大多数情况下,文化事件的意义正是依据于使这一文化事件有别于其他文化事件的那种特性;反之,它与其他文化事件相同的、因而构成它的自然科学本质的那种东西,对于历史的文化科学来说则是非本质的。

最后,至于物体与精神的对立,那就可以说,如果"精神的"和心理的有相同的含义,那么文化科学通常是研究精神事件,但是"精神科学"这个概念既没有把它们的对象,也没有把它们的方法同自然科学的对象和方法区别开。因此,在方法论中应当完全抛弃这个意义模糊的词。在假定精神与心理相等同的情况下,这个词对于从逻辑学上把科学分为两类是没有任何意义的。诚然,有人可能直截了当地说,精神和物体的原则性区分仅仅在自然科学的范围内才是有意义的。物理学只是研究物理存在,心理学只是研究心理存在。反之,历史的文化科学则根本没有任何理由去考虑那样的原则区分。它把心理存在和物理存在包括到自己的概念之中,而没有明确地注意这种对立。只要人们没有对精神概念下精确的定义,那么"精神科学"一词正是在这里把人引入歧途。

只有赋予"精神"这个字以一种与"心理"一词有原则性区别的意义,那么把非自然科学的学科称为精神科学才是有意义的,而这个词在以前确实有过这样的意义。在那个时候,人们把精神理解为某种与价值概念不可分割地联系着的东西,即"较高地"发展的心灵生活,这种心灵生活被认为具有普遍评价的形式和特性,而这只有在文化的范围内才能产生。因此当某个人重视和关注宗教、伦理、权利、科学等等财富的时候,简言之,当他不是一个简单的自然物(Naturwesen)而是一个文化人(Kulturmensch)的时候,他便是"精神的",而区别于纯粹心理的。这样一来,"精神科学"这个字的这种意义根本上相同于我们对文化科学所理解的意义;于是,这个争论问题便成为名词之争了。只是由于现在还同时采用"精神"一词的原有含义,在专门科学家中间才有人继续使用精神科学这个术语。如果把它理解为关于心理生活的科学,那么科学家们就绝不会继续使用这个术语了。到这里,可以看出这个词是不适当的。那些不愿意把心理学作为文化科学的"基础"的人们之所以现在还使用精神科学一词,只是由于这个词的模棱两可性质,同时也是由于它在原则上的模糊不清性质。

第一部分　文化科学和自然科学

　　下述情况也是必须注意的。首先,心理科学并不是在19世纪作为某种崭新的现象发展起来的事物,这种事物与过去的自然科学时代相对立,把自己的特性刻在它那个时代的科学生活之上。人们在以前就已经研究心灵生活;现今的心理学不管它的进步可能使人们多么高兴,它在很大程度上也是与自然科学时代的心理学紧密相联的。毫不偶然,精神物理学(Psychophysik)是由这样的人创立的,这种人作为哲学家来说代表一种与斯宾诺莎学说相似的泛心论,而绝不是一种探究历史的世界观。专门科学领域中的崭新事物,在19世纪首先是那些研究文化生活的伟大历史学家的成就。他们接受了德国唯心主义哲学的强有力的推动;德国唯心主义哲学主要是从历史的文化生活中提出自己的问题,它相应地也给"精神"概念下了定义。由于这个词的用法已经陈旧,而且以前被称为精神生活的现象,现在已被称为历史的文化生活,因此我们所系统地论证的历史的文化科学一词便获得了适合于目前情况的历史权利。

　　最后,这些思考又把我们引回到以前暂时放过的那个问题,即哪一种心灵生活是不能完全根据自然科学方法加以研究的,而文化由于自己的精神特性可以不服从于自然科学的独裁统治这样一种论断又具有怎样的相对权利。在隶属于心灵生活的那种统一中,只要它仅仅是心灵生活,我们就不能发现这一点的根据。反之,如果我们研究历史上本质的文化人物(Kulturpersonlichkeit)的心灵生活,并把这种心灵生活称为精神的,那么我们在这里确实就会发现一种特殊的"精神"统一,对于这种统一,任何想借助于通过普遍化方法形成的概念来把握它的尝试都是不会成功的。这就可能引起这样一种意见:存在着一种专门的精神科学方法,或者必须创立一种与说明的、采用自然科学方法的学科有原则性区别的心理学。但是,只要我们了解这种"精神"统一的本质是依据于与价值的联系,那么我们就能看透这种意见是错误的了。

　　如果要表现歌德或拿破仑的心灵生活,那么普遍化的心理学概念在这方面肯定是没有多大用处的。在这里,我们其实面临着一种不能以心理学方法加以"解释"的生命的统一(Lebcnseinheit)。但是，这种统一不是导源于作为主体的逻辑统一的那种"意识"，也不是导源于心灵的"有机"统一(这种统一使每个自我变成一种封闭的联系)，而是依据于这样一种情况，即一定的心理联系借助于文化价值而变成为个别的统一，如果把这种统一纳入普遍的心理学概念之中，那它便立即消失。因此，这种不能以普遍化方法处理的、精神的生命统一，是文化人物的个别统一，而这种统一就其文化意义而言是与一个不可分割的个别整体联系着的。因此，文化人物的这种"生命统一"与目前流行的把自然和精神的对立当作物体和心灵的对立这种作法没有关系；这样一来那种认为为了研究这种统一，我们就需要采用"精神科学"的方法或者一种新的心理学的见解，就站不住脚了。历史的统一不仅不属于现有的自然科学的心理学，而且不属于任何关于精神生活的普遍理论。只要人们坚持个别性的统一(这种统一依据于它的、不能为其他任何个别性所代替的、而且在此范围内是唯一的文化意义)，就能通过个别化的方法去发现这种统一的本质。

注　释

〔1〕阿尔弗雷德·道夫：《兰克和济贝尔同冠尼希·麦克斯的关系》，1895年；《选本，主要是历史材料》，1898年，第191页以下。(阿尔弗雷德·道夫，1844—1916，德国历史学家。——译者)

〔2〕黎尔：《逻辑和认识论。现代文化》，1907年，第101页。

〔3〕迈尔(Edward Meyer, 1855—1930)，德国历史学家。——译者

〔4〕迈尔：《关于历史的理论和方法》，1902年。

〔5〕《自然科学概念形成的界限》，第325页，第二版第290页以下。

〔6〕Charybdis，西西里岛海滨的危险漩涡；Scylla，西西里岛对面的暗礁。——译者注

〔7〕《文化中央公报》，1899年，第2期。现在，R.威尔布兰特(R.Wilbrandt)对麦克斯伯尔提出了责难，他根据我的文化科学理论，把评价排除于经济之外，而只承认理论的价值联系。这个情况对于近十年来关于价值问题的观点上的变化是有代表性的。

〔8〕 在《自然科学概念形成的界限》一书的第二版中(第333页以下),我已经这样做了。因此人们再也不能说,我把历史的方法称为"目的论的"方法。这并不能说明这件事情,因为我恰恰拒绝人们称之为"历史的目的论"的那种见解。

〔9〕 参看阿德勒:《围绕着科学争论的因果性和目的论》,1904年。这本书部分说来是反对我的观点的。它在其他方面比其标题要好一些。(阿德勒[M. Adler, 1873—1940],奥地利哲学家,新康德主义者。——译者)

〔10〕 参看塞吉乌斯·黑森(Sergius Hessen):《个别的因果性。对先验经验主义的研究》,1909年。这一著作提到了我的历史因果性概念,并以一种有趣的方式进一步发展了这个概念。

〔11〕 迈尔:《关于历史学的理论和方法》,1902年。

〔12〕 黎尔:《逻辑和认识论》,第101页。

十一　中间领域

我认为,把研究规律或普遍概念的自然科学与历史的文化科学做一比较,便能发现那种把经验科学工作分为两类的决定性区别。但是,正如我已经说过的,历史方法往往侵占自然科学的领域,而自然科学方法也往往侵占文化科学的领域;这样一来,我们的问题便大大地复杂起来了。因此,必须再一次强调指出,我们在这里只想指出两个极端,科学工作就是在它们之间的中间领域内进行的。为了完全弄清楚我所主张的是什么和我所主张的不是什么,我们还想明确地指出科学概念形成的某些混合形式(Mischform)。可是,我们必须只限于概括地说明一些最一般的逻辑原则,因此只能谈一些比较广泛的问题,对这些问题的解决则需要进行更加深入的研究。[1]

至于谈到自然科学中的历史因素,那么在近来,问题主要在于生物学,而且是所谓种系发生生物学(Phylogenetische Biologie)。大家知道,这种生物学试图从生物的特殊性方面叙述地球上生物的一次性的形成过程,因此常常被称为历史的科学。这种称呼在下述意义上说是正确的,即这种生物学虽然是毫无例外地借助于普遍概念来进行研究,可是这些概念的组合方式却使它能够从它所研究的整体的一次性和特殊性方面去叙述整体。因此,这种生物学之所以是历史的,未必像托尼斯所误解的那样,是由于它一般说来必须与"发育"(Entwicklung)发生关系。胚胎学也研究发育,可是它形成关于它的对象的普遍概念,这种概念只包含那些重复无限多次的事件。因此,任何人在事实上也没有想到要否认哈维、帕朗扎尼以及卡斯帕·沃尔

第一部分　文化科学和自然科学

夫对卵、精虫和人的胎儿的发育所做的研究具有自然科学性质。的确,普遍的物种起源论——按照这种理论,任何一个种属都是逐渐形成的,从一个种属过渡到另一个种属——完全是依据于普遍化的即自然科学的方法而形成的,它无论从形式的或者逻辑的意义来说都与"历史"无关。但是只要试图叙述地球上首先形成的是哪一种特殊的生物,在时间上跟着出现的又是什么生物,人如何在一次性的发展过程中逐渐地从生物中形成(普遍的物种起源论只是在把特殊的事件当作普遍概念的事例加以利用的情况下才向我们谈到这一切),那么这种论述从逻辑的观点来看就是历史的。由于最近才听到进行这样的研究,那就必须说在这种研究中把历史的发展观念运用到或转移到人们在以前习惯于只是用自然科学方法加以研究的物体世界之中。强调指出这一点是很重要的,因为只有这样才能弄清楚物体科学的逻辑结构,而且也因为这样一来就会明白不能从种系发生生物学的存在中推断出关于把自然科学方法运用于历史的任何论据。如果有人试图叙述文化人类(Kulturmenschheit)的历史,就像海克尔叙述"宇宙自然史"那样,那么在这方面绝不能采用普遍化的、即从逻辑意义上说明自然科学的方法,而要采用个别化的、即历史的方法。

另一方面,人们仍把种系发生生物学的研究看作自然科学。不言而喻,这是正确的,因为在提及"自然"一词时不仅考虑到与历史的形式对立,而且经常考虑到与文化的对立。在这个范围内,"历史的"自然科学这种说法是有意义的。但是,甚至这种生物学叙述也并不是没有一种作为指导原则的、使一次性的形成过程联结成为就形式意义而言的历史整体的价值观点。人类被看作是种系发生学的发展系列的"顶峰",这样一来,就赋予人类就下述意义而言并非完全"自明的"一个特征:即这一特征之隶属于人类是不依任何价值联系为转移的。现在从这个顶峰往后看,可以叙述人类的"有史以前的时代",因而也可以叙述文化的有史以前的时代,这个时代虽然还不是文化,而仅仅是就此词的质料意义而言的自然,可是它与文化是有联系的。因此,在这里,自然科学观点和历史观点必然是十分紧密地相互联系着的,但是不能从这个情况中引申出任何对我们的科学分类原则的反对意见。毋宁说,这样的混合形式正是由于我们的分类原则才被理解为混合形式的,而这再一次表明我们的分类再现出方法论的本质区别。

如果人们想一想生物学由以产生的达尔文学说是怎样形成的,那就不会再对自然科学和历史学在生物学中的联系感到惊奇了。大家知道这种生物学从人类的文化生活中汲取它的若干基本概念(如淘汰、选择、生存斗争)。因此,我们不能期望把这种在其发展中与达尔文紧密相联的思想仅仅归诸于这里叙述的两大类科学之中的一类。只要把这个过程所导致的文化人类看作绝对的财富,便能把有机物的整个系列不仅称为就历史意义而言的发展,而且同时可看作进步,从而能在其中看到价值的升高。这样一来,我们所面临的与其说是一种与价值有联系的、历史的观察方式,毋宁说是一种历史哲学的观察方式。但是,这种历史哲学的基本原则并不是自然和自然科学,像人们往往相信的那样,而是把文化价值转移到自然事件。在这里,我们不对有关从原始生物到文化人类的"进步"这样的历史哲学思想的科学价值做出判断。从自然科学的观点看来,这种发展既不是进步也不是退步,而仅仅是一个与价值无关的变化系列;所必须研究的只是它的普遍规律,即那些同样地支配着各个不同阶段的规律。甚至在生物学家中间,对于所谓自然科学的"宇宙创造史"(Schöpfungsgeschichte)——达尔文本人对于这种宇宙创造史是不负任何责任的——兴趣似乎已经降低了。这就使得下面这种观点越来越有效,即人们从现代发展理论中得出的对于"世界观"的结论,不仅在哲学中会导致十分荒唐的错误,而且对于生物学本身也是无所裨益的。

目前,一般说来,对于种系发生生物学的兴趣似乎降低了。毫无疑问,由于种概念所凝缩成的实在被永远粉碎了,因此历史思想深入到生物科学之中这个情况起了一种异乎寻常的解放作用。但是,首先,在普遍化理论的基础上也可能获得这种看法,其次,似乎生物学在原则上完成了这项工作便认为自己的任务不再是按照历史原则构造"系谱"和"家谱",而毋宁是确定有机界内部的普遍概念联系。在这方面的努力做得越多,生物学在经历一次危机之后便会越早地又变成一门普遍化的科学,亦即就形式意义和逻辑意义而言的自然科学;在达尔文以前,在它仅仅是"本体发生的"(Ontogenetische)发展学说的情况下,例如像在 K.E. 冯·贝尔那里,它始终是自然科学。一般来说,即使撇开历史哲学的思辨不谈,生物学并不是通过达尔文本人,而是通过少数几个"达尔文主义者",特别是通过海克尔而获得那样一种结构,这种结构似乎使生物学与我们所作的自然科学和文化科学的对立相矛盾。可是甚至在海克尔那里也能在概念上把普遍化的部分和那个与价值相联系的历史部分截然划分开来,尽管这两部分是相互混杂在一块的。达尔文的其他一些追随者的著作,例如魏斯曼的著作,则具有明显的普遍化的亦即就逻辑意义而言自然科学的性质,因此它们完全符合于我们的公式。

也许,文化科学中的那个在方法论上是自然科学的、亦即普遍化的部分,就这方面来说还更重要一些。在此以前,我故意只谈到与就严格意义而言的单一的、一次性的过程相关联的历史概念的形成。对说明基本的逻辑原则来说,这样做已经足够了,因为历史叙述的整体始终是被当作一次性的、具有其绝不重复的特性的对象加以考察的。但是为了使我们的论述不至于显得片面,现在必须注意以下问题。

虽然现实的文化意义始终是附着于特殊之物,可是特殊概念和普遍概念同时也是相对的。例如,当我们把德国人这个概念同腓特烈大帝、歌德或俾斯麦联系起来加以考察时,那么德国人这个概念便是普遍的概念。但是如果我们从一般的人这个概念的观点来考察它时,那么这个概念同时又是特殊的概念。因此,我们可以把这样的相对特殊概念称为"相对历史的"概念。对于文化科学来说,不仅要考察就本来意义而言的单一和特殊之物所具有的个别特性,而且在涉及所要理解的历史整体的一部分的情况下,也要考察在一群对象中所发现的特性。的确，没有一门文化科学是不使用许多群概念（Gruppenbegriffen）的，而且这种群概念在许多学科中处于非常显著的地位。同时，这样的相对历史概念的内容完全不需要与有关的普遍概念的内容相一致，例如德国人这个概念的意义远远不是只包含德国民族由以组成的一切人的共同之点（我在这里不对这种形式的历史概念形成做深入的研究）。可是，甚至在一个真正普遍的概念之中，也能发现一些同时对作为历史概念形成的指导原则的文化价值来说具有意义的特征。对于大多数概念来说，情况就是如此：这些概念或者与处于其最初发展阶段的文化事件相关联，或者与那样一些文化事件相关联，对于这些文化事件来说，大多数人的利益和意向具有决定性意义。

在那样的情况下，把大多数对象的共同之点汇集起来的那种科学概念形成方法，恰恰是把那样一种特征看作是本质的，这种特征就其文化意义而言在这一群对象中也是本质的。通过这种方法便形成了一些这样的概念，它们不仅具有自然科学意义而且具有文化科学意义，不仅可以被运用于普遍化的叙述而且可以被运用于个别化的叙述。由于用普遍化方法形成的概念的内容和用与价值相联系的、历史的方法形成的概念的内容往往是一致的，因此同一个研究者可以既按照自然科学方法，又按照历史方法来进行工作。因此在对原始文化的研究、语言学、政治经济学、法学以及其他文化科学中包含有用普遍化方法形成的成分，这些成分和真正的历史著作如此紧密地连在一起，以致只能在概念上把它们分开。

与此相关，那种被赫尔曼·保罗称为"原则科学"（Prinzipienwissenschaft）的研究的根据和意义便易于了解了。当然我不能承认那种"研究历史地发展着的对象的普遍生活条件，研究在一切变化中都同样存在着的因素（按照这些因素的本性和作用来进行研究）"的科学，能在同等程度上对历史科学的任何一个分支具有意义。因为，如果涉及就严格意义而言的一次性的和特殊的事件，那么原则科学的普遍概念至多只能被当作概念的要素加以使用。但是，对于上述那些包含有特别多的、用普遍化方法形成的成分的科学(如语言学)来说，这种研究在事实上必定具有巨大的意义。

由于同样的理由，普遍化的心理学也能在这样的科学中起作用，因此必须从这种意义上对以前的论述做些补充。但是完全不能由于这个理由又把这门关于心理生活的科学称为"一切就较高意义理解的文化科学的最重要基础"，因为随着纯粹个别之物的文化意义的提高和普遍的概念研究的相应消失，关于心理生活的科学的意义也日益降低。对那些最重要的文化事件来说，情况正是如此。在宗教、国家、科学、艺术的历史中，一次性的个别之物绝不可能是"非本质的"。在这里，对创造新的文化财富的推动几乎总是来自个别的人物，这一点是任何一个不想为了爱好某些理论而故意忽视历史事实的人都知道。因此，伟大人物必定是在历史上很有意义，而在表述这样的人物时仅仅用相对的历史概念是不够的。

这种主张又是与那种用伟大人物的意图和行为来"解释"历史或者根本否认一切历史生活的因果制约性的倾向完全无关的。有人喜欢把历史人物称为"傀儡"，并且说拿破仑或俾斯麦本人也意识到自己的傀儡性质。我们用不着问这种说法是否有根据，因为对于历史方法的决断并不取决于此，傀儡也是个别的现实，因而只能用个别的概念，而绝不能用普遍概念的体系来表述它们的历史。同时，牵动傀儡的线也如任何现实一样是个别的，因此，即使这些线只是与纯粹的傀儡发生关系，但是历史却往往必须说明，在这里和那里每一个在历史上有意义的傀儡是由哪些个别的和特殊的线牵动的。而且，这种与傀儡相比较的作法对于自然主义者来说并不是有利的。因为傀儡的活动往往最后一定要追溯到牵动者的意图。因此，为了说明一切事件的因果制约性，应当选择一个比较好的例证。我们在这里想指出，甚至那些坚定地确信一切历史事件具有绝对因果制约性的人们，也不能用普遍的规律概念来表现历史。反之，他们必须明白因果联系也不是普遍概念，而是一次性的、个别的实在，要对因果联系做历史的叙述，就需要用个别的概念。如果明白了这一点，那么同时就会看出自然主义者——他们是以一切事件的因果制约性为依据来证明个别人物对于历史是不起重大作用的——的一切论证都是无的放矢。

可是我对这点不做进一步的论述,因为现在肯定已经弄清楚,我们的原则性区分虽然受到普遍化的文化科学的限制,但没有被它们所废弃。这是因为文化概念在这里不仅决定对象的选择,而且在某些方面还使概念的形成或者对这个对象的叙述成为与价值相联系的和历史的。也就是说,在文化科学中概念的普遍性有一条界限,而这条界限是文化价值设置的。因此,不论普遍概念联系的确定对文化科学的利益可能是多么重要,但是,如果想使研究不致失去它的文化科学意义,那在这方面也始终只能采用相对有限的普遍性概念。因此,自然科学和文化科学之间的分界线从这个方面来说仍然是存在着的。

当这条分界线在事实上往往被人越过而有损于文化科学的时候,尽可能清楚地指出它便越来越必要了。目前人们通过喜欢从所谓自然民族的原始阶段中去探索文化现象,因为人们相信在这里能够从其"简单的"形态中认识这些现象。当然,这种看法是有其根据的。但是,即使借助于这种方法也能获得对那些与我们比较接近的文化事件的理解,那也必须提防不要把事实上完全不属于所研究的事件的因素看作属于这些事件,不要把文化对象的历史概念扩大到那些不应称为文化的现实之上。例如,人们必须完全确定那种被看作是"艺术"的活动是否确实与我们称为艺术的文化财富有某些共同之点,而这只有借助于在审美价值概念的基础上形成的关于艺术的历史文化概念才能做到。只要人们不知道这一点(而这种知识在许多情况下是难于获得的),那么把原始民族的任何产品(也许这些产品的生产者和消费者在生产或消费它们时根本没有考虑到审美价值)列入文化科学,那只能造成混乱。因此,把对原始文化的研究看作真正科学的研究,这无论如何是根本错误的。因为,由于上述原因,这种研究在很大程度上要借助于普遍概念,即采取普遍化方法才能进行。因此,通过这种方法获得的普遍性对于考察比较高级的文化发展起着"致命的"(tötend)影响。

在那些以经济生活作为研究对象的文化科学中,普遍概念将拥有广阔的活动范围,因为只要把这些活动孤立起来看,那么在这里所考察的事实上往往只是群体(Massen)。因此,对这种文化科学来说是本质的成分,通常是与有关的普遍概念的内容相一致的。例如,在一定民族中,在一定时期里,农民或者工厂工人的历史实质是相当地同一切单一事例的共同之点相一致的,因此能形成它们的自然科学概念。在这里,纯粹个别的成分可能退居次要地位,而对普遍的概念联系的确定则占了最重要的地位。[2]此外,从这里也可以了解到为什么那种把历史科学变成普遍化的自然科学的尝试往往是与那种认为历史基本上就是经济史的论点紧密相联的。

但是,这里同时也能清楚地看出,这种企图把历史仅仅当作经济史、因而当作自然科学的做法是如何没有根据。可以轻而易举地证明,这种做法是建立在一条完全随心所欲地选择出的区分本质成分和非本质成分的原则之上,而且从起源上说这条原则之所以受到偏爱应当归因于一种完全不科学的政治的党派偏见。在孔多塞的著作中就能找到这条原则,而所谓唯物史观(它只不过构成这个发展趋向的顶点)则是这方面的一个典型的例证。这种唯物史观很大程度上取决于一种特殊的社会民主主义愿望。由于作为指导原则的文化理想是民主主义的,于是形成了一种倾向,即认为伟大人物历史上是"非本质的",只有那种来自于群众的事物才是有意义的。因此,历史写作是"集体主义的"。从无产阶级的观点或者从被理论家们看作属于群众的观点看来;所考虑的主要是一种多半是动物的价值,结果只有那种与群众直接相关的事物、即经济生活才是"本质的"。因此历史也是"唯物主义的"。这根本不是一种经验的、与价值相联系的历史科学,而是一种以粗暴的和非批判的方式臆造出来的历史哲学。而且,在这里以绝对的方式把对这种价值具有意义的事物变成唯一事实的存在,因而经济文化之外的其他一切都变成了纯粹的"反映"

(Reflex)。这样一来,便形成了一种完全是形而上学的观点,这种观点从形式方面表现出柏拉图唯心主义或概念实在论的结构,价值被实体化为一种真实的而且是唯一的现实的东西。区别仅仅在于肚子的理想代替了脑和心的理想。"理论家"拉萨尔甚至向工人们建议,要他们把选举权看成是肚子问题,要他们使肚子的热量循环于国家机体的各个部分之中,因为没有任何能与它长期对抗的力量。[3]毫不奇怪,从这种观点看来,人类的全部发展归根到底被看作是"为在食糟旁边占得一个位置而斗争"。

人们一旦明白了"历史唯物主义"所依据的价值观点,那就可以看出这样的历史著述是主张什么样的客观性。与其说它是一门科学,毋宁说它是党派政治的产物。毋庸争论,历史学家们在以前也许是很少注意经济生活的,而经济史作为一种补充的考察肯定是有其价值的。但是,任何试图把一切现象同那被当作唯一的本质成分的经济史联系起来的做法,必定要被归入迄今为止所进行的最随心所欲的历史解释之列。

注 释

〔1〕 在我的《自然科学概念形成的界限》一书中,可以看到这种研究。特别可参看第264页以下诸页和第480页以下数页、第二版235页以下数页和429页以下数页。谁想对我的观点作批判的分析,谁就必须看一看在那里发挥的思想。我的观点并不是某种让步,像人们往往说的那样,而是提供了经验专门科学的一种真正在逻辑上完成了的方法论的根本原理,对于这种方法论,我们还是掌握得不多的。谁如果不注意这一点,而譬如说认为仿佛按照我的观点对文化对象的任何研究都只有用历史的方法,那便是对这里发挥的思想作了错误的理解。必须彻底地抛弃下面这种见解,即一切专门科学都可以包括到一个把它们分为自然科学和精神科学这两个部分的图式里去。

〔2〕 与我的方法论研究相联系,人们往往提出政治经济学是历史的、个别化的科学还是普遍化的科学问题。我明确地表明我不打算对这个问题发表意见。这个问题必须留给专门研究者去决定。从逻辑学的观点看来,对经济生活作普遍化的叙述,也如作个别化的叙述一样,都是有根据的。只有那种认为政

治经济学只能采用普遍化方法的见解是必须抛弃的。那种不能给专门科学的不同"趋向"提供活动场所的方法论,是低劣的方法论。

〔3〕拉萨尔:《关于在莱比锡召开德国工人代表大会致中央委员会的公开信》,1863年。当我在本书第一版中使用"肚子的理想"这个术语时,我已经想到上面引证的拉萨尔的这句话。托尼斯可能已经揣测到这一点;无论如何,他不应当说他没有看出"李凯尔特是从怎样的泥坑中取得他所特有的对唯物史观的叙述"(《体系哲学文库》第Ⅷ卷,第 38 页)。托尼斯后来对他的话语的"刺耳音调"解释说,"他发现自己被傲慢的声调激动起来了"(同上书,第 408 页),而这只不过再一次证明,某些自然主义的历史观与其说是冷静的、科学的论证,倒不如说是个人私事,而且往往是一种带着激昂情结进行辩护的"说教"。本书的论述完全不是"傲慢的",而仅仅试图确定一个事实,即"历史唯物主义"也和任何历史哲学一样是以一定的评价为依据,而它对唯心主义的全部嘲笑就是用新理想去代替旧理想,而不是根本放弃"理想"。遗憾的是托尼斯并没有试图反驳这一点。我肯定不想否认有许多人是以一种古老的方式并在脑和心的旧理想的基础上达到自然主义历史观的。但是,这只是从"人的方面"而不是从科学方面把这些思想家抬得更高一些,因为这是一种不一致和在意识形态上的复旧。

十二 数量的个别性

按照这种限制，我们把文化科学和自然科学相互对立下来的意义就不再会被人误解了，因而我们一开始所提出的把经验科学分为两个大类的任务——这一点只要通过阐明两种基本的、相互对立的逻辑倾向便能作到——便可以看作是已解决了。但是，由于这里所发挥的思想与通常的见解有很大分歧，因此不言而喻，它不仅得到支持，而且受到不同方面的攻击。在像这样一篇其任务首先在于阐述主要问题的文章里，是不可能涉及各种反对意见的。因此，我在某些地方已经明确地表示等以后再做补充，现在我则试图至少说明与某些疑虑紧密相连的最重要之点。

首先，人们可能反驳说，自然科学的普遍化方法在一切情况下都不能把握个别和特殊事物，因此谁也不愿承认以自然科学方法为依据的历史这个概念在逻辑上是自相矛盾的。其次，人们可能认为即使不要价值观点也能实现个别化的概念形成，因此没有必要在原则上把历史概念和价值概念连在一起。最后，即使这两种反对意见都被排除，人们还可能认为历史的文化科学的客观性是值得怀疑的，并把它所绝不可能达到的自然科学的客观性当作一种标准，而与它对立起来。我们将对这三种疑虑依次加以详细讨论。

谈到那些使用自然科学方法的学科对特殊和个别事物的理解，那么物理学和天文学几乎总是被举出来作为这方面的例证。这绝不是偶然的，而这一点的原因也不是难于发现的。这两门科学都把数学运用于自己的对象；为了理解为什么人们认为借助于物理学和天文学的概念可以毫无遗漏地把握个别的实在,我们只需要回忆一下我们对于科学用以克服任何现实的异质连续性的那两种方式所说的话就足够了。[1]但是,与此同时,从这种观点出发可以十分容易地看出这里有一种误解,也就是说,即使现实可以被这些科学所理解,那也只有通过一种方式,而这种方式并没有对我们所作的自然和历史的逻辑对立表示异议。为了达到这个目的,我们只需要了解一个新的"个别性"概念,这个概念在原则上既不同于任何现实的那种完全不能理解的、纯粹的异质性,又不同于历史概念中所包含的通过价值联系形成的个别性。可以把这种个别性概念定义为数量的个别性概念,以与现实的那种始终是质量的个别性、即纯粹的异质性相对立,同样又与那种始终是历史的质量的个别性相对立。

在某些学科中,自然科学在其形成概念时只限于现实中的那些可以计算和测量的事物,因而最后只有数量的规定性才被纳入关于物体世界的最普遍的理论之中。纯粹力学的观念是与纯粹数量的观念相一致的。由于通常把概念和现实混淆起来,因此产生一种见解,即认为物理学的纯粹数量的世界本身就与现实的物体一样是一种实在,虽然这种世界的存在仅仅依赖于概念上的区分。而且人们还直截了当地得出一个结论:只有数量的规定才是"真正的"物体现实,所有的质量仅仅存在于"主观意识之中"(im Subjekt),因而属于"现象"。

凡是受到这种尽管非常严谨、然而极其虚幻的形而上学的影响的人(对于这种形而上学,我们在这里不能详细论述)[2],是绝不能理解科学概念形成的本质的。事实上我们的认识论只有在下述前提下才能有效:现实是质量的异质连续性(这一点在前面已经谈到),经验学科的目的就在于认识这个经验的现实。如果人们同意这种看法,那么数量化的自然科学是易于与我们的理论相一致的。而且,这还表明这种自然科学绝不能把现实的和历史的个别性纳入自己的概念之中,因为这种个别性永远是质量的。

的确,必须承认,任何纯粹数量的物理学"世界"都可以借助于以普遍化方法形成的概念加以详尽无遗的认识,甚至它的"个别性"也是可以计算的。因为,它的内容已经失去任何无限的异质性,而同质的连贯性则完全可以借助于数学而在概念上加以把握。我们能够用一些手段(在这里不对这些手段进行论述)来精确地确定同质空间中的任何一点,因而那些把这个纯粹数量的世界看作一种实在的人们,只需要把一些普遍公式相互组合起来,就能理解这种"现实"的个别性。事实上,这种个别性只不过是普遍性的交叉点。从这里也可以明白,例如叔本华是怎样达到把空间和时间竟称为个别性的原理。甚至现在还有许多人相信,某地和某时有某物这种说法就构成了它的现实的个别性。

这一点只有在怎样的前提下才是对的呢?人们必须像17世纪唯理论的形而上学那样把纯粹的广延,即笛卡儿和斯宾诺莎的"extensio",与物体的现实等同起来,从而把现实的最终元素或"原子"看作是:物体是由这些最终元素或原子组成的,犹如数学上的线是由点组成的一样。那时,人们当然可以认为,借助于自然科学概念能够详尽无遗地从物体的任何部分的"个别性"中认识这个部分。但是,是否的确还需要证明这种纯粹数量的物理学世界并不是我们大家通常所说的那种现实呢?是否它的个别性之所以能被认识,仅仅是依靠人们从其中排除了任何用数量规定的概念不能认识的事物,因而它的纯粹数量的"个别性"同我们所理解的经验现实的个别性、以及历史学所考虑的那种个别性,除了名称相同之外,还有什么其他相同之点呢?

纯粹的数量就其本身而言是非真实的。纯粹的"广延"并不包含任何物体的实在。毋宁说,这种只能在概念上完全把握的同质连续性,是与任何现实向我们显示出的异质连续性截然对立的,而我们以前所说的就是这种现实的个别性。因此,那种被看作普遍性的交叉点而且在空间上或时间上可以借助于纯粹数量的规定性加以确定的"个别性",绝不是那种被我们称为现实的个别性、而且对于历史概念的形成问题具有意义的异质性。为了理解数学的自然科学的本质,也必须把这两个概念严格地区别开。现实的个别性与那种通过数学的物理学来把握的个别性只有一个共同之点,即它也始终处于空间和时间的一定位置上。但是,仅仅靠这一点并不能把它定义为个别性;而且,仅仅靠这一点还根本没有从内容上给它下定义。因此,不论使多少普遍性相互"交叉",但若撇开空间和时间的量的规定性,那就丝毫不能理解为一次性的现实所特有并且使这种现实成为特殊的、绝不重复的个体的那种东西。

如果现实的片断是就其特殊性和个别性而言,那么不论人们认为这个片断是多么大或者多么小,那都是无关紧要的。只要所指的是那种能够与我们所知的现实一道被纳入一个概念之中的现实,那就必须假定这种现实和任何现实一样是异质的连续性,因而在原则上是不能通过概念认识完全穷尽的。为了把这种思想推到极端,我们想一想现代物理学家的宇宙图像,他们认为一切物体都是由"电子"组成的。是否通过电子就能详尽无遗地理解物体现实呢?肯定不能。电子也只是被物理学家看作是简单的和同样的,像普通的类概念的一切事例一样。如果把电子理解为现实,那么电子就必须占有空间。我们是否有权力把电子看作是绝对同质的呢?我们怎样假定这样的实在呢?任何一个我们所知道的物体都是和其他任何物体不同的;任何物体就其特性而言都是非理性的,正如整个物体世界是非理性的一样。对于物理学所研究的任何物体事物来说,情况也是如此。就现实就这个字的逻辑意义而言,它既不是"原子",也不是"终极之物"(letzte Dinge)。现实的原子始终是多种多样的和个别的。我们不知道其他任何现实,因此我们没有理由以其他的方式把它们设想为现实,尽管它们的个别性对于物理理论来说可能是非本质的。

简言之,现实的异质连续性还可以从下面这个事实中得到证明,即物理学绝不能完成它的工作。它所达到的始终只不过是终点之前的阶段;它之所以看起来似乎达到了终点,那是因为它忽略了那些还没有包括到它的概念之内的事物。一个物体是一个更大的物体的一部分,正如点是线的一部分一样,因此它在其整个现实中的位置可以通过它在线上的位置而详尽无遗地加以确定。这种物体是一种概念上的虚构。它是理论价值的概念、"观念"的概念和"问题"的概念,而不是实在的概念。

而且,还必须再进一步。甚至数学的线的同质连续性也与据说它由以"构成"的点的同质间断性有原则性的区别。事实上,线绝不是由点组成的。这样一来,如何能够把现实的异质连续性看作就严格意义而言"原子"的同质间断性,亦即看作一些简单的、彼此相同的事物的同质间断性呢?如何能够认为现实是一种能够详尽无遗地认识的构成物呢?为了能够相信任何现实的个别性都可以借助于数学的物理学概念得到理解,那就必须完全忘却我们在每一个清醒时刻在现实中所体验的那些纯粹从数量上规定的力学概念。事实上,通过数学的运用以及通过把同质连续性引入概念之中所造成的这种似是而非的个别性和现实靠近,意味着个别性与现实离得更远,因为个别的现实绝不是同质的,而从数学上加以"个别化"的一切事物就其本身而言是非真实的,犹如一切纯粹数量的事物一样。无论如何,数学所规定的数量上的个别性并不是现实的个别性,同样也不是包含在历史概念之中的那种个别性,这一点用不着证明了。

如果人们理解了这一点,那就不会在天文学中发现任何反对下列见解的事例:没有任何一种现实的个别性可以借助于自然科学的规律概念而被纳入科学之中。诚然,天文学能够精确地计算出它用专有名词标志的个别天体的过去的和现在的轨道,能够分秒不差地预计日蚀和月蚀,能够指出日蚀和月蚀在过去发生的各个时刻,能够从年代方面确定历史事件。因此,人们常常把天文学看作可以设想的最完备的认识,并且由此产生一种"宇宙公式"(Weltformel)的理想,仿佛借助于这种公式就一定能够详尽无遗地计算出现实的整个形成过程及其所有的个别阶段。特别是杜·布阿—莱蒙(Du Bois-Reymond)使这种思想广为流传,在广阔范围内培植一种关于自然科学在将来的可能性的离奇观念。这种观念还以一种令人惊奇的方式在逻

第一部分　文化科学和自然科学

辑著作中散播它的有害影响,并导致这样一种看法:仿佛自然科学在原则上能够预测世界的整个历史过程,就像预测行星的轨道那样。

要把在这种宇宙公式的思想中所包含的逻辑矛盾线团完全拆开,那就走得太远了,对我们的目的来说,只要指出这种思想的出发点是错误的,因而没有坚固的基础,那就已经足够了。我们只需要问:关于天体,天文学所能计算出的是什么?因而纳入它的规律之内的又是什么?答案是很简单的。天文学从其个别性方面详尽无遗加以理解的,仅仅是它的对象的数量的规定性。例如,天文学能够从其个别性方面指出个别的天体在过去、现在和将来的时间上与空间上的位置。因此,如果从历史来源中已经知道某个历史事件在时间上与某次日蚀同时发生,那就能计算出这个历史事件发生的日期。但是,必须事先已经确定某个历史事件的发生在时间上是与日蚀一致的,而且天文学除了指出日期之外,其他什么也不能提供。

那么,是否天文学理解了任何现实的个别性呢?我们已经指出,虽然数量的规定性也可以称作"个别的",因为它们和任何规定一样也属于个别性,但是这种时间和空间的个别性与我们在历史学中所理解的现实的个别性是绝不相同的。就天体的全部特殊性而言,天文学的那些"个别的"空间数据和时间数据甚至完全是普遍的。因为,任何一个具有同样数量规定性的天体都能在同样的时空位置上发现;由于这个缘故,它就不需要有一种为个别之物所独有的质量特性,这种特性构成了它的个别性,并且对于个别化的科学来说可能是本质的。就天文学来说,在个别的质量的规定性和个别的数量的规定性之间的联系还完全是"偶然的";的确,想象不出普遍化科学的任何进步能够在数量的个别性和质量的个别性之间的鸿沟上架上一座桥梁,因为一旦我们离开纯粹数量的领域,便立即进入质的现实,我们从同质的连贯性中走出,便又走入异质的连续性,这样一来,便排除了详尽无遗地从概念上把握对象的任何可能性。

因此,把数学物理学的结构与现实的质量等同起来的可能性也并未改变我们的结论,就像有人认为的那样。[3]精神物理学所尝试的这种等同肯定不是随心任意的,但是这种等同绝不是通过使质量的个别性和数量的"个别性"精确地和详尽无遗地相符合这种方式来实现的,然而这正是这方面的问题所在。在质量之中,只有包含在普遍概念之内的东西,才被认为与数量的规定性相等同。因此,即使间接地通过数学的物理学,也不可能借助于规律概念而洞察质量的个别性本身。例如,假若我知道某个具有精确地确定的音调的音具有精确地确定的数量,因而具有精确地确定的质量,那么对于这个音我们所知道的仅仅是那种经常重复的东西,也就是这个音与其他无数音所共有的音调,而不是使这个音成为一次性和个别性的现实的那种东西。或者,人们是否会怀疑:每个现实的音就和每个现实的人一样只存在一次,每个单一的现实的、感性的质量是与所有其他的质量不相同的吗?由于人们习惯于仅仅以普遍概念来进行思考,不注意现实中的不重要的个别性,因而在音中只是考虑它的在概念上可加以确定的音调,这样就会忽视什么是现实的音,并相信它可以完全与数量的规定性相等同。但是,这种思想习惯恰恰是我们所要反对的。如果把其他现实的构成物当作"简单的"感性的质量,那就会立即看出它们的质量的个别性是不能从概念上加以把握的。就音而言,它们的个别的区别肯定是非本质的,但并非由于这个缘故而不是现实的,它们与其质量的个别性是不能包括到任何自然科学概念之中的。因此,在这里,情况仍然是:质量和数量被一条鸿沟划分开,甚至未来的心理物理学也不能把它们联接起来。17世纪的唯理论可能相信,任何一个"简单的"和纯粹"广延的"物体都是与同一个同样简单的感觉相"平行"的,因此可以更多地从几何学方面来处理现实。现在,我们终于知道,这个理性的"世界"是普遍化抽象的产物,因此,虽然它们肯定并非因此而不具有理论价值和实践价值,但它们与个别的现实绝不是一致的。

由于这个理由,对物理学、天文学或者心理物理学的引证,对于我们的问题来说都是没有意义的。从同质到异质的过渡使我们面临一种在原则上不能穷尽的杂多性,这种过渡经常是从非现实到现实的过渡,而这种过渡又是与从理性到非理性的过渡相一致的,只是因为我们省略了那些不能加以数量化的东西,我们永远不可能倒回到质量的、个别的现实。因为,我们从概念之中只能得出我们放进去的东西。普遍的合成物仿佛倒回到个别这样一种假象之所以产生,只是因为我们为自己创造了一种纯粹数量的观念存在(其中任何一个点都是可以控制的),然后我们把这个概念的世界和那个其中没有任何"点"的个别现实混淆起来。

与此相关,还可以提一提与近来在哲学中也常常谈论的那种与自然规律相联系的反对意见,即有一条所谓熵定律(Entropiesatz)认为宇宙最后必定会达到普遍的"热寂"(Wärmetod),因为一切运动都在逐渐地转化为热,一切强度上的差别都日益趋向平衡。这条定律显然是普遍化概念形成的产物,可是这样一来它似乎便规定了"宇宙历史"(就此字的广义而言)的一次性的过程。而且,有些人恰恰把这个学说称为宇宙的发展规律,按照这个学说,宇宙最后将停止不动,就像没有人再去开动的钟表一样。

不言而喻,这种看法是否正确这一点对于历史的文化科学的方法来说是没有任何意义的,因为没有人认为在我们所知道的人类历史的这个阶段中能够看到这条规律的结果。但是,就逻辑的意义而言指出下面这一点却是重要的:甚至在这种情况下,关于自然科学的普遍化观察方法和历史学的观察方法的必然分裂这条普遍原则,仍然是有效的。为了这个目的,我们只需要回想一下人们从康德的二律背反学说中肯定知道的某些思想就行了。

如果熵定律确实是一条历史规律,而不仅仅是一个普遍概念(可以把物体世界的任何一个部分作为类的事例纳入这种普遍概念之中),那么这个定律必定能应用于就严格意义而言的一次性的宇宙整体,因为只有这样它才能对这个历史整体的历史有所说明。但是只要考虑一下物体世界整体这个唯一许可的概念,那就能看出这一点恰恰是不可能的。现实不仅在强度方面,而且在广延方面都是不可穷尽的,也就是说,它的异质连续性不仅在微观方面(如我们已经看到的),而且在宏观方面都是没有任何界限的。因此,要把这条以有限的、可穷尽的数量为前提的规律应用于宇宙整体,那是不可能的。只要热寂这个概念不再能应用于有限的能量,那么这个概念便失去它的意义。

就热力学的第一定律而言(按照这条定律,能量是稳定不变的),人们已经常常指出这一点;奇怪的是有些人有时还从其中得出结论说,现实必定是有限的。但是,这个结论又是依据于像唯理论者那样以一种不可允许的方式把实在和我们的概念混淆起来,或者假定现实甚至就其内容的规定性而言也是与科学相一致的。事实上,人们只能得出这样的结论:物理世界并不是"这个"现实,不仅热力学的第一定律而且它的第二定律都仅仅是在下述意义上才能应用于整个世界,即世界的任何一个部分都作为类的事例隶属于世界。但是,在这种情况下,每个部分都同时被认为是独立的和有限的,因而在这个方面与整个世界有原则性的区别。只要朝着一个方向把这个思想加以推演,那就能够确定:由于不能在现实中设置任何时间上的起点,因此,如果假定热量或动能量是有限的,那么热寂必定老早就已到来;而如果假定热量或动能量是"无限"巨大(姑且承认这种说法有某种意义),那么热寂就永远不会到来。

因此,如果熵定律是正确的,那它也仅仅是对宇宙的每个被看作是孤立的部分有效。关于一次性的过程或者关于整个宇宙的历史,它则丝毫没有说明;由于这个缘故,它也根本没有借助于自然规律的必然性对宇宙的任何一个现实部分的历史做任何说明,因为没有任何一个部分确定是完全孤立的,以致有一天它一定会达到停顿状态,就像没有人去转动弹簧的钟表一样。毋宁说,依然应当这样设想:宇宙的任何一个部分都是与其他部分(其中存在着较多的热量)处于因果联系之中,并通过这种联系而一再增加自己的热量,就像钟表被重新上紧弹簧一样,因此不会达到停顿。由于宇宙在原则上是无限的,因此这个过程能够无限地一再重复。这样一来,宇宙的每个部分的历史就朝着与熵定律所规定的方向相反的方向发展;或者,在其中出现热量上升和下降的情况,正如我们确实在我们所知道的大部分宇宙中看到的那样。

当然,这不过是逻辑的可能性,但它们在这里已经足够了,因为我们的目的仅仅在于说明没有任何这样的情况,即普遍的规律同时必然地规定了历史整体的一次性过程。熵定律对于宇宙整体的一次性过程,对于"宇宙历史"什么也没有告诉我们,它所告诉的仅仅是任何一个特殊的部分,它在同一时间内也形成一个独立的系统。任何一个这样的部分都是作为类的事例隶属于普遍规律,而规律的意义也正是以这种普遍性为依据。像一切自然规律一样,这种规律也具有一种"假说的"形式:如果有一种独立的物体,那么在其中必定会达到热寂状态。但是,无论整个物体世界或者任何历史的整体都不是绝对独立的,因此这个定律从历史方面来说是完全没有意义的。

而且,还要再一次指出,这种见解对于把经验科学分为普遍化的自然科学和个别化的文化科学这两类来说是非本质的。不论我们可以通过把价值观点转用于观察文化的初期阶段以及它的其他空间条件,而把文化概念扩大到多么远,我们仍绝不能得出历史整体的概念(在这种概念中,熵定律所主张的论点可能具有历史的意义),即使我们假定这个整体是独立的。在这里显示出的又仅仅是自然规律性和历史之间的原则性的、普遍的逻辑分裂。

由于在这方面的主要目的是反对那种对纯粹数量的概念形成,亦即对数学的错误理解,因此我想引用歌德的一段话来结束这段论述。虽然歌德肯定不是一个系统的科学哲学家,可是他对于什么是现实的却具有卓越的理解。里麦尔(Riemer)转述了歌德的如下一段话:"被运用于自己的领域、即空间领域之外的数学公式,是呆滞的和无生气的,而这样的运用也是极其笨拙的。虽然世界上流行着一种受数学家支持的妄想,即认为只有在数学中才能找到灵丹妙药,但是数学和任何工具一样,对于整个宇宙来说也是不充分的。因为,任何工具都是特殊的,并且只能用于特殊之物。"

注 释

〔1〕 参看本书第 33 页。

〔2〕 对于这种生理学唯心主义,可参看我的《认识的对象》一书,1892 年;第 8 版 1915 年,第 70 页以下。

〔3〕 参见弗里什埃森·科勒:《科学与现实》,第 150 页以下。

十三　与价值无关的个别性

有人认为,可以把价值观点转用于观察这样一些现实:它们本身不是文化现象,可是对历史文化发生影响,它们由于自己的个别性而变成重要的。这种想法使我们必须谈一谈上面所提到的第二种反对意见。是否可以撇开文化价值去研究个别化的现实呢？在我们回答这个问题之前,我们必须弄清要如何提出问题,才能使所得出的结论对于科学的分类具有本质的意见。

由于我们掌握了从先于科学的生活中产生的那些具有一定意义的词,其后又掌握了科学概念,因此我们当然能够通过概念要素的一定组合来给任何现实做出仅仅适合于这种现实的叙述,因而能够形成关于任何现实的、具有个别内容的概念。这完全取决于我们的主观随意性。诚然,我们只是当有关对象以某种方式使我们感到"兴趣"或者觉得"重要"的时候,这就是说,当它与价值发生关系的时候,我们才去这么做。但是,毫无疑问,如果我们愿意,我们也能够对完全无关紧要的对象从其个别性方面加以叙述。在这种情况下,意志活动就使这种个别性成为"重要的",从而形成价值联系。

因此,对于撇开与文化价值的联系来进行个别化叙述的可能性是无可怀疑的。但是,仅仅这一点对于科学的分类还不具有任何意义。因为,这样的个别概念完全是主观随意地形成的,而且,这同样地适合于两种情况:一种情况是,我们对于个别性加以叙述仅仅是由于我们愿意这么作;另一种情况是,有关对象的个别概念之所以形成是由于这些概念与我们所评价的价值有联系,而与我们明确的意图无关。任何人都是由于现实对我们具有实际意义才从其个别性方面去认识现实的。这一点与科学概念的形成没有关系。因此，只能这样地提出问题：是否能够设想对于对象的个别性可以做出一种科学的、但不受普遍的文化价值观点指导的叙述。

可是，甚至这个问题也还不够明确。在这里应当把科学叙述仅仅理解为那种其本身就能达到科学结论的东西，而不是理解为给进一步的科学加工提供的纯粹材料。我们一开始就已经指出，在对科学的逻辑分类中是不考虑发现材料的过程的，因此在这里必须从逻辑的严格意义上理解科学结论这个概念。有一些研究者，他们有时满足于这种结果，而这种结果对任何一个力求做出结论的科学工作来说仅仅被看作需要进一步加工的材料。我们一开始就已经知道，如果认识论把那种可以看作纯粹材料汇集的东西与最终的科学概念的形成相提并论，那么认识论是绝不能对科学做出系统的分类的。

如果我们再一次提问：撇开与普遍的文化价值的联系，是否可能对个别化的概念形成方法做出科学的结论，那么答案一定是否定的。举一些例子就能极其容易地说明这一点。我们以前已经提到，人们对于地理学可能发生疑问：它究竟属于自然科学还是属于文化科学。当地理学在实际地进行工作的时候，它往往表现为两种概念形成方法的混合物。但是，我们能够在概念上把它的两个组成部分相互截然区别开。如果地球的表面被看作是文化发展的场所，那就是把文化价值观念转用于文化的形成所必需的而且在文化形成过程中发生影响的地理条件；这样一来，地球表面由于与其相连的文化科学兴趣、并由于其个别性而变成为本质的。因此，在这种情况下，地球学的个别化概念形成是受普遍的文化价值指导的，至少像历史的生物学那样地符合于我们的图式。此外，在那种不是被称为地理学的、而是被称为地质学的普遍理论的形成中，同一个对象也能成为重要的。在这里占首要地位的是普遍化的概念形成，河流、海洋、山脉等等（它们由于其特性和个别性对于文化的历史来说是本质的）的个别形成，只是被看作类的事例。可是，在以上两种概念形成之外，在地球学中

第一部分　文化科学和自然科学

还有对某些与文化没有任何联系的部分所作的个别化叙述,而这种叙述似乎是不能纳入我们的图式之内的。

但是,只要这些叙述或者缺乏与就广义而言的历史的任何联系,或者缺乏与普遍化理论的任何联系,那就只能把它们看作是材料的汇集;而材料之所以要汇集起来,那是因为对事实的确定有朝一日可能在历史方面或自然科学方面变成重要的。在这种情况下,汇集材料的愿望使有关的对象变成"重要的",使它与价值发生联系,通过这种联系,个别性就变成本质的。但是,我们不打算把这样的叙述纳入科学的分类之中,因为这种分类是由科学的课题和目的所决定的。因此,这样的叙述并不能使人对我们的方法论的基本原理发生怀疑,因为这些原理仅仅涉及研究的结论。

这一点适用于一切这样的叙述,这些叙述把对象加以个别化,尽管在这种叙述中它们的对象与文化价值似乎完全没有联系。这样的叙述之所以存在,是由于这样一种情况:所叙述的对象由于某些原因是特别令人惊奇的,并且像一切令人惊奇的事物一样通过这种惊奇而引起一切人的兴趣。这样一来就产生了价值联系。由此可以理解,从对象的个别性方面去认识对象这样一种需要,使这种需要本身成为有意义的,尽管这个对象对于文化价值没有任何意义。但是,这种需要本身还不是一门独立的科学;而且,只要这样的纯粹事实的知识缺乏与自然科学理论的任何联系,那就根本不能把它算作是科学。

例如月亮就属于这样的对象,这些对象的个别性使我们感兴趣,尽管它不具有文化的意义,因此,在科学的逻辑分类中,只需要谨慎一些就可以把这样的叙述作为例子加以引用。在某些方面,可以把月亮看作用以形成关于天体的普遍理论的材料,因为不仅这个行星有月亮,而且其他行星也有月亮。但是,事实上,也常常从月亮的个别性方面来叙述月亮,而且是在不存在文化科学观点的情况下叙述的。人们之所以作这样的叙述,或者是由于对我们"美好月亮"发生兴趣,这种兴趣以及从其中形成的价值联系也是非科学的;或者是由于在详细的月面图中,也如在某些地理学叙述中一样,只有一些期待着进一步从概念上加工的科学材料,而且仅仅对这种加工的期待本身使月亮的个别性变成为重要的。这样的叙述是不能列入我们所划分的两类科学的任何一类的,关于这一点的原因我们早已知道了。

　　这个例子肯定足以说明这里所涉及的原则。下面这种说法基本上是一个不言而喻的道理:如果对象的个别性不是重要的或者有趣的,因而与价值没有任何联系,那么人们是不会考虑这种个别性的。只有当个别化的叙述受普遍价值或文化价值指导的时候,这种个别化叙述才能被称为科学的。在缺乏这种普遍价值的情况下,对象只有作为类的事例才具有科学意义。最后,价值联系可能通过对其后科学加工的期待产生出来,从而形成一种个别化的叙述。但是,在与普遍的文化价值缺乏任何联系情况下,这种个别化叙述只能被看作材料的汇集。但纯粹的事实确证本身这不是科学。

　　如果人们认为这个科学概念太狭窄了,那么人们应该想到,没有一个不考虑纯粹的准备工作和材料汇集的概念,系统地进行分类的认识论便是根本不可能的。科学生活本身的确就是历史生活;并且,按照我们的理论,只要考虑到科学生活的全部多样性,科学生活就不能完全纳入任何普遍概念系统之中。例如,许多人对于北极的情况有着十分浓厚的兴趣。这种兴趣是否是科学的呢?就大多数人来说,肯定不是。北极的个别情况是否只有作为形成普遍理论的材料才会受到科学家们的注意呢?逻辑学不能研究这样的问题,因而这样的例子也不能被利用来作为逻辑论据。这些例子不具有普遍的、典型的意义,这种意义使对它们的研究在方法论上是富有成效的。那种打算形成一个体系的科学理论,只能希望对科学的主要的和基本的形式做出分类。

　　但是,即使有人反对把那些没有被证明是以普遍价值观点作为指导原则的个别化叙述仅仅看作预备的工作,这个例外情况也不能证明有任何情况是反对下面这个论题的。这个论题一开始就说明,它所画的作为确定方向的那些线条,像地理学家为了确定方向在我们的地球上设想画出的线条一样,是不能准确地符合于现实的。但是，这些线条并没有因此而完全失去其价值。特别是，这些或另一些个别的例外情况丝毫也没有改变下面这个事实，即普遍化的自然科学和个别化的文化科学这两个概念，比通常流行的自然科学和精神科学的对立，无论在逻辑方面或者在事实方面都比较深刻得多地说明了经验科学工作的两种基本倾向。自从"精神"失去了它的精确意义之后，自然科学和精神科学的对立已变得完全没有意义。在这篇不能对问题的细节深入地进行逻辑论述的著作里，也只能谈到这里为止了。

十四　文化历史的客观性

这样一来,在所提到的许多反对意见中,现在只剩下一种反对意见了。这种反对意见涉及历史对文化的"客观"叙述这个概念,并最后引向一个在以前故意向后拖延的问题。现在,我必须谈谈这个问题,因为许多人认为关于这个问题的回答对确定自然科学和文化科学的关系十分重要。而且,阐述这个问题对于进一步论证文化科学这个术语也是人所愿望的。

如果价值是一种指导历史材料的选择、从而指导一切历史概念的形成的东西,那么人们可能而且必定会问:在历史科学中是否永远把主观随意性排除了呢?诚然,只要专门研究立足于它的作为指导原则的价值事实上已获得普遍承认这个基础之上,而且牢牢地保持与理论价值的联系,那么专门研究的客观性是不会受到主观随意性的影响的。但是,这里有一个不容忽视的事实,即这是一种特殊的客观性,看起来特别不能把它和普遍化自然科学的客观性相提并论。一种与价值相联系的叙述始终只是对一定范围的人有效,这些人即使不是直接对作为指导原则的价值进行评价,也是把它作为价值来讲解,从而承认这种价值所涉及的不只是纯粹个人的评价。对于相当多的人来说,在这一点上是能取得一致意见的。在欧洲,人们在阅读历史科学的著作时,肯定把宗教、教会、法律、国家、科学、语言、文学、艺术和经济组织等等所固有的上述文化价值理解为价值,因而不是把它看作主观随意性的,只要这种价值指导了本质成分的选择,从而限制历史只是叙述那些对这些价值来说是重要的或者有意义的事

第一部分　文化科学和自然科学

物。但是,如果一种与价值相联系的叙述的客观性始终只是对或大或小范围的文化人来说才存在,那么这种客观性就是历史地局限的客观性。尽管这一点从专门科学的观点年来可能没有什么意义,但是,从普遍的哲学观点和自然科学立场看来,人们很可能认为这是一种科学上的缺点。如果人们只限于从原则方面声称文化价值在事实上获得普遍承认,而不以任何方式询问文化价值的有效性,那么人们一定会认为下面这种情况是可能的(作为历史学家则认为或许是可能的):历史科学的基础将来又会消失,就像它的形成那样。这样一来,就使那种区别本质成分和非本质成分的历史叙述具有一种性质,这种性质使人们觉得把叙述称为"真理"似乎是值得怀疑的。科学真理必须与那些在理论上有效的事物保持一定的关系(纵然这一点并没有被意识到),也就是说,必须与那些事物或多或少相近似。没有这个前提,谈论真理就不再有任何意义。现在,如果人们在原则上不考虑那种指导历史叙述的文化价值的有效性,那么在历史中只能把纯粹的事实看作是真实的。反之,一切历史概念都是对一定时间有效,这就是说,它们不是作为一般的真理发生效力,因为它们与那些绝对地或者在任何时间内才有效的事物没有任何确定的关系。

　　当然,甚至某一代研究者形成的普遍化的自然科学概念,也要被后一代研究者加以修改或者完全抛弃,而后面这一代研究者也必须容忍别人用新的概念来代替他们的概念。因此,历史一定要被一再地重新撰写,但这一点并没有否定历史的科学性,因为历史学和一切科学一道分享着这种命运。但是,关于自然规律,我们认为它们是绝对有效的,即使我们对它们毫无所知。因此,我们可以假定:自然科学的各种概念或多或少地接近于绝对有效的真理,而历史叙述则与绝对真理没有任何关系,只要它的概念形成的指导原则只不过是实际地评价的价值,这种价值就像大海上的波浪一样变化无常。撇开纯粹的事实,那么有许多不同的文化领域,应有许多不同的历史真理,而且其中任何一个真理,在其涉及对本质成分的选择时,都是同样有效或者无效的。这样一来,历史科学进步的可能性,甚至历史真理这个概念，只要它不是涉及纯粹事实，似乎都完全被否定了。因此，是否我们一定不要假定超历史的价值——这种价值至少是与实际承认的文化价值处于或近或远的关系——的有效性呢？是否因此就不能把历史的客观性和自然科学的客观性相提并论呢？

如果人们考虑到那样一种尝试，即把许多专门历史研究的成果综合为一个统一的整体，从而产生出一种就严格意义而言的、叙述整个人类的发展的普遍历史，那么这里涉及的基本问题也就变得明显了。人类历史，在纯粹从事实上承认价值的有限范围内，始终只是从特定文化领域的观点来撰写的，因而绝不是从所有的人承认他们的指导价值是价值这种意义上对所有的人有效或者被所有的人理解。因此没有任何具有经验客观性的"世界史"，因为，那样的世界史不仅必须探讨人类（只要对人类有所了解），而且必须把一切人看作是本质的东西纳入其自身之中，而这是它所做不到的。历史学家一旦采纳普遍历史的观点，他就不再具有任何经验地普遍的和事实上被普遍承认的文化价值了。因此，只有在作为指导原则的价值的基础上才能撰写普遍的历史，因为这些价值所要求的有效性在原则上超出了纯粹事实上的承认。这并不是说，普遍历史学家需要一个在内容方面精确地规定的价值系统，这个价值系统的有效性是他自己所能创立的。但是，他必须假定，某些价值是绝对有效的，因而作为他的与价值相联系的叙述的基础的那种价值并不是与绝对有效的价值没有任何联系；因为只有在那种情况下他才能希望别人承认他当作本质成分纳入自己叙述之内的事物对那种绝对有效的价值来说也是有意义的。

最后，还有另外一点也是与文化价值的有效性问题紧密相联系的。我已经指出，文化科学没有统一性和系统的结构，反之，自然科学，特别是力学，只要是研究物体的科学，却有一个坚固的基础。我们同样也看出，心理学不能作为文化科学的基础。那么是否此外就没有任何也许能够代替心理学的东西呢？

在某些方面，我们必须对这个问题作否定的回答，因为只有对那些采用普遍化的或自然科学的方法,并且它的整个领域都包括在由许多相互关联的概念所组成的系统之内的科学来说,才可能有像力学那样的作为基础的学科。在最普遍的科学——像物体科学中的力学那样——以上述方式在内容方面对于各个不同领域的概念形成都具有意义的情况下,这种最普遍的科学也就是"作为基础的"科学。但是,历史生活正是不能被纳入一个体系之中,因此,对于文化科学来说,只要它采取历史方法就不可能设想有一种像力学那样的作为基础的科学。尽管如此,我相信文化科学并不是由于这个缘故,就完全不可能在时间的过程中逐渐结合成为一个统一的整体;相反地,文化概念规定了文化科学的对象,而且,只要文化科学采用历史方法,文化概念就给文化科学提供了概念形成的指导原则,从而最后也给与文化科学以统一的联系。但是,不言而喻,这一点首先要求我们要有一个文化概念,它不仅在其形式方面是事实上被普遍承认的价值的总和,而且就内容而言也是这些价值的系统联系。但是,这里也并不是说这样的文化价值系统能够在经验上得到普遍承认。这样一来,我们又重新碰到文化价值的有效性问题;不管对这些文化价值的事实上的评价如何,这种有效性是这些文化价值所应有的。

因此,历史的客观性的问题,普遍历史的概念以及经验文化科学的系统的概念,把我们引到实际评价的经验所与物之外。事实上,我们必须以之作为先决条件的,如果不是对那种作为价值发生效力的存在物肯定地已经达到的认识,那就是客观价值的有效性和我们至少能够逐渐向这种认识接近的可能性。文化科学中的重大进步,就其客观性、普遍性和系统联系而言,是依据于在形成一种客观的、系统地排列的文化概念方面所获得的进步,也就是依据于向作为有效价值体系的基础的那种价值意识的接近。简言之,文化科学的统一性和客观性是受我们的文化概念的统一性和客观性决定的,而后者又是受我们所评价的价值的统一性和客观性决定的。

我完全明白,由于我做出这个结论,我就几乎不能期望会获得普遍的赞同。的确,如果这确实是结论,那么人们就会认为,文化科学为获得一个完整的知识体系而进行的工作的可疑性质正是通过这个结论而十分清楚地显现出来。因为,尽管对于价值问题的意义的理解日益加深,可是现在还几乎普遍地流行着这样一种信念:关于超出主观的价值有效性的论断是与科学性不相容的,因为这种价值的有效性不能客观地建立起来。由于这个缘故,必须再一次着重指出,专门历史研究的客观性,丝毫也没有受到那种为本质成分的选择提供指导观点的文化价值的威胁,因为历史学家能够依据于对价值的普遍承认,就像依据于事实一样,并且通过这种方法而达到经验科学一般说来可能达到的最大限度的经验客观性。但是,如果超出专门研究的范围之外,那么事实上就会产生许多困难。人们就会询问:如果文化科学的整体性按其结构和联系而言是依赖于文化价值的体系,那么这是否意味着它们是立足于个人的愿望和意见的合成物之上呢?

我不能希望给这些疑虑提供一个简明扼要的、在各方面都令人满意的回答,因为在科学同价值的有效性和系统性的关系中包含有一个困难的问题[1],这个问题远远超出经验科学的分类问题。可是,我想说明,如果要求文化科学具有一种不仅是就纯粹经验意义而言的"客观性",那就需要有一个怎样的必不可少的前提。我们的文化财富或多或少实现的那种绝对普遍有效的价值,必须与普遍化科学所探求的绝对普遍有效的自然规律相一致。这样一来,至少可以弄清楚我们面临的二者择一。

谁希望研究就最高意义而言的文化科学以便论证对本质成分的选择是绝对有效的,谁就有必要思考一下自己的作为指导原则的文化价值,并把它建立起来。用没有根据的价值假定进行的工作事实上是与科学相矛盾的。最后,从普遍历史的观点来看,是没有任何一种没有历史哲学的历史科学的;因为,从这种观点看来,一切历史研究都必须被包括到一个统一的、由一切文化发展的全部历史所组成的整体之中。[2]

反之,如果人们在科学思维中不考虑任何价值的有效性,并认为

第一部分　文化科学和自然科学

文化世界不具有比其他事件更多的意义,那么,从哲学观点以及从自然科学观点看来,我们就会认为人类发展上那几千年还不大了解的历史(这段历史在相对稳定的人性中,只有比较微弱的变化),正如大路上的石子或稻田里的谷穗的差别一样,都是非本质的。我们之所以认为世界不是这样的,只是因为我们局限于对有限的文化范围作短暂的评价,因此根本没有一种超出一定文化范围进行专门研究的历史科学。我们至少可以明白这样的二者择一。

但是,我还想再进一步。当我在这里谈到二者择一时,并不是认为仿佛科学家可能把第二种与价值无关的观点作为纯粹自然科学的观点接受下来,同时把这种观点扩大为一种可以实行的自然科学"世界观",这种世界观借助于较少的前提而以适当的方式与文化科学的观点区别开,因为这种世界观不需要假定任何价值标准的有效性。的确,自然主义相信这一点是可能的,但是这不外是一种自我欺骗。从自然科学的观点看来,一切现实以及全部文化都被看作是自然;在这样一种观察的范围内,停止对任何价值观点的思考不仅是可能的,而且是必须的。但是,是否可以把这种观点看作是唯一合理的哲学观点,以致从这种观点看来,任何历史概念的形成都表现为主观随意的呢?毋宁说,不考虑任何价值的有效性,这在自然科学的范围内是否意味着正是对自然科学专门研究的一种原则的限制呢?因此,在哲学中用一种普遍的观察来加以补充,这是否是一种必然的要求呢?

我相信,有一部分历史,对于它来说,甚至自然科学也必须承认我们所提出的关于概念形成的逻辑原则是科学的,并且同意这里所涉及的问题根本不仅仅是对随意抓到的事实进行随意的安排,而这些事实只有对那些局限于历史的文化范围内进行评价的人们来说才是有效的。这一部分历史正就是自然科学本身的历史。甚至自然科学也确乎是历史的文化产物。自然科学作为专门科学来说可能忽视了这一点。但是,如果自然科学看一看自身,而不是只看自然对象,那么它是否能够否认它是上述意义的历史发展的产物呢?对于这种历史发展,必须在其一次性的和个别的过程中,从一种具有客观效力

166 的价值标准的观点加以考察,也就是说,从科学真理的理论价值的观点加以考察。为了把许多事件中的那些对自然科学的历史来说是本质的成分和非本质的成分区别开,我们必须把这些事件和科学真理的理论价值联系起来。但是,如果自然科学承认这种意义的历史发展是文化发展的一个部分,那它怎么能认为其他部分的历史不是科学呢?是否人类只有在自然科学的领域内才能把有效价值附着于其上的事物变成文化财富呢?自然科学不考虑一切价值的有效性,它就缺少一种解决这个问题的观点;因此我们在为对事物作历史的理解以及为历史学的权利而进行斗争的过程中,不必害怕自然科学。毋宁说,历史文化科学的观点绝对地高出于自然科学的观点,因为前一种观点要广泛得多。不仅自然科学是文化人的历史产物,甚至"自然"本身从逻辑的或者形式的意义而言也不外是理论的文化财富,是一种借助于人的智慧而对现实所作的有效的、即客观的有价值的理解。自然科学恰恰始终必然以附着于其上的价值的绝对有效性为前提。

诚然,还有另一种"观点",人们也许可能把它称为"哲学的"观点,并认为这种观点不以任何事物为前提。尼采曾经编造一个小小的寓言,它说明"人的智慧在自然界之中表现得多么可怜,多么阴暗和多么短暂,多么漫无目的和任意随便"。可是,这个寓言接着又说:

167 "在这充满着无数闪闪发光的太阳系的宇宙中的某个遥远的角落里,曾经有一颗星,在它上面的一些聪明的动物发明了认识。这是宇宙史上的一个最狂妄和最好说谎的片刻,但这仅仅是一个片刻。在自然界呼吸了几口之后,这颗星便冷却了,而那聪明的动物也必定要死去。"这样一来,可能有人认为,我们幸而像科学家那样避免承认任何价值的有效性。

如果人们愿意,也可以说这种观点的确是连贯的,但是它的连贯性破坏了任何科学的客观性,因而也在同等程度上破坏了文化科学和自然科学的客观性。同时,由于这种"观点"只是自然科学和文化科学的长期发展之后才获得的,因此它本身也不外是宇宙史的那个

第一部分　文化科学和自然科学

"最好说谎的片刻"的一部分。这样一来,它的"连贯性"同时也是一切非连贯性之中的最大的非连贯性,或者是科学家的那种想跳过自己影子的、没有意义的尝试。恰恰是科学家必须把理论价值的有效性假定为绝对的,如果他不想停止成为科学家的话。

由于历史学为了把有意义事物和无意义事物截然分开而需要与文化价值建立联系,于是就使历史学失去了作为一门科学的性质;——这种看法看起来不外是一种空洞的和消极的独断主义。倒不如说,任何一个从事科学的人都暗暗地以他本人产生于其中的文化生活的那种超越于个人的意义为前提。如果想把文化发展的个别系列,如像智力发展中被我们称为自然科学的那一部分,和整个文化发展分开,并仅仅赋予个别系列以一种就理论价值而言的客观意义,那便是极大的主观随意性。因此,不能把对一个广泛的客观文化价值系统的思考说成是没有意义的课题。

当然,没有任何一种哲学能够从纯粹概念中构造出那样系统。相反地,哲学为了自己的内容上的规定性而需要与历史的文化科学本身发生最密切的接触。哲学只能希望在历史的东西中接近超历史的东西。这就是说,对有效性提出要求的文化价值系统,只能在历史生活之中发现,并且是通过提出下列问题而逐渐地从历史生活之中形成起来:哪一些普遍的和形式的价值构成历史文化生活的内容上的、不断变换的多样性的基础呢?什么是我们大家企图支持和促进的那种一般文化的价值前提呢?但是,进一步深入研究哲学所从事的这种工作的本质,将大大超过我们对经验科学分类所做的尝试。因此,这里应当指出的仅仅是目的。[3]

我们在对经验科学进行分类时可以限于文化科学的经验的客观性;对这种客观性来说,只要想一想下面这一点就足够了:我们大家都相信那些客观的价值,它们的有效性构成了哲学的努力追求的前提,正如构成文化科学本身的工作的前提一样,尽管我们在科学时尚的影响下也可能做出相反的设想。因为,"没有一个超越自己的理想,人(就这个字的精神意义而言)就不能得到充分发展。"但是,这种理想由以形成的价值"被发现了,并且像天空中的星星一样逐渐地随着文化的进步而进入人的视野之中。这并不是旧的价值,也不是新的价值,它们就是这种价值。"由于任何人也不会设想黎尔这位"哲学批判主义"的作者会有一种非科学的狂妄,因此我更加乐意于引证他的这些美丽的词句。[4]是否当我们从事于科学研究的时候,为了精神上的充分发展我们必须把所需要的事物搁置一旁呢?我想任何一个有理性的人都不会向我们提出这种要求的。

注　释

〔1〕在我的著作《认识的对象》(1892年,1915年第五版)中包含有对下面阐述的信念提供认识论基础的尝试。我相信在那里已经说明对客观有效的或者"超验的"价值的假定从纯粹逻辑的原因看来是必不可少的。参考我的一本正在印刷中的著作《哲学的普遍根据》,这一著作作为《哲学体系》一书的头一部分可望不久即将出版。

〔2〕这里不能进一步论述这种哲学学科的概念和方法。这篇论文只限于经验科学的分类。对于历史的哲学论述,我必须提到我的一篇关于历史哲学的提纲性论文(《库若·费舍纪念文集》,1907年第二版)。对于批评性的反对意见,我在这里只想指出我不是仅仅从历史逻辑的观点去观察历史哲学的任务,因而不能把我列入纯粹"形式的"历史哲学的辩护者之列。恩斯特·特勒尔奇曾以一种值得感谢的方式对我的历史哲学观点进行论争(《现代历史哲学》,《神学论坛》,VI,1904年,《全集》第11卷,1913年)。最近,他又对我的著作进行了深入的和富有教益的批评(《论判断历史事物的标准》,1916年,《论历史辩证法的概念:文德尔班,李凯尔特,黑格尔》,1919年,《历史杂志》,第3类,第23卷)。就这些论述涉及我的历史哲学而言,我觉得它们是片面的。的确,我在历史逻辑中把形式观点提到首要地位,可是我并没有怀疑"历史生活的具体的特性",没有否认质料的历史哲学。相反,我试图详细地说明(《自然科学概念形成的界限》,第二版,第493—526页),历史方法的形式结构是怎样与历史文化生活的质料特性必然地联系着。对我的历史哲学的批评必定与我在那里提出的历史中心这个概念有联系。在我看来,旧含义的历史形而上学当然不可能算作科学,但是我们认为,在感性世界的经验实在和非实在的、有效的价值之外假定第三个领域,却是不可缺少的;在我的宇宙观念的基础上,特勒

第一部分 文化科学和自然科学

尔奇对质料的历史哲学合理地提出的一切要求都能得到满足。正如特勒尔奇自己也知道，目前许多人认为存在着一个超验的世界，而且我们需要形而上学；不过这种信念是不够的。只有当我们做到严密地在概念上给形而上学领域下一个定义，我们才能促进科学。历史形而上学需要一种有时间性的、真实的存在。是否能把超验的世界理解为有时间性的呢？为了超出感性世界，除了那条穿过价值的没有时间性的有效性的道路之外，是否还有别的道路呢？没有一种价值哲学，形而上学的目的是否能够达到呢？难道不正是没有考虑到文化生活的价值，我们才能陷于"形式"之中吗？

〔3〕对于这一点更加详细的论述，参看我的论文《关于哲学概念》(1910年)和《关于价值系统》(1913年,《逻各斯国际文化哲学杂志》第Ⅰ卷和Ⅳ卷)。其次可参看我的著作《生活哲学——对我们时代的哲学潮流的论述和批评》,1920年,以及已经提到的我的那本正在印刷的著作《哲学体系》的头一部分。

〔4〕《弗里德里希·尼采》,弗罗曼的《古典哲学家》第6卷,1897年;1901年,第三版,第170页。

第二部分

自然哲学和历史哲学

引 言*

> 我仍然确信,当我在应当是怎样的事物中寻找实际是怎样的事物的根基时,我就站在正确的道路上。
>
> ——洛茨（R.H.Rotze）

从哲学观点看,我们现在转向的问题可能被看成是最重要的问题。我们在前面仅仅表明,如果历史学要对人们文化生活的一次性发展做出叙述,那它就必须是按照上述方法进行的。我们也能表明,如果历史学应当具有自然科学那样的客观性,或者应当成为像自然科学那样的科学,那它就必须满足哪些条件。可是,我们还没有确定这些条件是否已得到满足,因此不能止步于此。如果历史学不具有科学的客观性,那么自然科学概念形成的上述界限就意味着下述这一点会成为问题:这不仅指自然科学的界限,而且就整个科学的界限而言也是如此。于是我们现在重新被引向本书导论中提到的下面这个问题:在什么样的"世界观"的范围内,历史科学才具有一种在逻辑上无可争辩的意义？如果哲学像自然主义那样满足于把现实世界看作一个永恒的、无视一切特殊性和个别性的循环过程,从而赋予历史之物以一个次要的地位,或者是否没有一个从整体上观察现实之物的观点,按照这个观点,历史被看作一个发展过程,我们可以赋予这个过程以一种处于整个自然之外的"意义"。这样一来,是否现实过

---

* 以下译自李凯尔特《自然科学概念形成的界限》（1921年第三版）第五章"自然哲学和历史哲学"。引言部分原无标题,"引言"二字为译者所加。——译者注

程中的特殊个别之物在其特殊性和个别性方面通过与这种意义相联系而获得一种重要性,而且历史思想也因而获得一种与自然科学的理论根据同样重要的理论根据?只有通过对这个问题做出回答,才能解决历史叙述的科学客观性问题。

不过,我们在下面论述中也没有离开我们上面论述的范围,而是停留在科学理论的界限内。我们所要解决的任务仅仅要求这样一点:这就是我们不再局限于确认那些实际存在的认识目的,并把概念看作用以达到这些目的的手段,而是进一步询问自然科学概念和历史学概念具有哪些不以人的意志所设定的目的为转移的意义,并在此限度内进而讨论各种各样的认识形式所具有的科学客观性。

一 自然科学的历史哲学

由于这一点主要依赖于对历史叙述的客观性与自然科学的客观性的关系所做的判断,因此我们首先考察从自然科学观点出发对于历史概念形成的科学性能够说些什么。自然主义者从一开始就倾向于否认历史方法具有科学的客观性。既然如此,他就必然认为历史学是从特殊和个别的观点去叙述现实之物。而它的概念形成原则是一种价值观点。这样一来,历史学家必然始终持一些动摇不定的个人见解,因为什么是历史科学这个问题取决于他认为什么东西具有价值,上述意义的"目的论的"或与价值相联系的发展系列始终是人随意做出的结果。与此相反,自然科学却是朝着无目的的、有效的规律推进,历史学始终被禁锢于人的规章制度之内。自然科学通过使自然科学家用他的短暂精神在自然规律中把握永恒之物,从而使自然科学家超越他自身。由此得出的结论或者是只有一门科学,即自然科学,从而历史学根本不配称为科学,或者是只有当赋予历史学以自然科学的或者至少是与价值无关的基础时,才可能使历史学变成一门科学。

我们暂时不考虑头一个结论。我们只想研究自然科学是否有能力改变历史科学的状态,历史科学不符合自然科学关于科学客观性的理想。如果不能通过把科学方法移植到历史学本身之中而做到这一点,那也许有一种自然主义的历史哲学,它至少使历史概念形成的指导原则获得自然科学的有效性,并在此基础上使历史学上升为客观的科学。这样一种尝试可以采取两种不同的方法。首先,可以询问是否我们可以不必把价值看作历史概念形成的指导原则,并用一种与价值无关的历史哲学取而代之;其次,如果这种办法被证明是行不通,那么人们是否可能从自然概念本身中获得一种价值,它以客观的方式规定什么是文化,或者,它作为"自然价值"使历史概念形成的客观性不再受到干扰。

当研究进程把我们引向据说构成各种个别发展系列的叙述的基础的那个普遍发展规律概念时,我们已经涉及是否可能有一种在各个方面都与价值无关的历史哲学这个问题。我们在这里发现了那些企图使历史学与自然科学相互更加靠拢的尝试可能具有的唯一一种在逻辑上可理解的意义。[1]此时,我们必然会由此询问在哪一些前提之下才能发现那样的发展规律,以及看出一旦发现这样的规律,历史科学的客观性意味着什么。

历史学家应当对各种不同的历史发展系列进行相互比较,把它们的共同之点作为本质之物突出起来,然后利用这些结果去划分历史材料,这样一个要求在许多人看来是有道理的。可是,如果在进行这种比较时不借助于以前已经确定的文化价值——在这里这是一切论断所依据的前提——那就会在进行这种比较时碰到许多巨大困难。历史学必须对哪一些历史发展系列进行相互比较呢?从一种与价值无关的自然科学观点看来,这个问题是无法回答的。譬如说,是否我们在这里需要考察人类的每一个社团,追溯它在一段时期内的形成过程?历史学家绝不会赞同这种看法。就"历史的"这个词的上述那种狭窄的或者实质的意义而言,并非所有的社团都是"历史的"。

毋宁说,在比较性的历史研究中十分自然而然地出现这样的想法,即通过对各种不同的民族进行比较以发现所寻找的发展规律。可是,"民族"是什么呢?如果不借助于文化价值,人们能否说明一个民族的发展始于何时和终于何时,也就是说,这种纯粹自然科学的、与价值无关的考察是否拥有一种手段,可以用它把民族的发展作为总体中的一些自我封闭的统一体加以清楚的理解,并把它们相互区分开来?

第二部分　自然哲学和历史哲学

　　即使我们假定可能做到这一点,那也会出现一个新问题。历史学是否能够把所有民族在其发展中所共同的东西、而且仅仅把这些东西看作对所有民族的叙述奠定基础的那条普遍发展规律?历史学还必须在这些民族中间做些选择,为此它又需要有一个指导原则。诚然,在自然科学的历史学家看来,如果他们只考察那些具有文化的民族,那么这种需要完全是"不言而喻的",因为他们总是接受文化价值的指导,即使他们没有意识到这一点。可是,从与价值无关的自然科学观点看来,究竟什么是具有文化的民族这一点却绝不是不言而喻的。一个寻找普遍发展规律的历史学家,也如其他任何一个历史学家一样,将会碰到文化究竟是什么这个问题;如果他不具有价值观点,他就不能回答这个问题。因此,甚至那种进行比较以寻找规律的历史学从原则上说也需要所有这一切前提;由于这个缘故,自然主义者否认我们所理解的那种用"目的论的"或者与价值相系的方法阐述的历史学具有科学性。

　　可是,文化价值也许只能被使用于对方向做暂时的测定,一旦发现了规律,就不必依赖文化价值了。我们假定这种看法是正确的,可是,即使文化发展规律实际上已被发现,我们也会立即碰到新的困难。我们不能通过分析少数的发展系列去发现这种规律。在这方面,唯一合乎逻辑地可采用的手段就是对较多的发展系列进行经验的比较。可是,那些各不相同、具有某种文化、我们对其发展从"始"至"终"都有所了解的民族,在数量上被证明是为数很少。任何一个自然科学家都没有理由相信,从数量如此少的民族的考察中,能对其他所有民族做出一种不只是纯粹猜测的推论,因此,一种"完全的归纳",即对每一个个别事件都进行考察,便是这里的一个不可推脱的要求。而且,甚至以这种方式也不能像自然科学发现规律那样发现真正的规律,至多只能发现一个在经验上普遍的模式。然而,难道这不是预先假定,在我们提出普遍的发展模式之前我们已经了解所有具有文化的民族的历史,在开始进行这种意义上的"客观的"历史科学工作之前已经写出全部历史吗?

只有考察了很大数量的个别事件,人们才能把从其中发现的那一部分经验规律,作为指导观点应用于研究那些尚未了解的部分。在叙述一些数量较少的、相互可以比较的文化民族时,人们不能得出比很大可靠的猜测更多的东西。这些猜测易于导致这样的结果,即历史学家是怀着一些没有经过论证的先入之见去研究他的对象,这些先入之见恰恰不适合于赋予历史叙述以我们所期望的那种"客观性"。诚然,人们提出过这样的规律,例如,每个民族的发展都相继经历了史前时期、古代、中世纪前期和后期、近代和现代这样一条规律,于是人们可能断言这样的规律是有效的,并把这个模式做普遍的应用。可是,这个模式不外表示在先的事件发生在较后的事件之前,因此我们不能在其中发现重要的科学洞见。对于由此得出的另一种模式,即每一个民族首先经历青年时期,然后经历成年时期,最后经历老年时期,情况也不会较好一些。从这一类论述所包含的全部正确见解中得出的结论如此微不足道或者如此不言而喻,以致不需要加以明确阐释。问题首先产生于当人们开始询问在什么意义上可以谈论整个民族的"青年"或"老年"时(生活于这个民族中的始终有老年人和青年人),当把一些对个别个体有效的概念转用于众多民族的发展时,这些概念是否仍然保持其科学意义?是否存在着一些就旺盛的或枯萎的机体那种意义而言的青年的或老年的文化?不能把这一点看成是不言而喻的。它也许只有图像的价值。[2]

　　不过,由于从逻辑上说并非不可能提出一条普遍的文化发展规律,进而试图确定人们在按照这条规律进行历史叙述时可能在细节方面进展多远,因此我们不能在此止步不前。我们假定人们已经发现一条发展规律,对于各个民族的文化发展而言,它的有效性已得到确认,这样一来,是否这条规律已经使作为历史概念形成的指导原则的文化价值成为多余的呢?由于普遍规律可能提出的东西绝不能超出关于特殊个别之物的发展的历史叙述进行于其中的那个框架,又由于这个框架必然为特殊的历史发展所特有、而且仅仅为它所特有的东西所充实,因此只有当这条发展规律从原则上说能够作为选择

第二部分　自然哲学和历史哲学

原则被使用于叙述纯粹个别的历史材料时,它才能取代历史学中被用作指导原则的价值观点。可是,我们已经看出,规律性的本质也如自然科学的普遍性的本质一样,一般说来恰恰在于它完全漠视其对象的特殊性和个别性,它们只是规律性的事例,因此无法解释一条普遍的发展规律如何能被使用于把个别的事实材料中的本质之物与非本质之物区别开。历史学因关注个别的事实材料而超越于一切民族发展的普遍之物之外,因此,规律绝不能成为在从其个别性方面叙述一次性的历史发展系列时所使用的那种指导原则,此时所使用的始终是价值,因为只有当考虑到价值时,个别之物才可能变成本质之物。

可是,有人说这种看法是不正确的,因为事实上有一些历史叙述试图把发展规律当作指导观点,而且,即使这些历史叙述在内容方面有错误,它们至少在形式方面表现出所期望的逻辑结构,因此难道它们没有凭借其单纯的存在就已经成为我们的主张的反例? 可以轻而易举地表明为什么情况并非如此。因为,如果某个地方呈现出一种假象,仿佛有一条普遍的发展规律成为在叙述一次性的、个别的发展时用以选择历史中本质之物的原则,那么所谓的自然规律的内容就始终被看作这种发展实际上应当实现的东西,这样一来,当然就会使用我们已经知道的那一切与价值相联系的历史概念形成原则。不过,这种"规律"根本不是任何自然规律,而是价值原则的图式。因此,从纯粹自然科学的那种要回避与价值的任何联系的观点出发,那样一种做法是被禁止的。

较好的办法是用一个事例更加详细地说明这一点。我们在前面曾把孔德(Comte)的社会动力论(die soziale Dynamik)展示为自然科学的历史哲学的典型,因为在这种理论中他明确地试图使历史学不害怕成为一门以发现人类发展的自然规律为目的的自然科学。我们现在可以指出,尽管在孔德关于那三个时期的"规律"中就其"意图"而言呈现出一条自然规律,然而事实上在关于什么事件必定会发生的规律与关于什么事件应当发生的进步原则(Fortschrittsprinzip)之间的那种含糊不清的模棱两可状态,却在这条规律中得到它的典型表现。只是由于这种模棱两可状态的存在才可能产生这样一种假象,即仿佛这里提出了一种就形式而言是自然科学的、普遍化的历史哲学。孔德用他的三个时期中的最后一个时期使价值作为这种发展所固有的目的而成为整个人类文化发展的基础。在他看来,在他的那个受多元技术(Polytechniken)理想支配的"世界观"的范围内,"实证"科学作为一种用以实现他的社会改革计划的手段,是具有价值的。然后,通过补充以另外两个时期,就为这个文化目的的逐步实现提供了一个普遍的模式。因此,即使孔德的"规律"符合实际情况,他试图为历史学提出的那个基础却不是自然概念,而是自然科学的文化概念,也就是说,只有作为文化财富的那种"实证"科学才能指导孔德依据以划分历史时期和挑选本质之物。所以他并没有在形式方面提出历史的自然规律,而是对它的意义做了一些阐释。

我们由此看出,孔德在他的社会学中仅仅就意图而言、而不是就实践而言才是一个自然主义者。正是由于他的历史叙述是按照"实证主义的"原则进行的,因此他的历史叙述在形式上并非根本不同于那种具有一切历史叙述的逻辑特性的历史叙述。在孔德那里,社会学也是追踪文化人群的一次性的、个别的发展,并且用那样一些概念来叙述这种发展,参照实证科学的文化价值把这些概念的个别内容连接成为一个"目的论的"或与价值相关联的统一体,同时期望所有的人都承认这种文化价值。这种历史观把它的价值观点直接用于评价历史过程,因此它不是从经验科学的那种意义上"客观地"叙述文化发展,就此而言可以把它称为"非历史的";不过,这种情况没有改变它与自然科学观念的对立。特别是在孔德那里不同历史时期之内的联系是与价值相关的,他还明确地把第二个时期推演为从第一个时期到第三个时期的一种在目的论上的自然过渡。在这个方面,实证主义的发展模式与(譬如说)费希特或者黑格尔的唯心主义历史哲学试图用一个模式来界定整个人类历史的意义的做法,属于同一个逻辑范畴。甚至可以对这种相似性一直追溯到它们的细微之处。与

第二部分　自然哲学和历史哲学

费希特相似,孔德也用一些稍有差异的词汇叙述人类从理性本能进展到理性科学、最后进展到理性艺术的发展过程。在孔德里也有一个处于中间的时期,这个时期将变成极恶时代。

在这里,显然不能忽视各种目的论的发展模式之间在内容方面的巨大差异;不过,是否实证主义恰恰在这个方面的优越地位有别于黑格尔(譬如说)所创立的历史哲学,这一点仍然是值得怀疑的。即使不考虑孔德完全不了解他的社会学的逻辑本质,而以为他是按照自然科学方法进行的(用我们的话来说,他是按照一种相对的历史方法进行的),他由于其价值模式贫乏而且浅薄,远远落后于德国哲学家们的历史哲学构想。与黑格尔相似,孔德也认为历史的计划和意义建立在他自己的价值哲学之上;可是黑格尔认识到借助于他以形而上学方式确立起来的那个"精神的"价值原则包罗了非常广阔的文化生活,孔德的理智主义的和实证主义的知识理想却如此缩小文化财富的范围,以致当人们愈加彻底地试图以此为基础来撰写历史时,就必然产生更大的片面性和独断性。只需要想一想黑格尔这一方面和孔德这另一方面对历史科学的影响,人们至少就不会怀疑这两位思想家的成果的意义。黑格尔对德国的历史科学的贡献不是三言两语所能阐明的。不过,在德·博阿—雷蒙(Du Bois-Reymond)发表他那篇著名的声称罗马之所以崩溃是由于罗马人没有发明火药的讲演之前,孔德的实证主义还没有进一步得到彻底的发展。这种把实证的自然科学技术看作整个人类文化发展的真正意义的做法的荒谬之处,只要快速一瞥就能一目了然。

不过,我们不需要进一步追溯下去。相对于主要问题而言,这个问题是次要的。主要问题在于表明孔德的社会学虽然诡称它是按照自然科学进行的,并且提出了一些"历史规律",然而其实它以一种没有经过检验的方式接受所有那样一些假定,按照这些假定,以目的论的、与价值相联系的方法叙述的历史,其科学性和客观性已受到自然科学方面的批驳。可以轻而易举地证明,这些适用于孔德的论断也适用于其他那些主张把普遍化的社会学看作历史科学的人士,这些人所谓的规律都或多或少明显地包含一些关于价值升高（Wertsteigerung）的模式，只有借助于这种价值升高才有可能对历史发展系列做出叙述。诚然，孔德也发生过重大影响，不过他在这点上主要受惠于他在逻辑上的含糊不清。[3]

最后，兰普雷希特（Lamprecht）关于文化时代的学说可以作为下述情况的一个典型事例：任何一个自称以自然科学方法进行的历史哲学必然在概念上缺乏明确性。这位历史学家在理论上反对一切目的论和理论联系，而在实践中不仅就科学上有根据的意义而言是目的论的，因为与任何一个历史学家一样，他也在理论上把一次性的历史发展系列与经验上可证实的文化价值联系起来，而且他在叙述历史材料时还远远超出对价值做一种真正历史的和逻辑上必需的应用这个范围之外。他试图以一个著名的模型为样板，把那种在他的概念形成中起指导作用的文化价值概括为一个模式，并把这个模式称为"心理强度逐渐增加原则"（das Prinzip fortschreitender psychischer Intensität）。他不仅按照思辨的历史哲学样板把全部以往的历史塞入这个模式之中，而且作为施宾格勒的众多先驱之一，他也从事于预测未来，因为他清楚地知道"历史之物必定（！）是在心理强度不断增加中移动"。因此，他的模式具有与孔德关于三个时期的"规律"相同的逻辑结构。不过，虽然我们易于理解孔德怎样做到对历史事实施加那种"意识形态"强制，我们却难于理解一个生活于兰普雷希特时代的历史学家怎么会仍然相信历史生活必定会从设想的动物主义时代出发，通过因袭主义、典型主义、象征主义、个人主义和主观主义，而走向那个尚不知晓的、"社会心理生活的强度总是不断增加"的时代。有人认为，科学中人们早已不再认为经验历史科学的任务就是在一个那样的模式内把握全部历史的"意义"。尤其是如果有人主张可以借助于这种思辨的历史编纂学超越客观性，像兰克（Ranke）力图做的那样，那这恰恰会遭到嘲笑。[4]历史哲学至多只能尝试从一些明确规定的理想出发，从概念上把历史生活的全部过程构想为一种朝着这些理想进行的努力。不过，在这里始终要认识到这种历史哲学不再

第二部分　自然哲学和历史哲学

是以历史方式、而是以哲学方式进行的。经验的历史科学不会变成历史哲学，而且至少不要以为经验的历史科学沿着这条道路将推进到一些具有更大的历史科学客观性的理想。

因此，对于那个与价值无关的、自然科学的历史哲学问题，我们可以得出如下结论：或者那种普遍的发展规律其实就是自然规律，在这种情况下，人们就可以不必把它看作在叙述一次性的发展系列时用以挑选材料的指导观点，或者所谓的发展规律其实是价值原则，在那种情况下，或者可以借助于它提出一种历史哲学构造，或者借助于它对历史事件做出一种纯然与价值相联系的、个别化的叙述。在后一种情况下，这种历史叙述就隶属于我们所陈述的那个历史科学概念。此外没有以其他方式研究历史的可能性。因此，如果根本不允许把价值应用于科学，那就必须把历史——即从其特殊性和个别性方面对一次性的发展系列所作的叙述——完全排除于科学系列之外。

因此，如果有人想从自然科学的一般观点把历史学论证为一门科学，那就只有一种可能性，即到"自然价值"中去寻找它的基础；在这点上要考察自然主义的进化论，它继最近出现的"发展史"生物学之后受到人们的钟爱。对于这种理论，依据我们在前面提出的那些概念就能轻而易举地把它解释清楚。

与此相对应出现一种广泛流传的倾向，这就是有些人把某些曾在一些狭窄领域内取得科学成就的想法，看作一条在处理一切可能的问题、首先是哲学问题方面必定能取得成就的原则，并把"达尔文主义"利用来最终赋予哲学学科以他们如此迫切地期望的自然科学基础，仿佛生物学的发展概念特别适合于解决哲学问题。于是出现了关于达尔文主义伦理学的想法，在美学领域里也有人按照达尔文原理进行研究。在所谓实用主义中出现了达尔文主义的逻辑学和认识论的萌芽，其出现时间还更早一些。我们在基德（Kidd）的书中甚至看到他试图从达尔文主义出发对宗教进行辩护和论证，这本书把宗教赞扬为各民族在生存竞争中最适合于使用的武器。既然如此，为什么不能从自然主义的进化论中构造历史哲学,并用它使"自然的"文化价值确立起来呢?

这样一些尝试中往往或多或少明显地显现出下述这种想法:达尔文的理论——首先是自然选择原则——不仅排除了古老的"二元论的"目的论,通过把机体纳入一种机械的联系之中就有可能对一切过程做出"纯粹因果的"说明,同时还确立了关于进步和完美的真正概念。在此之前,一切价值仿佛都漂浮于空中,这就是说,它们与现实没有任何必然联系。因此,为了获得生命的意义,就必须把自然拉到地面:因为自然之物被看成是恶的原则,人在自然界里仿佛是格格不入的。然而,现在我们看出自然规律本身必然导致更加美好之物,因为生存竞争中的自然选择在任何地方都使不完美之物遭到毁灭,只有完美之物才能保存下来。在自然规律起支配作用的场合下,事物总是变得越来越适应、越来越符合于目的,因此,通过自然的发展总是能够形成应有之物。可是,如果借助于自然选择原则能够为那种被看作充满价值之物提供一个更加可靠的标准,那么,就这种价值观点而言,就必定也可能对各个民族或者整个人类的历史发展做出叙述,而且要求对它们的叙述具有一种自然科学的客观性。

应当怎样看待那样一种理论呢?我们暂且假定这种理论是正确的,那就立即可以看出,通过选择取得自然进展这种看法可能完全无助于对历史做出自然主义的论证。在这里,不仅发展已经与价值有联系,而且这一过程的各个不同阶段在时间上的顺序也必然与它们的价值升高结合在一起,这就是说,对于前面所说的发展概念的第六个位置,我们有了一个典型的事例。[5] 不过,我们必须把对历史过程的这样一种看法称为"非历史的",因为它不能正确地说明各个不同的发展阶段的真正个别的意义。在这里,每个阶段毋宁仅仅被看作为下一阶段做些准备,它之所以具有价值,只是因为它将走向毁灭,以便为一个更加发展的阶段腾出地盘。因此,归根到底,一切事物至多都只具有次要的历史意义。如果真正建立起一条自然科学的进步规律,那它就会否定事物的首要的历史意义,像其他任何自然规律所

第二部分　自然哲学和历史哲学

做的那样。不仅如此,在彻底贯彻这种观点的场合下,各个发展阶段就被贬低为普遍概念系列的类事例,这些事例按照一个愈更适合的原则排列起来,它们作为上述意义的历史个体所具有的那些历史特性就会完全失去。[6]

甚至这还不是全部问题所在。这个以选择概念为依据的进步概念还有另一个使它对于历史概念形成原则毫无用处的方面。如果适应之物已经是完善之物,如果适应规律真正是一条绝对普遍的规律,那它必然在任何地方都会导致越来越充分的完善,现实的任何一个部分在时间过程中都将获得愈来愈大的价值。按照这个假说,在自然科学所能想象的一切世界中,世界在每一个瞬间、在它的每一个部分里都是最好的。可是,在这种乐观情绪不断增长的同时,却越来越不可能把那些与进行指导的价值观点比较接近的事物和其他事物区分开来,这就是说,就自然的完善性这个概念而言,任何一种现实都是同等地本质的。可是,这就等同于说没有任何事物是更加本质的。自然主义进化论自以为它能够论证的那种价值,却由此被证明是完全不适合于指导那个与价值相联系的历史概念形成过程。

不过,我们认为,从另一种观点看来,这个结论恰恰是可疑的。不可能有两种相互矛盾的价值观点。因此,如果自然规律的确是进步规律,那么,不言而喻,任何其他种类的、不具有可靠的自然科学基础的价值,都会让步于"自然价值"。既然自由价值不适合于作为历史概念形成的原则,因此就根本排除了形成普遍有效的历史概念的可能性。

可是,如果我们进一步考察人们根据什么理由谈论自然价值,那就会看出一切试图从自然主义的进化论中引出一般价值或者甚至文化价值的做法,都是与自然适应同时也就是与完善这个假定共存亡的;而这个假定从自然科学观点看来恰恰是无论如何不能与实际情况相符合的。完善是一个价值概念。可是,选择理论的自然科学意义却依据于这种理论通过把目的论原则颠倒过来而把每一种表面上的目的论发展理解为与价值无关的变化。尽管如此,这种理论是否可以把单纯的变化看作一种改善,也就是说,在这种理论看来,把自然地必然的适应同时看作价值的升高这种看法是否有意义呢?

在"适应"这个概念中当然隐含一种目的论因素,我们通常不能把这个因素与机体概念分离开来。可是,正如我们已表明的[7],这个因素与价值概念不再有任何关系。它仅仅是把因果概念颠倒过来,即从目的出发,把在先的各个阶段看作它的条件。仅仅从那种能够适应的生物的观点看来,适应过程才能被看成是完善,这些生物之所以认为它们的单纯存在具有价值,恰恰是因为这是它们的存在。可是,这恰恰是自然科学想抛弃的那种狭窄的目的论观点,以便能够对一切物体做出统一的解释,也就是要对机体做如此的理解,使得机体至少不再与一般力学的物体理论相冲突。因此,在彻底贯彻的自然科学看来,任何一种变化都是完全与价值无关的或者是没有价值的,因而它绝不会在这种具有自然必然性的适应过程中看到价值的升高。把通过自然选择获得的适应跟完善或具有价值等同起来,这立足于把获得存在与获得价值混淆起来之上,因此在自然科学看来就应否定这种做法。在自然科学看来,合目的性不外意味着获得生存的能力;如果有人认为通过自然选择可以把一切就获得其生存而言不合乎目的的生物都消灭掉,从而只保留那些合乎目的的生物,那么这种看法与那种认为一种处于选择原则之下的发展会导致越来越大的完善的看法,没有丝毫联系。自然科学为了能够谈论机体及其发展而不得不保留的那个目的概念,在任何情况下都不是价值概念。只有作为一个与价值无关的终极阶段的目的概念才在这里有其地位。

既然如此,许多人怎么会认为那些反例恰恰是不言而喻的呢?那种使我们困惑的假象立足于这样一个情况之上,即对于某些有机构成物,我们下不了决心把我们习惯于使与这些构成物的存在联系在一起的价值抛弃掉。因此,我们认为其中有一些目的是具有价值的。我们的确不仅把这种在一切自然科学研究之前就已固定下来的价值保存下来,而且还把它们纳入我们借以试图说明那些具有价值

第二部分　自然哲学和历史哲学

的对象如何形成的概念之中。这样一来,"反目的论的"选择原则就可能变成进步原则。于是有人认为这就导致那个被我们目前看作具有价值的存在物、即人类。从而好像这个选择原则本身就是价值原则。可是,一旦人们不再像自然科学必然做的那样把人看作价值附着于其上的财富,那时把选择原则看作价值原则这种看法的基础就会崩溃。人们没有从自然科学的概念中获得价值标准,而是把以前已经获得评价的人类价值移植到自然科学的概念之上。

对于作为人的我们而言,人所有的一切事物以及与人相似的事物都具有价值,这一点肯定是可以理解的。在历史中,我们也不能不考虑人所有之物的那种独特的重要性,这种重要性建立在与价值的联系之上,并且赋予人所有之物以意义。可是,如果因为一个发展系列引导至人,我们便把这个发展系列看作进步过程,那么我们就不再是从就现代意义而言的自然科学观点出发,至少不是从像达尔文主义声称的那种反目的论的观点出发进行思考。因此,对于彻底的自然科学而言,也没有任何"较高的"或者"较低的"机体,如果这意味着前者具有比后者更多的价值。较高或者较低至多只能意味具有较多或者较少的区分,而区分过程(der Differenzierungprozeß)本身同样与完善和价值升高没有什么联系,即使区分之物往往可能被看作使价值附着于其上的财富得以实现的适当手段。首先,我们对简单之物的评价往往高于对复合之物的评价;其次;区分之物只有作为具有工作效率之物,也就是作为用以达到目的的手段才具有意义,因而只有在目的的价值已被事先确定下来的场合下,区分之物才具有价值。可是,正如已经指出的那样,我们恰恰不能把我们自然科学中假设的那些目的看作价值的构成物。任何一个关于"自然的进步"或者"自然的价值"的信念,都建立在幼稚的拟人说(Anthropomorphismus)[8]之上,而从自然科学观点看来后者是没有根据的。我们不能起初把人类与其他生物置于并列地位,然后立即又从其中把人类提升为"最高的"生物。这是一种不能容忍的矛盾。

486

在人们得知达尔文学说是"历史哲学"之前,R.E. 冯·贝尔(von

Baer)[9]已经通过把发展史看作是从飞鸟的观点写出而对这种学说的拟人说作了十分巧妙的嘲笑。这种居于空中的生物居然发现人是很不完善的;在这种生物看来,蝙蝠在哺乳动物中处于最高的地位,它批驳了下述这种看法:那种在诞生之后如此长久地不能自己寻找食物、不能自由地飞离地面的生物,竟比那种飞翔于空中的生物具有更加复杂的组织。那些自以为远远超出贝尔的目的论的达尔文主义者没有觉察到,当他们赞扬从原生动物到人类的"进步"、并把选择原则看作价值原则时,他们是如何从拟人说的目的论观点进行思考的。在所有场合下,进步不仅是一个目的论概念,而且是一个目的论的价值概念。只要我们处于自然科学的范围内,我们就只能想到生成、变化以及与价值无关的发展这些概念。在这种情况下,人们思考的是一种有条件的目的论联系。任何像进步这样的与价值观点相联系的发展概念都在这里没有任何地位,因此生物学作为自然科学而言绝不能产生下面这种历史哲学,这种历史哲学的所谓自然价值能够给个别化的历史概念形成提供一种指导观点。[10]

为了完备起见,同样还要强调指出这种看法也适用于以心理学理论形态出现的自然主义。有人试图利用心理学概念把文化生活与纯粹自然区分开来;不言而喻,对于那样的文化心理学从原则上说是无可指责的。就方法论观点而言,它属于普遍化的文化科学,我们已经阐述了这种文化科学的逻辑结构。可是,在那里还不能看出,如果不事先以某个关于文化的价值概念为前提,人们如何可能把自然和文化严格区分开来呢?如果人们这样做,他们肯定能够确定文化民族的心理生活与自然民族的心理生活之间有哪些区别,例如可以表明,用冯特(Wundt)的心理学术语来说,在自然民族那里,"联想的"(associative)心理过程居于主导地位,而文化民族的心理生活则更多地由"统觉的"(apperceptive)过程所组成。可是,不论这样一种理论可能多么有价值,像菲尔坎特(Vierkandt)在他关于自然民族和文化民族的著作[11]中所做的那样,人们仍然绝不能说文化民族的心理生活由于它的那种统觉性质而具有历史意义。菲尔坎特的这部著作以

第二部分　自然哲学和历史哲学

广泛丰富的事实材料为依据,其中包含许多很有价值的论述。在所有以冯特的心理学概念写出的著作中,这部著作似乎对文化心理学做出了最突出的贡献。如果菲尔坎特通过对自然科学的或普遍心理学的观点与历史的或个别化的观察方法之间的区别进行透彻的考察,他就能做出更加清楚得多的说明。

心理学的区别具有一种与纯粹心理学不同的价值这样一种幻觉,依据于下述看法:如果一个心理过程可能变成用以达到一个具有价值的目的的手段,这个目的所具有的价值就转移到这个心理过程之上。只有当文化人的心理生活表现出一些为自然人所缺乏的特征时,文化人才能从事文化价值的实现,或者甚至对它做出评论。这种看法可能是正确的。可是,只有通过这些特征与文化价值建立起联系,这些特征才具有历史意义。没有这种联系,它们所具有的意义就与其他任何心理过程的意义没有什么不同。因此,如果不预先假定某些价值已经确立起来,那么谈论一种"较高的"、即具有价值的心理生活,也如在具有较多价值的意义上把某种物体—组织称为"较高的"那样,是没有多大意义的。任何人看到这一点,他就会同时发现为何在澄清价值问题方面不能对心理学期望过高的理由。有人可能以为借助于心理学概念有助于解决价值问题,这种幻觉的产生仅仅是由于那些心理学概念其实并非仅仅是心理学概念,而是对价值原则作了一种隐蔽的表述。这一点极其令人信服地表现在冯特心理学的某些基本概念之中。任何人只要读过马克斯·韦伯(Max Weber)[12]的那些同等地仔细而又严密的分析,都不会对此有什么怀疑。

因此,那些想以自然科学方式为历史科学提供一个坚实基础而进行的尝试,从各个方面看来都是毫无希望的,由此也得出普遍化的社会学绝不能提出它将变成历史哲学这样的要求。普遍化的实际科学和历史学不仅从概念上说是相互排斥的,因为前者表述的是普遍之物,后者表述的是个别之物,而且也因为前者忽视一切附着于实际材料之上的价值差别,反之,后者却在把对它而言的本质之物与非本质之物区分开时不可能不考虑价值。如果把真实的对象理解为普遍概念的事例,那就会把它们看作是相互等同的。因而,对于任何一种价值而言它们都具有相同的意义。每一个事例都可以被任何其他的事例所取代。

此外,对于统一的自然观而言,"自然价值"这个概念恰恰包含有矛盾。如果价值与那些对其做出评论的经验生物有联系,那么价值始终同时涉及两种相互对立的价值;因此,如果不存在具有价值和不具有价值这样的二元论,价值就会失去其意义。可是,在与任何一种自然观相联系的"一元论"中,这种二元论是没有位置的。因此,自然科学的思考愈加彻底,自然科学就会愈加坚决地拒绝谈论那些以价值为依据而得到阐释的生命和历史的"意义"。普遍化的观点必然是与价值无关的,正如个别化的观点同样必然与价值相联系那样。与此相关的是,不应否认,我们很难把自然概念与价值概念截然分开。在许多人看来,"自然"恰是一切财富的总和,例如,当歌德谈到"自然"时,他所思考的其实肯定不是某种与价值无关的东西。然而,自然这个词恰恰是非常含糊不清,自然作为财富的总和并不是现代自然科学所理解的那种自然,像我们不得不理解的那样。就一般原则而言,歌德的自然观尤其与现代的自然科学毫无共同之处。这位伟大的诗人总是从人的角度或者毋宁说从他自己的角度去观察自然,把他自己的存在的全部价值和财富移置于自然之中。因此,他完全是以目的论的方式进行思考,而且是以一种与机械的自然观不相容的方式即价值目的论的方式进行思考的。从歌德用以理解自然的那种方式中,已经必然得出他不想对牛顿的色彩理论有所认识,而这不是什么奇思怪想,像目前许多人还相信的那样。最后,现代人在谈到"生存竞争"和"自然选择"时所涉及的那种自然给予他的印象,相似于自然体系(Système de la nature)给予他的印象,这就是说,他发现这种自然是他无法忍受的。在这方面,他对发展学说的态度不会使我们感到困惑。诚然,歌德也曾寻求统一和渐进过渡,不过他不想把人纳入自然的机械装置之中,因为,在他看来,自然根本不是什么机械装置,反之,他想把他称之为自然的整个现实提升到他个人的水平,

第二部分　自然哲学和历史哲学

因此他与现代机械论的进化论处于尖锐对立之中。他感到高兴的是在人身上也发现了门齿骨,因为只有当整个自然都与人有亲缘关系,人才能在观察自然时"如同观察友人的胸中"那样,只有到那时自然才会教导他"在安宁的灌木中、在空气和水中认识他的兄弟"。甚至石头也不会离他很远,它们不是"骚乱、强暴和荒谬"。简言之,浪漫主义的自然哲学植根于歌德的自然观中。这位伟大的艺术家没有把价值和现实相互分离开。谢林与歌德离得很近,而不是与自然科学离得很近,像我们目前理解的那样,而且必然理解的那样。因此,在这方面,向歌德的自然概念求助,那是没有用处的。现代科学必须学会十分仔细地把价值与现实区别开。

无论如何,仅仅针对现代科学所形成的那种自然概念而言,我们才断言应当把它看作与价值无关。我们还想声明,把现实理解为一个按照自然规律运行的循环过程,这是与否定那种想要确立一次性发展的意义的试图相联系的。世界作为自然而言是一个没有意义的循环过程。因此,自然科学概念形成的界限又重新出现在自然主义的历史哲学观点之中。自然概念作为一种与普遍之物相关的现实,是与历史发展概念相排斥的;不论是自然科学的历史编纂学,还是自然主义的历史哲学,都是一些用于笨拙地禁锢自己的东西。人们始终或者只能以普遍化的方式把现实看作自然,或者只能以个别化的方式把现实看作历史。反之,试图把这两者合二为一的做法,一开始就是没有意义的。接合点可能处于自然和历史这两者之外,而绝不能在这两个相互排斥的概念之中的任何一个概念之内找到。

可是,也许有人认为,这里的问题不涉及自然科学概念形成的界限,而涉及一般科学概念形成的界限。的确,自然科学家愈加清楚地认识到从他的观点出发谈论与价值相联系的历史发展是没有意义的,他就必定会愈加坚决地把任何历史叙述作为非科学的东西抛弃掉。在自然科学家看来,历史学必然受到拟人说的控制,而自文艺复兴时代开始已经有为数极其众多的证据表明拟人说是毫无用处的。中世纪的基督教也许有理由对人类历史感兴趣,因为它可以假定,从创世到末日审判之间发生的那种一次性的和最终的发展的确是就"世界"这个词的最严格意义而言的"世界"历史,与这个形成过程相联系的那些价值是绝对有效的,它已在教会的教条中得到认可。可是,用叔本华的话来说,在此之后,被看作世界中心的那个历史舞台变成许多发光的小球之中的一个小球,几十个与它相似的小球在漫无边际的太空中围绕着无数的球体滚动,这个小球上的一块泥土被造成一个有生命的、有认识能力的生物。最后我们终于抛弃下述看法:人类历史的发展与客观价值具有一种不过是随意的联系。"世界历史"的确不外是世界的一个微小的片断,它只有极其短暂的意义。

这些是否的确就是可以从自然科学的观点中得出的结论,或者,毋宁说,通过这些结论,人们抛弃了自然科学的基础,就如同抛弃那种想获得"自然价值"的企图一样?

诚然,自然科学绝不能理解客观价值,可是这个命题并不等同于那样的价值根本不具有有效性,因而历史学不是科学。如果自然科学依据以拒绝对现实做出一种与价值相联系的历史叙述的那些前提是正确的,那么对那个命题的证明恰恰不能从自然科学方面获得。关于一种方法的科学性或者非科学性的判断是一些价值判断,因此它们本身已经预先假定一个价值标准,科学的"客观性"是按照这个标准加以测定的。由此可以得出,如果自然科学把它自己的方法宣布为唯一正确的方法,那它就立即超越它的能力范围。这是一个价值判断。一个人愈加彻底地坚持那种声称是和应当是与价值无关的自然科学观点,这个人就愈更必须拒绝做任何关于某种科学方法是否有价值的判断,因为关于任何一种科学方法的价值的判断始终都是价值判断。

当然,自然科学家可以隐含地预先假定它的方法将导致一些客观地有效的结论,可是,甚至这个假定对于自然科学本身来说也绝不能变成一个科学问题。因此,从自然科学观点出发对自然科学方法之外的其他方法的意义做出的判断,终归是没有任何意义的。对这些理论性的价值问题进行处理,这是逻辑学独一无二地要做的事情。

谁想从自然科学观点——其本质就在于撇开一切价值观点——去解答这些问题,谁就必然陷入一种空洞的和消极的独断论。这种独断论的确不是首先着重宣称每一种评价都是非科学的,然后又怀着更大的信心对科学方法的意义做出一些科学上有效的价值判断。对于彻底的自然主义来说,并不存在关于方法的逻辑价值如何如何之类的问题。诚然,在自然主义看来,并没有任何历史学;可是,对于历史学是否可能被看成是科学,自然主义也绝对提不出任何论证。因此,从自然科学的观点出发,既不可能论证历史学具有科学的客观性,也不能对历史学提出任何有根据的怀疑和异议。

注 释

〔1〕 参见前面第353页。(德文第三版页码,下同——译者注)

〔2〕 在这个方面,施宾格勒著作的成就表明,许多人对历史概念提出的要求是多么令人惊讶地易于得到满足,这部著作不仅在细节方面非常不值得信赖,而且就其抽象基础而言也是十分不清楚的。此外,它所包含的那些以"精神"的名义发表的大量言论,也不应使任何人受骗上当。

〔3〕 只是由于那个在这点上作为基础的"形态学的"历史概念,比孔德力图论证的那个社会学的历史观念更加含糊不清,不容易从概念上加以把握,因此才难以对施宾格勒的"形态学"提出类似的证明。显然,不能把施宾格勒的"形态学"与孔德的社会学相提并论。

〔4〕 兰普雷希特用他的那种多少有些"刺激性的"话语对我进行指责,把我试图仅仅理解为任何历史叙述的逻辑前提的东西,说成是"幻觉"、"极大的逻辑错误和混淆"、"意识形态的利益"、"与真正的科学思维发生尖锐矛盾",导致"倒退一百多年"。Quis tulerit Gracchos de seditione querentes? 不言而喻,我在这里指的是兰普雷希特的"哲学",而不是他的历史著作。

〔5〕 参见前面第320页及其后数页,以及第325页。

〔6〕 参见前面第321页及其后数页。

〔7〕 参见前面第314页以及其后数页。

〔8〕 拟人说主张神仙、动物以及非生物都具有人的形状或特性。——译者注

〔9〕 《关于动物的发展史,考察和反思》第一卷,1828年,第203页及其后数页。

〔10〕 我在自己关于生命哲学的书(1921)中曾试图对以各种不同形态表现出来的

生物学价值原则,做了深入的批判。
〔11〕《自然民族和文化民族——一篇关于社会心理学的论文》,1896 年。
〔12〕参看《罗舍尔(Roscher)和克尼斯(Knies),历史经济学的逻辑问题》,第 2 卷,1965 年,《立法、管理与国民经济年鉴》,第 XXIX 卷,第 96 页及其后数页。

二　经验的客观性

如果我们想做进一步的探讨,我们就必须尽可能撇开那些与各种不同的科学方法的价值相关的假设。由于我们能够把认识论中那种不做任何假设的观点看作纯粹经验的观点,因此我们首先要问,如果人们用经验的客观性的尺度来衡量历史学,那么它与历史学保持什么样的关系呢?

在科学语境中,判断的有效性取决于纯粹事实的真实性;在所有这样的情况下,我们都预先假设这样的客观性,因为事实必须是依据经验而被证实为"客观的"。可是,我们现在不再需要讨论那种认为有可能通过对事实的纯粹证实就能获得科学知识的观点,因为我们已经充分清楚地表明科学始终要按照特定的指导观点对事实进行加工和改造。经验主义只能被理解为这样一种观点,按照这种观点,不仅材料而且依据以对材料进行加工的那些指导观点,都具有纯粹的经验有效性。在这里,我们仅仅关注概念形成的这些方法论假设的有效性。此外,我们假定那些仅仅陈述事实的判断的有效性不再涉及任何认识论问题,不仅在自然科学中、而且在历史学中,对材料的认识都是通过经验获得的。这一点之所以成为可能,是由于这种认识的客观性不包含那样一些方法论问题,这些问题对于历史学的意义从原则上说不同于自然科学的意义。

因此,我们研究的重点现在处于一个与前有所不同的位置上。从自然科学观点看来,价值是历史概念形成的指导观点这样一个情况,已经成为一块绊脚石。反之,从纯粹经验的观点看来,这个情况却没有成为什么问题,因为价值在下述范围内与事实一样是可以证实的,即进行评价的人事实上已对价值做出评价,特别是一个群体对价值的认可从原则上说是可以通过经验加以确定的。从纯粹经验的观点看来,只有当价值作为规范的普遍性超出事实上得到验证的普遍认可时,或者当对价值的使用必然意味着一种对绝对要求的认可时,才不允许对价值作这样的使用。可是,另一方面,以自然规律具有绝对的普遍性为依据的客观性,现在看起来并不是理所当然的,在经验主义看来,这恰恰是一个极其难以处理的问题。因此,我们看出,从经验观点看来,对于历史学和自然科学的关系以及这两者所具有的客观性的标准,都只有通过对它们是否预先要求和在多大程度上要求一些绝对普遍的和必然的因素这一点做出确定,才能加以解决。可是,这些因素是不是价值及其有效性,或者是其他某种东西,看起来却无关紧要。

如果我们从自然科学开始,那就可以看出我们关于自然科学概念的经验普遍性所做的论述,能够毫不费力地与纯粹经验的认识论相适应,因为在这头一个阶段,概念的有效性可以用对于对象所做的具体比较为依据,形式的规定性也很少含有超经验的因素。因此,只要自然科学概念由以构成的那些判断所表达的,是事物和过程的那种不能一览无遗的、从而绝不能被经验直接把握的杂多,只有在此时自然科学概念的有效性看起来才成为一个特殊问题。不过,我们可以指出,甚至那些在经验上是普遍的和在形式上是确定的概念,在大多数场合下也只能被看作为形成那样一些概念所做的预备性工作。自然科学想借助于这些概念把那种在广度和强度方面都不能一览无遗的杂多纳入一个统一的体系之中,因此,彻底的经验主义认为那些在经验上是普遍的和在形式上是确定的概念,也只具有作为规律概念的预备阶段的意义。因此,从彻底的经验主义观点看来,我们可能赋予自然科学的那个目标是一种过分的夸张。自然科学的概念形成仅仅以对那些对象所做的经验比较为依据,这种比较把共同之物概括为不能一览无遗的杂多,而无视那些个别之物的差别。

第二部分　自然哲学和历史哲学

现在我们假定这种看法是站得住脚的,也就是说,我们假定甚至自然规律概念也可以被理解为具有经验的普遍性。这样一来,就不能就"自然规律"一词的严格意义而言谈论自然规律,因为它包含一种超越经验的因素。在这种情况下,是否能说历史学就其客观性而言比自然科学有任何逊色之处呢？如果我们不是关注材料的可靠性,而是关注概念形成的原则,认为只有后者在这里才是问题的关键,那么在与价值相联系的历史概念形成中起指导作用的价值,在经验方面并不比自然科学为了从经验方面对各种对象进行比较所采取的那种观点,具有较少的有效性。因为,在历史学中,人们关注的只是对象与那些事实上得到普遍认可的价值的关系,借助于这些价值,用一种对一切人都有效的方式把对象中的本质成分与非本质成分区分开。不言而喻,"一切"这个词只具有一种经验上的普遍意义,也就是说,它指的是一个历史共同体的全部成员。可是,如果已在经验上确定,历史学家通过他的叙述所指向的那个特定的群体事实上已经认识国家、艺术、科学、宗教这样一些普遍的文化财富,并且事实上可以期望这个群体的全体成员都承认这些财富在规范方面是普遍的,在这种情况下,从这些财富所固有的价值着眼,把过去发生的事件纳入历史概念之中,从而形成对这个文化群体的全体成员都有效的叙述。尽管如此,这样一种叙述肯定没有离开纯粹经验这块基地,正如自然科学通过纯粹经验的比较对一种特定现实形成一个普遍概念体系时没有离开那块基地那样。

可是,或许有人认为问题并非仅仅如此。即使如此,历史概念仍然具有较少的科学性。它隐藏着一种主观随意性,这表现为在历史概念的形成中起指导作用的恰恰是这一些文化价值,而不是另一些文化群体的另一些文化价值。或者,无论如何,一种历史叙述仅仅适用于那样一些群体,他们事实上承认这些文化价值是一些起指导作用的文化价值。这种情况无论如何不符合科学概念形成的理想。与此相反,通过对纯粹个别之物进行比较和区别而获得的自然科学概念,却超越一切主观随意性,对所有的人都有效,而不管认识主体以前是否承认某种其他事物是有效的。简言之,历史概念形成使用一些并非任何人在逻辑上都不得不承认的前提,自然科学却通过单纯的比较就能得出一些对其逻辑有效性没有任何怀疑的概念。

可是,如果我们做更加仔细的考察,我们就会看出这种主张恰恰在纯粹经验这块基地上是行不通的。无论在自然科学中或者在历史学中,对概念的内容做出规定的东西并非仅仅是"事物"(Sache)或者材料本身,而是认识主体对纯粹事实中什么是本质的、什么是非本质的所做的决断,这就是说,甚至纯粹经验的自然科学比较也需要一种指导观点。如果认为根本不可能把这种比较看作为形成绝对普遍的概念所做的预备性工作,那就不能说在概括共同之物时恰恰选择这一种观点而不选择另一种观点,含有较少的主观随意成分。

我们忘记了这一点,因为那些对这种比较进行指导的观点往往是作为"自明的"东西强加给我们的。可是,这种发源于实际生活利益的自明性并没有被确证为仅仅针对历史叙述的指导观点,而且它与那种叙述的逻辑基础也没有任何关系。我们已经详细地表明,为什么自然科学除非致力于做出绝对普遍的判断就只能进行分类,为什么纯粹的分类始终是"主观随意的"。如果人们局限于考察对象的那种在广度上漫无边际的杂多,像彻底的经验主义者必须做的那样,那么任何一个对象在强度上的杂多仍然是漫无边际地众多的,对于漫无边际的杂多可以从漫无边际地众多的观点加以相互比较。因此,在进行比较的自然科学中,人们总是必须事先确定为了进行比较必须选择哪一种观点,而从纯粹经验的观点看来,这种选择也如在历史学中一样需要得到这些普遍概念对之适用的那些人们的赞同。[1]因此,甚至纯粹经验的自然科学也不能没有历史科学必须做出的那些假定。

可是,如果情况如此,那么从经验主义观点看来,就不能要求历史学具有另一种科学的客观性。既然历史学能够很好地满足它所诉诸的那一切人都认可这门学科的指导观点这个要求,因此这门学科就选择的主观随意性这一点而言完全没有落后于自然科学。毋宁

第二部分　自然哲学和历史哲学

说,历史学家参照一些经验地给予的、被一定群体看作在规范上是普遍的文化价值,只限于借助一些具有个别内容的历史概念,把过去事件的一次性的个别过程陈述出来,从而达到从彻底的经验主义观点看来在科学中可能达到的最高的客观性。仍有疑问的只是这样一个要求:历史概念应当具有绝对的普遍有效性。可是,在彻底的经验主义者看来,这样一种有效性根本没有任何意义。在自然科学中,这种有效性取决于绝对普遍的规律的有效性,在历史学中,则取决于绝对普遍的价值的有效性。对这两点都毫无所知的彻底经验主义者认为,就概念的客观性而言,一种在经验上得到普遍认可的价值(这种价值以如此方式与对象相联系,使得对象被结合为历史个体),取代了那种在经验上得到普遍认可的比较观点(这种比较观点把本质之物与非本质之物区别开),这并没有本质的区别。

　　如果我们抛开纯粹形式的观察,而从纯粹经验的观点出发,历史科学的状况甚至还会更好一些。绝大部分历史著作,所有的传记,所有关于特定文化事件的叙述,例如,关于宗教、科学、法律、艺术等等的发展史,甚至所有关于个别民族和国家的历史,都受到价值观点的指导,人们不可能怀疑这种价值观点事实上已得到认可。如果历史学家从他所隶属的那个社团的价值观点去形成他的概念,他的叙述的客观性似乎仅仅取决于事实材料的正确性,这样就不可能出现过去的这个或那个事件是不是本质的这样的问题。譬如说,如果他把艺术的发展与审美的文化价值联系起来,把国家的发展与政治的文化价值联系起来,那他便超越了任何主观随意性。他在这种情况下做出的叙述,只要这种叙述中没有包含非历史的价值判断,这种叙述对任何一个承认审美价值或政治价值对于他所隶属的那个社团的成员来说在规范上是普遍的人而言,都是有效的。另一方面,历史学家为了能够从他们的历史中心观点出发"客观地"叙述遥远的文化发展,那他就必须首先"深入到"这些陌生的文化价值之中,从原则上说要完成这项工作也需要通过对事实进行纯粹经验的证实,其办法是询问这个历史中心珍视哪一些价值,或者它的确生活于怎样的象征之中,只有在撰写"世界史"时才会怀疑这里所采用的指导性价值观点,是否可以以这种叙述所包罗的一切文化社团中获得经验上可确证的认可为依据。不过,这最后一种情况与特定叙述的经验客观性无关。

当然,只有当人们始终记住正面的或者负面的实际评价与那种与这两者选一的评价完全无关的、纯粹理论的价值联系之间的区别时,我们的想法才能令人信服地发生作用。因此,不要把这里唯一意指的历史概念形成的客观性与下述那种客观性联系到一起,譬如说,与那种接受教派预设的指导因而被看作"主观的"历史叙述的客观性联系到一起。那些从各种不同的教派观点写出的关于历史事件的叙述,绝不是仅仅以纯粹理论的价值联系方式做出的,因而事实上不具有任何科学的客观性。可是,即使我们排除一切价值判断,譬如说,在关于那种被称为"路德"(Luther)的现实的叙述中,同一些组成部分无论对天主教徒或者对于新教徒而言都是本质的,因而被集合在同一些历史概念之中。因为,正如我们早先已看到的[2],如果没有一种共同的现实观,对于路德的价值就可能发生争论。仅仅在一个对德国的和基督教的文化生活毫无所知的历史学家看来,路德才不是什么本质成分,不能成为历史叙述的对象,因为那个异乡人没有把路德的个性与任何价值联系起来。可是,如果这个历史学家只要理解任何一种宗教价值,从原则上说他就能够理解一个对德国和基督教有所理解的历史学家把路德与之联系起来的那种价值。在那种场合下,一种把任何价值判断都排除掉的关于路德的叙述对他而言也具有科学的客观性。

对于历史学家是否可能克制自己不做任何价值判断,或者是否值得期望历史学家这么做,人们可能仍有争论。不过,这个问题处于逻辑研究的范围之外。我们在这里只是要确定纯粹科学的历史叙述这个概念,这种叙述通过以纯粹理论的方式把它的对象与文化价值联系起来,而表现出一种为争论各方一致同意的对现实的理解。不论一本从教派观点做出评价的历史著作,从宗教观点、伦理观点、政

第二部分　自然哲学和历史哲学

治观点或者其他观点看来可能多么必要和多么有根据,但它绝不会被看成是纯科学的,因为在所有的科学家看来它的评价始终是无效的。人们至多只能试图借助于一种历史哲学对那样一种有效性进行论证。不过,我们明确地对此不做考虑。我们只考察经验的历史科学,只要历史学家局限于叙述那些事实上与所有人普遍认可的价值相联系的真实对象,那就不会对这种叙述的经验客观性有所争论。

另一方面,如果要求对自然科学研究的指导观点事实上已获得认可这一点做出证明,那要为自然科学研究的客观性做出辩护就会碰到很大困难。只要自然科学在工作时仅仅使用事物概念,人们也许就会说,对于哪一些对象被看成是相等的和哪一些对象被看成是不相等的,这其实几乎是显而易知的。可是,人们在阅读本书第一、二章之后已不难看出,要把纯粹的经验主义也贯彻到关系概念之上,那必定是多么困难。无论如何,当自然科学要在经验主义法庭面前为它的客观性做辩护时,它就处于比历史叙述更加可疑的状况之中。历史学始终是真正的经验科学,这不只是因为与自然科学相比,历史学以及它的个别概念更加接近直接现实——这种现实始终是个别的——的经验,而且也因为它的指导观点比较易于取自经验本身。因此,从经验主义观点看来,并非历史学需要把价值看作指导观点这种情况使得主观随意性这种干扰因素被引入历史学之中。如果不了解这样一种价值观点对于个别化的概念形成的必要性,那至多会把研究引向追求历史科学绝不能达到的那种"客观性"理想。

如果我们在这里所追求的目标仅仅是表明那种叙述一次性的、个别的文化发展的科学有权利成为一门经验学科,那么我们现在就可以结束了。如果我们根本不考虑那些超越经验的因素,那么历史科学的客观性就不会再受到质疑。可是,我们的研究是为了更加普遍的哲学问题的利益而进行的,我们在开始时不得不把问题范围限制在纯粹理论方面,现在剩下一个任务,这就是表明这个方法论结论与普遍的世界观问题的联系。不过,只有通过在认识论方面深化和扩展我们以前所取得的成果,才能做到这一点。特别是我们还需要弄清楚这些超越经验的因素在每一门科学中,即无论在自然科学或者在历史学中,起了什么作用。

当我们转向这个问题时,我们必须对我们以前所得出的许多论点再次提出质疑;尤其是从这个新观点看来,许多人会认为历史科学的客观性是值得怀疑的。有些人如此深信超越经验的因素在科学中没有合法地位,以致他们认为在此之前所进行的讨论毫无意义,陈旧过时。因此,就这些人而言,也许最好的办法是不必再看下去,只是满足于以前已经获得的结果。无论如何,在真正彻底的经验主义看来,我们已经完成了我们的工作。的确,主要的是要指出,在任何一个没有用那些无法证明的形而上学教条和唯理论教条来进行工作的思想家看来,历史生活必然被看成是一切科学概念形成的界限,不论他可能在其他方面持什么样的哲学观点:自然科学对历史之物所进行的那种普遍化认识,从逻辑上说在一切情况下都是可能的。任何一个人想学会从过去事件的一次性的、个别的过程之中去认识历史事件,他就只能使用具有个别内容的概念去理解过去的事件,并从价值观点把它的各个因素集合为一个统一体。恰恰是经验主义绝不可能对那样的概念形成的客观性提出质疑,因为对经验而言根本没有更高的客观性标准。这一点在一切场合下都始终能够成立,不论人们可能对下述思路的正确性作何评定。因此,只要问题涉及历史科学的经验客观性,就不能把现在将要展示的那些想法掺杂到这次讨论之中。[3]

可是,对于那种致力于更加深入的研究的认识论来说,从纯粹经验这块基地出发并不能理解自然科学和历史学所追求的那种客观性。首先就自然科学而言,我们不再需要证明,自然科学为什么拒绝要它在原则上局限于纯粹经验的普遍性这样一个苛刻要求。我们此时所考虑的不是那些最普遍的认识论前提,例如关于客观的时空序列、因果原则等等的假设,反之,我们所关注的是自然科学所特有的方法论前提。任何人只要声称自然规律是有效的,他就超越了经验,不论他是否意识到这一点,因为他论述的是一些处于他的经验之外

第二部分　自然哲学和历史哲学

的对象。不要把这一点理解为仿佛规律的内容始终不是取自经验，相反，它所指的是任何众多的、无法计数的、尚未观察到的对象，都可以被正当地纳入那些依据一些可计数的、已观察到的对象、有时甚至也许是依据一个单一的对象而形成的概念之中。这里所谈的也不是指从自然规律的内容中可以毫无怀疑地、肯定地看到自然规律的绝对普遍的判断本身，可以要求它们具有或大或小的或然性，因为在一条绝对普遍的规律的或然性概念中已经隐含有一种超越经验的因素。这里假定某一些绝对普遍的判断的有效性是不依赖于认识主体的，剩下的问题仅仅在于那样一些判断是否事实上已被纳入人类认识之中。不预见假定我们能以这种方式超越经验，下面这个论断就没有意义：对一千个已观察到的事件有效的判断，对第一千零一个没有观察到的事件也"可能"是有效的。由此做出的假定意味着，就某些规律而言，即使我们对其中任何一条规律都毫无所知，这些规律是绝对有效的。

当然，这正是经验主义往往心不在焉地忽视的问题，或者是它相信能够用一些理论加以排除的问题，可是这些理论只会使问题含糊不清。在许多场合下，我们在主观上对某个规律的有效性的信任是通过大量的观察形成的。因此，为了说明主体的这种信任，对真正科学思维所做的"心理学"分析可能把习惯这样的概念推向前沿。可是，这种做法与我们的问题毫不相干。我们关于确定性（也被称为"明确性"）的信念或者主观状态，也是通过上千次的观察形成的。然而，即使就一条规律的绝对有效性的或然性而言，也绝不能以这样的方式加以论证。毋宁说，如果对自然规律的研究具有逻辑意义，那么在对特定材料进行观察之前，任何一条规律的有效性以及在经验基础之上去认识尚未经验之物的可能性，必须是毫无疑义的。不言而喻，这样的假定始终是形式的，又是超越经验的。也许自然科学有一天可能宣称，它以前曾经相信的那一切内容充实的、绝对普遍的规律是错误的。可是，只要自然科学继续研究下去，人们就绝不会怀疑绝对普遍规律的有效性以及我们至少会逐步接近认识它们的可能性。

498

如果我们现在假定那样一些假设的合理性已经得到确认,那么历史学为了使它的客观性不致落后于规律科学的客观性,又必须做出一些什么样的相应假设呢?是否历史学一般说来需要一些超越经验的假设呢?现在就来回答这个问题。

在自然科学中,有一些概念在内容上或多或少地接近于是绝对普遍地有效的,而在历史学本身中则没有出现那样的概念。如果历史学包含有超越经验的成分,那么这些成分也只能隐藏在概念形成的指导观点之中,或者隐藏在对本质之物的选择原则之中。可是,它的那种起指导作用的价值观点的内容同样来自经验,因为价值的那种"规范性的"普遍性对于一个特定的社团而言从原则上说也是通过经验确定的。因此,历史科学绝不会由于它当作选择原则加以使用的那些价值不再被看作在规范上是普遍的,而推翻它所做的叙述,也就是说,历史学绝不会认为它在任何时候都要用崭新的文化价值来形成它的概念。因为历史学必须从其自身中,也就是从历史中真正生活于其中的那种意义上,去理解以往的人类生活。历史学必须把每个个体与那种价值——在这个个体处于其中的那个社团里这种价值在规范上是普遍的——联系起来。因此,看起来,仅仅对于那种探索人类的某种"客观的"进步或者诸如此类的事物的"历史哲学"而言,而不是对于经验的历史科学而言,才会要求绝对普遍价值的有效性以及至少逐步接近认识这种价值的可能性。

因此,当我们谈论历史学的那些超越经验的假设时,我们所指的是什么呢?也许是指在对价值的证实中通过某些文化领域而认识那些未观察过的文化领域的价值这样一种可能性?显而易见,这一点与历史概念形成的特征没有关系,因为历史学家在这个方面碰到的困难从原则上说是无法根据纯粹经验加以解决的。因此历史学的那些超越经验的假设必然处于另一个全然不同的位置上。假定自然科学能够通过它的概念逐步接近绝对普遍的规律,那它就能够借此摆脱从经验主义者的观点看来它必然陷入的那一切人为的主观随意性。与此相反,历史学始终停留在纯粹人为的价值的立场上,即使这

第二部分　自然哲学和历史哲学

种价值获得千百万人的认可,并被历史学看作在其概念形成中用以选择本质之物的最终标准。因此,人们可能说,从纯粹科学的观点看来,人类文化的全部发展看起来是许多个别事件的一种完全无关紧要的、毫无意义的杂乱堆积。对这种发展的叙述就科学意义而言必然远远落后于对自然规律的追求。一般说来,现实与价值的联系始终是人们的主观随意活动。不论它获得许多人的赞同还是获得全体人的赞同,这一点都不会有任何改变。因此,如果历史科学要求它的课题具有科学的必然性,它就必须做出这样的假设,即甚至就价值而言问题也不仅在于许多人或全体人的主观随意性,而这事实上就包含有那样一个超越经验的假设,即某些价值是绝对有效的,人的一切价值立场都与这些价值保持一种不只是随意地确定的关系。如果情况不是如此,人们就绝不能用一种与价值相联系的、个别化的概念形成方大写出纯粹科学的历史。

　　一个与这里不可回避的假设相似的假设显然又是形式上的,这就是说,它不涉及我们所认识的那种文化价值是否在内容上要求具有绝对的普遍性。由于这个缘故,它也始终没有触及那种以事实上得到承认的价值为依据进行工作的历史学的经验价值。与此同时,这个形式上的假设能够充分地满足就最严格意义而言的历史客观性。因为,如果至少有某一些价值是绝对有效的,因而人们的那些内容充实的、规范性的普遍价值就在客观上或近或远地与这些价值相接近。在那种情况下,人们的文化发展也就与这些绝对有效的价值具有一种必然联系,以致不能把那种从规范上普遍的价值观点、从历史的一次性过程方面去认识历史的努力,再看成是纯粹的主观随意性的产物。

　　我们看出,如果用以理解历史的那些形式,即那些与价值相联系的历史个体概念、与价值相联系的历史关系概念,以及与价值相联系的历史发展概念,并非在科学意义上落后于自然科学为了使它探索自然规律的努力不会变得没有意义而需要采取的形式,那么即使历史学也需要一些超越经验的因素。任何一个探索自然规律的人,一旦对他自己活动的前提作些思考，就必然会假定无论如何总有一些绝对普遍的判断是正确的，而且他能通过他自己的概念或多或少地与这些判断相接近。如果一个人以一种与价值相联系的和个别化的方式，研究人类文化的一次性的发展，并把这一点看作科学的一项用以超越人的主观随意性的必要任务，如果这个人想一想什么是他的活动的认识论基础，那他必然会假定有一些非现实的价值。这些价值就规范而言是普遍的，已被事实上得到证实的真实评价所认可，它们从内容的明确性方面指导着对历史的叙述，虽然所有这些价值本身不是绝对有效的，但它们或近或远地接近某些绝对有效的、或者其有效性不依赖于任何事实上的认可的价值。因此，这个人还必须假定，从绝对普遍地有效的价值的观点看来，人类文化具有某些也许还未被我们完全认识的客观意义。只有到此时才在逻辑上不可避免地从理论上把历史过程与价值联系起来，只有到此时才无论如何不会从纯粹科学的观点把历史的一次性发展看作由一些短暂的和无意义的事件所组成的一种毫无意义的杂乱堆积。

毋需证明，历史学的上述假设至少是在"实际的"生活中做出的，也就是被有意欲的、行动着的人们至少隐含地做出的。诚然，我可能相信我给自己设置的那些作为有价值之物加以追求的目标全都是错误的，不仅如此，我还可能担心我的生活中的每一个行动都是不恰当的，因为它没有带来任何一种不只具有个人主观价值的财富。可是这种担心已经预先假定某些价值具有绝对的有效性，还预先假定我们有义务要产生一些具有这些价值的财富，正如预先假定人们相信任何时候都能达到一些真正具有价值的事物那样。因此，如果我们不否认在日常生活中关于这些绝对有效的价值的假设，那么下面这一点同时也就清楚明白了：在那些有意欲的、行动着的人们看来，世界也是作为一个发展过程被描述的，这个过程被人们从价值观点划分为非本质的和本质的个别成分，换句话说，实际的人从这种意义上必然始终是以一种与价值相联系的"历史的"方式进行思考，并非仅仅以普遍化的方式进行思考，即使他对事物的一次性的、个别的过程的兴趣只局限于真实世界的一个如此狭窄的时空片断。一旦这个人清楚地意识到他的生活的意义的依据,那么通过与价值相联系的、个别化的概念形成对这个片断所做的叙述,就获得一种对他而言超出一切主观随意性的必然性。

然而,实际生活或日常生活的观点不是科学的观点,现在的问题是:是否即使从科学的观点看来,关于绝对有效的价值的假设就单纯的观察和纯粹理论的价值联系而言也是不可避免的,因而历史科学是否也如自然科学那样在同一种意义上被看作是逻辑上必然的。我们不能在一种彻底的经验主义基础上马上着手解决这个问题。如果我们想最终清楚地了解历史科学的客观性的本质,我们还必须从自己这个方面提出这个问题。

注 释

〔1〕参见前面第34页以下数页,第44页以下数页,以及第80页以下数页(旁码,下同)。

〔2〕参见前面第250页以及其后数页。

〔3〕因此,伯恩海姆(Bernheim)在《历史方法教材》第5、6版第768页上所作的下述论断是完全不适当的;"要求一种最高的、普遍地得到认可的、绝对的文化价值,像 H. 李凯尔特在最后一行中提出的那样,这只会或者导致盲目地忽视那些事实上存在着的区别,甚至忽视全部观点的对立,或者否认任何客观的历史研究的可能性。"尤其是如果人们考虑到,我在谈到绝对价值时所指的不是一种扩大了内容的历史形而上学,而是指一个形式的价值体系,那就不能说什么那种满足于"相对价值"的经验的历史的客观性会因此受到威胁。对此也可参看我的论文《历史哲学》,引自同上书第334页以及其后数页。

三　形而上学的客观性

501　　不过,在我们转向新问题之前,我们还要对那种虽然已经反复简略涉及、但还没有彻底考察的观点,做出明确的表示。按照这种观点,在此之前的讨论可能被看成是对一些自己制造出来的难题所做的一种多余无用的处理,这些难题只不过产生于对科学知识的本质作了一种错误的假定。我们力图把一切科学活动理解为对那些从直接所与的实在中得出的内容进行加工和改造。是否可以这样处理这个问题呢?是否能够根据这个假设去理解科学的客观性呢?首先,把改造标志为科学的任务,这种做法是否有意义呢?毋宁说,自然科学知识的本质并非立足于它追求一种不是直接所与的、绝对真实的存在,并以如实地重现这种存在的方式去形成其概念的内容。是否一定不要把所有对所与实在进行改造的概念形成都仅仅看成一种用以达到这个目的的手段呢?可是,在那种情况下,概念形成的客观性的标准就不在于与绝对的现实相符合吗?因而,即使通过应用选择
4　　原则达到所要求的那种使思想与绝对真实的存在相符合,是否也不能论证选择原则的有效性呢?

　　只要我们所追求的仅仅是科学概念形成的方法论结构,那么这个含义深远的问题最终如何解决便是至关紧要的。如果我们能够表明科学沿着什么样的一条道路就能通过改造和简化直接所与之物而取得进展,那就足够了。只要科学不可能是重现经验的现实,只要事实上没有任何概念形成表现出向这个目标靠近这样一种倾向,我们当然已经不再把真理概念看作概念与它想要认识的那些真实对象在

第二部分　自然哲学和历史哲学

内容上相符合。因此,如果人们把经验的或者所与的现实看作唯一真实的世界,那么人们始终只能说科学概念对这种实在而言是有效的,但没有包含这种实在本身。可是,如果人们假定有两种实在,一种是经验的"现象世界",另一种是绝对的、超越的或者形而上学的实在(后者作为"本质"处于现象世界之后),那么事实上就是以一种完全不同的方式提出客观性问题。在那种情况下,人们就可以说,通过对经验的现实进行改造和加工而形成的自然科学概念,具有一种对事物的绝对的真实的存在进行再现的意义,这些概念的有效性的标准取决于它们在多大程度上接近这个目标。在那种情况下,概念的内容与绝对现实的内容像图像那样相符合,便成为客观性的标准。

特别是,最普遍的自然科学理论要如实地表述真正的物理实在,最普遍的心理学理论要如实地表述真正的心理生活。因此,自然科学将成功地穿过现实的那层使非科学的眼光无法看见真实实在的五彩之幕。物体其实正是由许多永恒不变并按照固定规律运转的原子组成,而这就是自然科学依据以把那些具有多种多样性质的事物分割开来的基础,也就是说,把这些事物分解为一些关系概念,直至最终达到把这些事物变成一些简单之物的总和,这些简单之物之间存在着种种可用数学加以陈述的联系。正如原子概念的客观性依据于原子的真实存在那样,心理学中也只有那样一些理论才能被证为正确的,这些理论告诉我们或者将要告诉我们心理生活的形而上学存在是由什么构成,它根据什么样的规律把它的那些绝对真实的因素连接起来和分割开来。可是,如果人们如此地使最普遍的物理学理论和心理学理论获得一种无可置疑的形而上学客观性,那就易于把这种客观性移植到那些专门的、以物体的或者心理的存在物为其对象的自然科学研究之中。因此,如果借助于我们的概念形成能够建立起客观的科学,是否我们并非一定要坚持一种形而上学的客观性呢?

许多人认为下述这一点可能是不言而喻的:只要以如此方式正确地说明自然科学真理的性质,人们也许至多会对"形而上学的"客观性这个词语提出异议。可是,只要人们不能使直接经验接触到"终极之物"或者"心理因素",那就最好至少也要从原则上把它们的真实存在方式与可观察的经验现实区别开。因此,我们把任何一种假定有两种现实的观点称为"形而上学的",其中一种是经验的现象;另一种是绝对的、"处于其后的"现实。与此相对应,如果科学概念的有效性取决于它们的内容在多大程度上再现了那种绝对的真实的存在,我们便称之为形而上学的客观性。不过,无论如何,我们有必要对这种实在论的认识概念采取批判态度,因为这个概念使历史学与自然科学的关系再一次截然不同于它从前呈现的那个样子。这样一来,从纯粹经验的观点中产生的历史学的客观性与自然科学的客观性基本上处于同等地位这一点,再一次以一种不利于历史学的方式被否定了。

　　造成这种情况的原因是显而易见的。自然科学从现象向形而上学的实在推进,与此相反,历史学以及它的个别化的概念形成却始终局限于现象世界。这一点恰恰是历史学作为一门受这种局限性制约的经验科学的性质。诚然,人们可能说,在这种情况下,自然科学和历史学在认识世界方面做了如下的分工:前者探索真正地真实的、永恒地持续的存在,后者探索变化无常的、始终在生成和变化的现象。可是,按照这个假设,历史学在其客观性方面就远远落后于自然科学。在这种情况下,历史学的概念就只不过是对所与的现象世界进行改造和加工的那些主体的产物,它没有自己所能指向的任何绝对的实在。不论它的指导观点可能获得多么普遍的认可,它与那个实在的、自我确定的认识"对象"都没有联系。与自然科学相比,历史学变成了一个就其贬义而言的"王国",也就是说,变成一门这样的科学,它不仅始终只研究现象,而且始终只能提供一种不完全的、局限于现象世界的一小部分的知识。它是一种单纯的"historie"——即对那些以与价值相联系的方式排列起来的、在时间上短暂的事实——所做的一种确认,而自然科学在任何方面都把一切纯粹事实性的东西和一切纯粹历史性的东西置之度外,以便向没有时间性的东西推进。

第二部分　自然哲学和历史哲学

不过,根据那样一些假设,还可以设想另外一种看法。也许,人们可能说,即使如此,从形而上学观点看来,历史学的状态就客观性而言也不是毫无希望的,因为上述结论的产生只是由于人们坚持我们所陈述的那个历史知识概念。可是,正如自然科学在其对经验现象进行单纯的改造和加工时并没有一个绝对真实的对象这种看法一样,历史学的上述概念也许并不是同样地可攻击的。如果自然科学能够在一种绝对真实的存在中获得一个为论证其科学意义的坚实标准,那么难道历史学就不能也享有一种形而上学客观性?

看起来,事实上已经开辟了一条使历史学与自然科学在科学客观性方面处于同等地位的道路。人们只需要证明,正如关于物体世界的自然科学立足于原子论的形而上学之上那样,历史学也在同一种意义上立足于形而上学。而且还要证明,文化价值与世界的形而上学"本质"保持如此的联系,以致可以把时间性的现实理解为一个发展过程,通过这个过程,这种本质呈现于现象之中,或者在时间方面呈现于经验存在之中。在这种情况下,历史学也在一种绝对的实在中有其客观性的标准,不再需要担心与自然科学相对比。

已经有人做过这样的尝试,可以把黑格尔看成做过这种尝试的典范,在他那里,"精神"在历史中达到其自身,即达到自由。在这里,选择本质之物的原则看起来与现实的形而上学本质是一致的;而且,如果这种形而上学是正确的,那就不应当怀疑它的客观有效性。我们已在导论中指出,这样一种哲学对于历史观可能具有什么样的意义。如果能做到从科学上对这种哲学做出论证,那么现实似乎就以一种绝对客观的方式按照形而上学原则把自己划分为一系列发展阶段,其中每个阶段就其特性而言都是客观地充满意义,单一和个别之物也通过它的形而上学本质在感性世界或现象世界里逐渐展示中所处的地位,而获得一种非凡的科学兴趣。从这种观点看来,对现实的历史叙述由于不再从纯粹人的价值立场得出它的指导原则,因而摆脱了一切主观随意性。这种历史叙述就能使人们超越他的自身,正如科学在教导我们认识绝对真实的存在及其无时间性的规律这种场合下所做的那样。

因此,是否历史哲学没有必要试图穿过现象而向世界的最深奥的本质推进,从而为历史概念的形成获得一种客观的观点呢?诚然,我们以前没有看到任何可能达到这个目标的途径。不过,这并不证明这个目标是根本无法达到的。因此,我们认为如果我们想坚持我们的历史概念,同时又想对历史哲学的最后一个问题做出原则性的决断,我们就面临这样一个任务,即要证明这个目标是不可能达到的,也就是说,要表明没有那样的形而上学实在,历史科学可以把它作为它的指导原则,作为它的概念形成的客观性的依据。不过,在我们看来,这一点也是行不通的。诚然,也许有可能证明,那些用于指导历史叙述的观点并非从形而上学实在中得出的,因为在那种情况下必定是从无知之物中推出已知之物。也许,下面这种看法看起来也有道理:人们相信已经发现的那种形而上学本质不外是一些被形而上学地实体化了的价值概念,人们在开始构造形而上学之前已经拥有这些概念;因此,形而上学至多只能立足于客观价值之上,而绝不能颠倒过来从形而上学中引出价值的客观性。可是,一旦形而上学的实在成为问题,逻辑研究或认识论研究所使用的那些手段就不中用了,不论这里涉及的是肯定性的建构还是否定性的论证。有些人从这种看法中引出一些结论,认为除了固有的经验实在之外,我们至少不能在科学论的基础上有把握地论断其他任何事物;正是这样一些人不得不放弃对下述这一点做出证明,即在历史过程中不可能有任何绝对真实的世界出现于经验的感性世界之内。

尽管如此,我们却不必用一个问题来结束对这个问题的考察,至少在它仍然涉及历史哲学中的一个问题的情况下。我们暂且假定有两种不同的现实:一种是绝对的、形而上学的实在;另一种是经验的实在,它是前者的现象;我们还进一步确切地知道什么是形而上学世界的本质。在这种场合下,我们是否能够甚至设想一种科学,借助于这种科学就有可能赋予历史科学以它所期望的那种形而上学客观性。

为了解答这个问题,我们试图对那样一门科学构想一幅图画。

第二部分　自然哲学和历史哲学

首先，显而易见，这门科学不会在一种无时间性的、始终如一的、固定不变的实在中看到世界的本质，像几乎所有的形而上学家所做的那样，因为那样一来就完全否定了这门科学所要求的那种"客观的"意义。在那种情况下，它就使任何一种以历史地个别化的方式叙述的发展完全失去意义。叔本华早已看出这一点，因此，他有理由从他的形而上学观点出发否认历史学具有意义。毋宁说，为了使历史之物的一次性发展成为合理的，形而上学本身必须变成为"进化的"，换句话说，必须把生成和变化这些概念移植到世界的形而上学本质之中。其次，它不能把这种自我发展的本质想像为它对于有价值或无价值采取一视同仁的态度，因为，如果那样就不能从其中获得任何用于历史概念形成的指导原则。最后，关键之处在于，这门科学必须把形而上学世界以及它与经验现实的关系设想为完全理性的或者在概念上清楚明白的，也就是说，它必须知道形而上学本质依据以得到发展并进入现象的那条普遍规律，因为只有这样才可能以一种科学上有根据和逻辑上十分明确的方法把经验世界与形而上学世界联系起来，并且有把握地把历史生活中的本质之物和非本质之物区分开。任何一种非理性的或超科学的信念，例如宗教信仰，不论从另一种观点看来可能多么重要，但对这里探讨的科学的"客观性"而言，都始终是没有意义的。

如果我们设想这些条件已经得到满足，并且询问那样一种理性的、明智的形而上学将给历史学家的科学活动提供什么，那么这个问题是不难回答的。为了以一种普遍有效的方法把漫无边际的经验世界中的本质之物和非本质之物区分开，我们需要一条选择原则，参照这条原则把历史概念中的本质内容凝聚为一个统一体，并把其他一切内容作为非本质之物置之不理。世界中的这种可以从理性上加以理解的形而上学本质是否可能曾经是人们在叙述下述那种现实时所依据的选择原则，这种现实是形而上学本质的表现，我们理解这种现实与形而上学本质的关系并使之成为理性的？毋宁说，这种对本质和现象之间的关系所作的理性认识难道没有恰恰否定了这种可能性？一旦我们知道这种本质是依据什么样的普遍的形而上学规律发展着并在发展过程中进入现象，我们就会看出整个经验现实必然以相同的方式为这种本质在现象中得以显现所必需，从而我们立即失去在现象的历史世界中把本质的个体与非本质的个体区分开来从而形成历史概念的可能性。

黑格尔的形而上学最为清晰地表明了这一点；在所有的形而上学体系中，黑格尔的形而上学似乎与历史观保持最为协调的关系。因此，我们在前面阐述它对历史学的积极意义之后，现在还要考察一下其中包含的这样一种倾向，一旦我们把它改造为上述意义的历史形而上学，这种倾向就获得一种全然是反历史的性质。如果自由概念比那个可以把历史中的本质之物与非本质之物区分开的价值概念具有更多的内涵，那么"凡是理性的事物都是现实的，凡是现实的事物都是理性的"这个引起争议的命题，事实上就获得这样一种意义，即就精神在现象世界中逐渐发展而言，任何一种经验的现象都是同等地必要的，从而具有相同的意义。可是，一旦做出这个论断（黑格尔肯定不想这么说），那就不再有任何历史学。在那种情况下，世界上的一切事物都以相同的方式或者是历史的，或者是非历史的，一切个别之物都失去它的独特意义。它变成为类概念的一个无关紧要的事例，类概念所表现的是世界精神的合乎规律的发展中某一阶段的普遍本质。

可以把这一点加以普遍化。唯心主义的形而上学进步概念，也如自然主义的进步概念一样是反历史的。自然主义者试图从通过选择达到适应这一原则中得出这个进步概念。我们在前面已经表明[1]，进步规律在否定历史的个别性方面并不比自然规律逊色。因此我们不需要进一步加以论述，只需要指出下面这一点就足够了：一种通过理性认识的形而上学实在（经验现实与这种实在有一种通过理性加以认识的关系），恰恰不能给与历史学以它所需要的那种东西，即"客观的"选择原则。我们也可以说，那些自以为已经认识了世界的普遍发展规律的形而上学唯心主义，与那种把绝对的现实看作

第二部分　自然哲学和历史哲学

一个永恒的循环过程的形而上学自然主义完全一样，都必然把历史的一次性过程看作是无意义的和多余的。黑格尔之所以对历史科学具有意义，是由于他认为自由是一种绝对的价值，并在历史过程中追踪它的发展。可是，他没有详尽无遗地把这个在时间方面真实世界的本质理解为一种合乎规律地走向自然的进展，正是由于这个缘故，那个甚至在他看来也是以非理性的方式存在着的历史经验现实，通过与自由的绝对价值相联系，而被分成一系列发展阶段，正如每一种历史叙述通过与价值相联系而必然对其材料加以划分那样。如果黑格尔曾经认真地思考一切历史的现实之物都是"合乎理性的"，那他就不会写出他的历史哲学。这种历史哲学只能产生于这样一个前提之下！经验现实的一种形态比另一种形态具有较多或较少的意义。

然而，正是这种情况使我们想起另一种看法。也许，仅仅对那只知道一种原则的"一元论"形而上学而言，才不可能以形而上学方式去论证历史哲学，从而为历史概念的形成提供一些客观原则。对那个从善的形而上学原则和恶的形而上学原则的斗争中去观察世界本质的二元论体系而言，难道它也不能给历史学提供更多的东西吗？在那种情况下，难道经验的现实就不可能与两种超验的世界力量之间的斗争有所联系吗？是否那样一来在一元论的思想框架中不能合理地存在的东西就变成为可能的了？

即使在这样的前提下，也只有当我们认为或者这两种形而上学原则相互之间的关系，或者这两者与经验现实之间的关系，都没有变成理性的时，也就是说，只有当我们还没有以形而上学方式理解这个世界时，我们才能把这个时间性的过程看作历史。可是，在那种情况下，仍然不可能表述那个具有形而上学客观性的一次性历史过程。另一方面，如果我们知道这两种世界力量依据以相互斗争的那条普遍规律，或者知道其中任何一种力量或者两种力量进入现象之中的那种必然性，那么世界中的一切事物又都是同样地本质的，也就是说，我们必须把任何一种现象与这种形而上学对立连到一起，这样也就否定了历史概念形成的可能性。

简言之,在"乐观的"形而上学看来,一切事物都变成本质的,在"悲观的"形而上学看来,一切事物都变成非本质的,而在那种以善与恶这两种原则之间的斗争为前提的二元论形而上学看来,一切事物对于形而上学世界的对立而言,也具有一种特定的积极意义或消极意义。只有当我们不是以形而上学方式去理解世界,并且与经验的现实保持一种非理性的关系时,历史学才依然是可能的。那种对理论知识而言是非理性的现实,就它与价值的关系而言也必定依然是非理性的。显而易见,这里的"非理性的"一词并不是意指反理性的,而仅仅表示现实之物对于概念和价值是漠不关心的。可是,任何一种理性化,不论它是自然主义的理性化还是唯心主义的理性化,作为一种以形而上学方式加以理解的东西,其实都否定了事物由于它们的个别性而具有的意义。与道德愿望相似,历史思维也与迟钝世界的抵抗,与现实就普遍概念和价值而言的不可穿透性,都有联系。甚至那种以前所未有的方式进行历史思考的哲学,即德国唯心主义,也没有看出这一点。因此,我们在这个方面必须从原则上离开它的基地。

不过,我们在这里始终仅仅关注那种旨在以逻辑方式力图从经验现实向绝对实在推进的形而上学,因为我们的唯一目的在于确定它是否能够给予历史学以一种与自然科学的客观性处于同等地位的形而上学客观性,我们当然远远没有想要根本否认关于处于经验之外的那种绝对实在的信念的合法性,或者声称这种信念与历史观是不相容的。有人可能认为,如果假定经验的现实与那些在形式上普遍的价值有一种必然联系,这种联系已被看作历史学具有科学必然性的前提,而且我们深信一切真实的人类价值即使从科学观点看来也不能被看作是无关紧要的,那么这个单纯的假定中就包含有一个形而上学信念。因为,只有当绝对有价值之物与经验的现实之间存在着某种真实联系时,这两者才可能有一种必然联系。由于这种联系往往可以与经验相分离,因此必须把它看作形而上学的实在。

然而,即使情况可能就是如此,那也只有在关于绝对价值的绝对有效性的信念不再受到怀疑的情况下,才能形成关于这种见解的正

第二部分　自然哲学和历史哲学

确性的信念,而且这种信念还必须建立在关于这种有效性的信念之上。因此,一种如此地"建立起来的"形而上学绝不适合于给历史学提供依据,因为这种形而上学恰恰应当建立在价值的有效性之上。它根本不属于那种以寻求整个世界的理性化——即寻求对形而上学本质获得一种逻辑上明晰的认识——为目的的形而上学;我们在这里只想说明这种形而上学对于历史科学是没有价值的。这一点已经表明,任何一种想赋予历史学以一种与自然科学据说具有的那种形而上学客观性同等程度的形而上学客观性的尝试,都是没有希望的。这样一来,为了使这两门科学都建立在同一个基础之上,就只剩下一种可能性,这就是甚至关于自然科学具有一种科学上有根据形而上学客观性的信念也被证明是虚妄的。

我们是否有理由把固有的世界一般地称为"现象",而把那个原则上无法经验到的实在之物看作认识的"对象"呢?只有在对这个问题做出决断之后,才能对科学概念形成所具有的那种客观性的本质做出评论。

如果我们目前再考察一下关于物体世界的科学,那我们在谈到这门科学的许多概念时肯定没有想到把这些概念看作形而上学实在的图像,相反,每个人都确信为大多数事物所共有的概念内容的确仅仅存在于特殊的和个别的经验对象之中。我们在前面可能已经表明词义的内容本身不具有任何实在,无论是物理的实在或者是心理的实在,而是把非实在的感性构成物看作世界的组成部分。除了那些在经验现实的特定位置上成长着的各种各样的个别植物外,没有任何一种实在的"植物"。除了存在于经验世界中这里或那里的众多事物外,没有任何真实的"光"(Licht)。因此,难道不可以把关于一般的物理之物的概念的形成,或者关于"终极之物"概念的形成,仅仅理解为这些过程的完成,在这种完成中,人的思维逐渐上升而连到一些愈益普遍的概念? 或者毋宁说,在一个概念的形成过程中,当全部物理存在都排列起来时,它的内容突然又与经验世界之外的另一个现实相对应? 是否这个概念为了能被看作非实在的感性构成物,它又应该同时是一个形而上学实在的图像？

难以完全消除这样一种想法，即纯粹数量的、机械的自然观在纯粹数量的物体现实中有它的对应物，如果这种对应物是实在的，它就被这种自然观所反映。因为，许多人如此习惯于这个形而上学教条，以致他们认为，如果人们能够愈来愈深入地分解一个物体的组成部分，人们最终就会达到就"原子"这个词的严格意义、即逻辑意义而言的原子，只是我们的感官还不够敏锐、我们的工具还不够精细，以致不能把这个分解过程完全进行到底。尽管如此，人们曾经试图使那种隐藏于这种想法之中的形而上学概念实在论，也进入到自然科学之中，进入到那种充满空间的基质（Substrat）之中，这种基质只具有数量规定性，并不是真正的认识对象，像我们直接感知的经验现实是认识对象那样。那时，人们就会明白，任何一种关于一个具有纯粹数量规定性的原子世界（在其中只有简单之物及其自我变化的运动）的想法，都不外是一种得到认可的关于最终目的、关于康德意义上的"观念"、关于那个必然向认识者提出的课题的想法。

换句话说，人们应当认识到，凡是在自然科学把"原子"说成是现实的场合下，自然科学都不可能是从逻辑的意义上理解原子，即不是把原子理解为一种只具有量的规定性的构成物。此时，人们就会明白，为了理解现实，我们虽然把现实想象为由原子组成，因为只有这样才可能形成一种关于物体世界的绝对普遍的理论。不过，现实并非由于这个缘故就真正是由原子组成，就像沙堆由沙粒组成那样。毋宁说，真实的物体始终是那种我们看到、触摸到、品尝到的等东西，而且，不论我们用什么样的概念系统把它们包裹起来，以便形成一种关于它们的理论，它们必定仍然是原来那个样子。人们还进一步理解到，即使我们的感官更加敏锐，我们的工具更加精细，我们在进展如此深远的分解过程中仍然不能更进一步接近那些只具有纯粹量的规定性的原子，而是始终会遭遇到一些具有质的规定性的事件，这些事件与经验世界中的事件从原则上说没有什么区别。如果我们把纯粹机械的原子世界想象为实在，那么这种想法就包含现实中没有任何质的事物这样的论断,这种稀奇古怪的形而上学在自然科学领域内也将愈来愈失去其立足之地。

部分说来,情况已经就是如此。我高兴地赞同奥斯卡·赫特维希(Oskar Hertwig)所说的下面这段话:"自然科学家仍然认为,把世界说成是一个由相互碰撞的原子组成的机械装置这种说法立足于一种虚构之上,这种虚构对于说明许多关联可能是有益的,但不符合于现实本身。……在他们看来,自然科学家通过其全部感官识别出的现实世界具有无限众多的特性;与现实世界相比,这个变得没有任何特性的世界仅是一个空洞无物的虚幻之物,可以把这个虚幻之物比拟为冥府的幻影时,它像雾那样从他的手中偷偷溜掉。"[2]撇开这段话里隐藏的某种有些可疑的"实用主义的"腔调不谈,作为这些话语的基础的那种观点完全是正确的。纯粹力学的那个变得"没有任何特性的"世界已不再是任何现实。可是,如果人们看清楚这一点,人们也就可能不再怀疑,从现实里纳入这些概念的内容之中的东西愈少,这些概念也就愈加广泛,而且在自然科学的意义上也就愈加完善,人们也就不应该使自然科学概念形成的客观性依赖于自然科学概念的内容与绝对实在相一致。人们就乐意于在关于物体的科学中放弃任何形而上学的客观性。

易于对心理学理论进行类似的考察。这种考察将得出这样的结论:即使在这里关于"简单之物"的概念也是与现实不相符的,因此心理因素也与原子一样不是认识的真正对象,而是认识的课题,是认识力求达到、然而绝不可能达到的目标。不过,我们不想更进一步推进这种考察,因为不需要对不可能有一种与关于最普遍的物体科学或心理学的理论相对应的形而上学现实这一点,提出更加严密的证明。因此,我们在这里只限于考察这样一个问题:是否有可能使一种绝对真实的形而上学存在成为自然科学概念形成的客观性的标尺,并以自然科学的这个标尺为基础,要求自然科学具有一种比那些不把那样的存在作为标尺的科学更加坚实的客观性。

如果我们假定那些从逻辑意义上说的确在"本质"上由原子组成

的物体完全不同于我们从经验中认识的物体，那么我们就始终是沿着对经验现实进行加工和改造这条道路到达原子概念，因此，在我们断定我们的思想与原子的绝对现实相符合之前，我们必定已经预先假定那种把我们引至形成原子概念的观点是有效的。可是，一旦我们这样做了，那种把我们的认识原则的有效性建立在那种其概念只能以这些原则为基础而形成的事物的真实存在之上的做法，就失去任何意义。尽管如此，如果我们想假定在形而上学的存在与概念形成的指导观点之间有联系，那我们就必须相信在我们的概念与绝对的现实之间有一种先定的和谐。然而，那样一种预设肯定无助于论证自然科学概念形成的客观性。在这种情况下，毋宁说，概念的有效性恰恰与关于先定的和谐的假设一样是可疑的。

而且，我们还可以多说几句。自然科学通过对已给予的经验存在进行改造而认识的那个绝对真实的存在这样一个假设，已使自然科学完全不可能获得任何一种概念的客观性，因为自然科学仍然总是被一条不可逾越的鸿沟把它与其对象分割开来。我们认为，只有当我们把自然科学声称要加以重现的那另一个世界看作概念世界，更准确地说看作一个非现实的、具有逻辑"意义"的世界，因而无论如何不是被看作实在时，我们才可能有一条通向自然科学知识的道路。在这种情况下，自然科学并不是要反映或者重现这个非现实的世界，而是通过自然科学的认识过程使认识者意识到他把这个世界理解为一个关于经验实在的概念世界。在做出这种理解的场合下，那些似乎使自然科学的终极概念受到拖累的种种不可能性都消失了。譬如说，原子概念作为一种真实事物的图像就包含有矛盾，因为我们所认识的任何事物都是杂多的统一，我们没有理由假定的确有一些简单之物。相反，我们看出自然科学并非是对形而上学现实的重现，而是以可以理解的方式把握那个得到认可的关于经验实在的概念世界，与那种不能一览无遗的现实相对立，这个概念世界必定是可以一览无遗的。于是我们理解到为什么自然科学形成的那个关于存在的概念与我们所认识的一切事物是有原则区别的。我们绝不能够在经验

第二部分　自然哲学和历史哲学

现实中把那个向简单之物推进的分解过程进行到底；由于我们需要对在分解系列的终点形成的事物有一个概念，于是我们观察这个系列，仿佛它会达到终点，从而获得原子概念，以便借助于它而建立一种纯粹数量的、把物体的一切杂多加以简化的理论。可是，在这种情况下，原子就科学的严格的、逻辑的意义而言并不是任何现实，而且像我们已经说过的那样，即使从这种观点看来也是一个"观念"，这就是说，它绝不是作为实在被给予的，而总是被扬弃的，它不是存在着，而是被"看作"一个最终的、其实绝不能达到的认识目标。[3]

人们不必害怕，这样一种观点就自然科学而言会导致某种相对主义的或者实用主义的、因而也是怀疑论的结论。按照我们的假定，这恰恰排除了对于原子概念——作为纯粹数量的或者机械的世界观的一个必不可少而且可以理解的前提——的有效性的任何怀疑。可是，对于自然科学概念形成的客观性而言，则仅仅取决于这种有效性。我们想排除的是这样一种偏见：科学必须建立在现实的那种始终值得怀疑的"绝对"存在之上。因此，如果我们也不主张把那种就其严格的、即逻辑的意义而言的原子看作现实，那么这种观点与原子论者进行的斗争（例如，马赫进行的那种斗争）就没有任何共同之处。当有人把这里提出的这种观点表征为在许多方面与马赫的观点相接近时[4]，这一点表现得更加明显。我们与马赫共同之处仅仅在于双方都否认以形而上学方式把自然科学的物体概念解释为超验实在的图像；尽管如此，我们所依据的认识论就其本质而言恰恰与马赫所代表的那种认识论是对立的。而且，我们在马赫把世界说成是感觉的复合物这种解释中，看出一种与形而上学原子论者的解释同样没有根据的形而上学理论，因为马赫的"感觉"也含有一种由于把逻辑原子设置为超越现实而犯下的逻辑错误。正如不能把世界设想为简单之物或者"终极之物"那样，也不能把世界设想为绝对的实在。

这里剩下的工作只是要消除那个超验"实在论的"假定，它是为了保证自然科学概念形成的客观性而被引入的。在这个方面，我们不需要担心那个为了以实证方式论证有效性而建立的新结构。因为,一旦摧毁了那些形而上学教条,特别是当我们已把自然科学的"终极之物"理解为一些即使不一定具有真实的存在也是有效的"观念",那也就不需要对历史学的客观性提供形而上学的支撑,而这里的问题仅仅取决于此。

相对于自然科学而言,历史学现在也并非处于与自然科学在试图从纯粹经验方面论证其客观性时所处的那种同样不幸的境地。与此相对的看法依据于这样一种偏见:与通过历史叙述形成的个体概念的内容相比,人们具有更多的理由把自然科学的普遍概念的内容加以实体化,使之成为形而上学的本质。事实上,从形而上学客观性的理想这种观点看来,这两门科学的客观性都同样是微不足道的,这就是说,就这两门科学而言,所说的都不可能是它们的内容与那种独立于任何概念形成而存在着的现实相符合。那种建立在以反映"真实存在"为目的的认识概念之上的科学客观性概念,从各种观点来看都是应否定的。那些植基于以柏拉图主义的方式把有效的价值变为超验的现实这种做法之上的认识论理想,已处处表明是根本无法达到的,因此,如果把这个观念贯彻到底,不论在历史学或者自然科学中,都只会导致怀疑论。

注 释

〔1〕 参见前面第 320 页以及其后数页。

〔2〕《关于 19 世纪生物学的发展》。

〔3〕 早在魏亨格尔(Vaihinger)试图赋予"仿佛"(als ob)这个概念以"虚构"意义之前,这个论点已经发表了,并且这里表述的这种看法与现代的仿佛哲学(Als-ob-Philosophie)在实质上没有任何共同之处。此外,早在 1788 年,在弗尔贝格(Forberg)那里已经出现对康德的这种现代版的误解,费希特对这种误解作了有力的批驳。在魏亨格尔的仿佛哲学出版之前,我也同样于 1899 年在《康德研究》中的一篇关于费希特的无神论的论文中提出这一点。无论如何,任何"虚构主义"都与我相距甚远。

〔4〕 参见克莱因彼得(H. Kleinpeter)的文章,载于《系统哲学文库》,VI,第 87 页和《大众报附刊》,1901 年,206。

四　价值的客观性

如果不论经验的现实或者形而上学的现实在都不适合于赋予自然科学概念形成和历史学概念形成以客观性,那么还剩下一条什么道路可能引向理解概念的科学有效性的根据呢？不言而喻,要对这个问题做出圆满的回答,就会远远超出我们的理解范围。我们必须像从前那样只限于考察历史学的客观性和自然科学的客观性之间的关系。不过,即使仅仅为了弄清楚这种关系,我们也不能回避要对我们关于一切认识本质的看法由以决定的那些普遍的基本概念作些说明。

可以期待,有些人会根据前面的阐述把我们的认识论观点称为就谴责意义而言的"主观主义"。事实上,如果人们把概念认识为了成为"客观的"而必然指向的那种东西称为认识"对象",那么我们就会知道由于这个对象既不能与绝对实在的存在相等同,又不能与经验的现实相等同,因此它不是自然科学概念和历史学概念的现实地或实在地存在着的"对象"。我们认为,只有那种被改造为概念的事实材料才是现实的或者实在的。[1]因此,概念的有效性仅仅依据于认识主体在形成概念时进行的活动,这种活动无论在自然科学或者在历史学把材料改造为概念的过程中都起着决定性作用。在任何场合下,都需要把本质之物与非本质之物区分开,而且认识主体总是要做出这种区分。在此限度内,我们便要采取"主观主义的"观点。首先,我们想再一次阐明在什么程度上认识论必定是上述意义上的那种"主观主义的"。为此目的,我们试图把科学概念认识中我们在这里或那里部分地涉及的那些各不相同的主观主义因素做些系统的排列。

如果人们想一想认识主体表现出来的各种不同的态度,那就可以在这里把两种主观主义区分开。关于认识主体,我们可以说,部分说来,它直观着或者"想象着",换句话说,它只不过把所与之物接受下来;不仅如此,认识主体要对它所直观、想象或者接受下来的东西采取某种态度。我们用另一些词汇把评价与就最广泛意义而言的"想象"对立起来;与此相对应,科学认识也许不仅依赖于进行想象的主体,而且他的这种依赖必须进一步被那个进行评价的主体所确认,于是人们在其中看到一种更加"主观主义的"主观主义。同时也很清楚,这种可能发生的情况是怎样与自然科学客观性和历史学客观性的关系问题连接在一起的。由于价值是历史学的指导观点,因此看起来历史科学不仅依赖于进行想象的主体,而且依赖于做出评价的主体,因而历史学的客观性一开始就比自然科学的客观性更加有问题。然而,正是由于这个缘故,我们想把各种不同的主观主义因素的展示与下述证明联系起来,即自然科学也必须被看作是不仅同样依赖于进行想象的主体,而且同样地依赖于做出评价的主体,这就是说,我们首先把自然科学下拉到历史学的主观主义水平,以便看出在这种认识论主观主义的基础上,科学客观性可能意味着什么,然后考察自然科学概念形成的有效性与历史学概念形成的有效性之间存在着什么一种关系。恰恰借助于这种方法就能表明,为什么自然科学概念的客观性从原则上说并不大于历史概念的客观性,换句话说,为什么如果不承认某些有效的价值,就根本不可能有科学概念形成的客观性。

为了对任何一种科学知识中通过概念呈现出来的那些主观主义的组成部分获得一个概念性的了解,我们在进行想象的主体和做出评价的主体之外,还把对材料的认识中包含的那些主观因素与在科学认识或者通过特定概念形成的形式对材料进行概念改造中隐藏的那些主观因素,明确地区分开来。于是得出四种不同的可能性。第一是进行想象的主体必然与科学的形式相关联;第二是进行想象的主体与材料和形式相关联;第三是做出评价的主体也与科学的形式相关联;第四,最后是无论形式或者材料都被设想为与做出评价的主体没有关系。这四种可能性以如此方式排列出一个系列,在这个系列中,科学中包含的这些主观因素总是愈益增多,以致认识中的主观主义最后达到可以想象的最高水平。

根据前面所做的阐述,人们就不会怀疑一切科学概念形成的形式至少都与进行想象的主体相关联。如果我们假定只有经验的实在才是科学的材料,而这种实在形成一种漫无边际的杂多,科学又绝不可能对这种杂多做出纯粹事实性的证实,那么,不言而喻,科学就只有通过主体所进行的改造活动才能产生。同样,我们知道,不预先假设一种形而上学地真实的存在,甚至经验科学的材料就其纯粹的事实性而言也必定与进行想象的主体相关联,因为在那种情况下就只有一种给予进行想象的主体的现实,或者一种"固有的"现实。因此,我们不需要继续对下述这种观点做更加详细的论证,即经验科学的形式和内容都以相同的方式与进行想象的主体相关联。

不过,对于认识与做出评价的主体的关系,却需要做一些明确的阐述。首先,就概念形成的形式而言,正如已经阐述的那样,做出评价的主体虽然对于历史学具有决定性的意义,但对于自然科学来说似乎却不具有这种意义,因为,我们已经知道,对实在对象所固有的一切价值置之不理,这甚至恰恰是自然科学的一个必要前提。尽管如此,是否自然科学的形式仍与做出评价的主体有联系呢?

事实上,可以证明这种联系是必不可少的。诚然,不言而喻,只有历史学的对象才是通过理论价值联系而被纳入历史概念之下,自然科学的本质却要求撇开对象与价值的理论联系。但是,不能由此得出,自然科学的概念形成在任何一个方面都可以不依赖于做出评价的主体。我们在前面已经谈到这个问题。[2]为了能够尽可能清楚地展示历史学独一无二地特有的那种与价值的理论联系,我们在前面没有考察为一切科学概念形成所必不可少的评价。然而,现在重要的是要阐明,在什么样的范围内任何科学概念的形成都是评价性的,或者在什么样的范围内任何一个认识主体都必须对价值采取某种态度。在这里可以表明,虽然自然科学的实在对象可以与价值的理论联系分离开,正如与实际的评价分离开那样,可是,如果自然科学要能成立,那么自然科学用以把这些对象纳入普遍概念的系统之中的那些形式必须被主体认可为有效的价值,因为只有参照那样一些得到认可的价值,主体才能把本质之物与非本质之物区分开。因此,归根到底,任何经验科学的形式都必须被看作是由对一定价值做出认可的主体加以评价的。不仅如此,我们还可以直截了当地说:即使不考虑为个别的主体所固有的价值联系(对于自然科学的普遍性而言,这种不加考虑是必要的),仍然只能把这种不加考虑理解为那个对自然科学概念形成的形式做出评价的主体的活动。在这个限度内,任何概念形成都不可能回避评价活动。

最后,还剩下第四种可能性需要加以讨论,即是否不仅科学的形式,而且科学的材料(就纯粹的"事实材料"这种意义而言),都必定与做出评价的主体有联系,或者说,是否这种可能性的提出只不过是为了求得系统的完备?看起来,情况似乎是如此,因为,声称所与的事实或者经验的现实为了能够被认识就必须与评价有联系,这种说法意味着什么呢?由此我们到达这样一个点,要获得对下述思路的透彻认识,就依赖于对这一点的理解。不过,在这里,为了我们的特殊目的,也只需要对以前已经反复提到的那些想法[3],做一些明确的阐述。

只有当一个事实被认识时,换句话说,只有当那个把它断定为事实的判断被看作是真实的时,科学才会考察这个事实。可是,对认识主体而言,那个被称为"真实的"东西就是具有理论价值的东西这种想法,在任何场合下都与关于真实判断的概念不可分离。这样一来,在那个要求成为真实的判断中对任何事实的确认,都已经包含把真理的价值以及认识主体对这种价值的承认采取某种态度,当作必要的前提。因此,认识的主观主义其实就已延伸到如此的远度:不仅科

第二部分 自然哲学和历史哲学

学的形式、而且科学的材料(即那些被看成是真实的事实,更准确些说,那些纯粹的事实判断),都必定与做出评价的主体有联系。如果某种东西有理由被看成是现实的,那么认识主体就必然把一种内容称为现实的,或者赋予这种东西以现实的形式,而这种必然性只能是理论价值的必然性,这正是这个问题的关键所在。

因此,根本没有一种与那个做出评价的、承认形式与内容紧密相连的主体没有任何联系的认识。这样一来,与价值无关的自然科学概念形成和那与价值相联系的历史学概念形成之间的原则区别就不会再一次遭到怀疑,我们也不需要对这一点详细加以论证了。首先,在自然科学中将要被认识的对象的个别性仍然与价值没有任何联系,也就是说,只有自然科学中的认识主体在形成概念时所做出的判断所含有的真理价值必定被隐含得到认可时,这个认识主体才做出评价。不仅如此,这种认可因而截然不同于对象与价值的历史联系,不同于个体的形成,因为它所表达的不是纯粹的价值联系,而是认识主体所作的直接评价,是对形式和内容紧密相连的认可。

这一点已足以表明,任何一种知识的概念在什么程度上包含有做出评价的主体的思想。如果人们了解这一点,人们也就知道仅仅从认识论观点来看科学概念形成的客观性问题可能意味着什么。这个问题仅仅取决于认识主体在认识过程中对之做出判断的那些价值的有效性。如果这些价值是有效的,那么参照这些价值而形成的概念便具有科学的客观性,而且甚至是人们能够期望的那种最高的客观性。相反,如果这些价值不是有效的,那就根本再也不能谈论什么科学的客观性。

下述这种荒谬见解出现在任何一个"实在论"的地段之上,因此还要表明我们并非断言,个别的研究者清楚地意识到他的概念的有效性或者他的判断的必然性始终都是价值的有效性和必然性。在经验科学中,个别的研究者易于接受这样的假定:事物的确像所判断的那样"存在着",完全不依赖于认识主体。然而,在认识论中,我们却不能贯彻这个假定。我们绝不能借助于这个假定去理解科学知识的客观性意味着什么,因为被我们的概念的内容如实地再现的那个"真实的"世界根本就不存在,或者至少我们对它毫无所知。因此,如果那个自在地存在着的现实成为科学概念形成的标准,那么,正如我们已经看到的那样,这就恰恰会导致一些怀疑论的后果,我们必定会对科学概念形成的客观性产生怀疑。这种客观性只能建立在理论价值的有效性之上,而绝不能建立在纯粹现实的存在之上。

诚然,有人会认为某些价值的有效性——关于这些价值,我们可以表明,如果某件事被断定为真实的,那么这些价值就总会获得认识主体的认可——可能遭到怀疑,因而是科学客观性的一个很不可靠的基础。然而,如果把这种怀疑彻底地贯彻到一切价值之上,那就会全盘否定真理概念,从而把我们引到逻辑荒谬。我们知道为什么任何一个要求成为真理的判断都必须以真理价值的绝对有效性为前提,因为在一切场合下都不可避免地要承认某一种价值的有效性。不过,另一方面也要承认,我们借此也只不过获得一个普遍原则,也就是说,我们还不知道需要预先假定什么样的特殊价值是有效的。在这方面,我们也不想对科学概念形成的客观性所依据的那个理论价值系统进行阐释和论证。不过,我们想用一个事例说明那样一条原则,借助于这条原则就能说明在什么范围内某些假定是必不可少地必要的或者毋庸置疑的。这条原则是以确定历史学的客观性和自然科学的客观性之间的关系。

那些研究自然规律的人们预先假定,任何一个绝对普遍的判断都是有效的,因而绝对普遍的形式在他们看来必定是一种有效的理论价值。诚然,也许有人可能说绝对普遍的判断并不是有效的,这种情况似乎并不像在那种根本否认一切理论价值的绝对有效性的判断中包含有矛盾那样包含有矛盾。然而,这取决于我们是在什么意义上理解绝对普遍的判断是无效的这个论断。如果这个论断只适用于某种特殊情况,因而说这个特定的、个别的认识主体不能在这个特定的时空位置上对特定的认识材料做出任何绝对的普遍的判断,那么这个论断当然是无可反驳的。可是,在那种情况下,它与自然科学概念形成的客观性所依据的那个认识论假定也没有发生矛盾,相反,它只不过包含一种纯粹的事实陈述,而这种陈述对于认识论问题毫无意义。不言而喻,简单地把这样一些纯粹的事实陈述堆积到一起,这根本没有做出任何进展。只有当一切自然规律的绝对普遍的有效性以及做出任何一种绝对普遍的判断的可能性都遭到质疑时,才会出现这样的情况,即有人试图否认那些在形式方面作为自然科学规律概念的逻辑前提、从而也必定被看作理论价值的事物。可见,那样一种试图本身就必须具有绝对普遍的判断这种形态,因而它已经包含对它想要否认的那种形式的前提的认可,也就是说,它声称要对它自己的有效性所依据的东西提出质疑,从而它必定要把它自己作为一种逻辑荒谬加以否定。

诚然,彻底经验主义的拥护者习惯于把诸如此类的论证说成是"诡辩"。不过,这里呈现出一些细微的混淆,因为在柏拉图的对话录中,诡辩论者的理论恰恰是以目前人们喜欢称之为诡辩的那种方式加以驳斥的。因此,人们在这种场合下指责诡辩论者时需要小心谨慎,当你处于相对主义的玻璃房内时,不要乱扔石头。对于诡辩论者的绝对相对主义和现代的经验主义,很容易用下述方式加以批驳,即把它的内在矛盾提示出来,并通过引出它自己的结论来证明它是荒谬的。对于作为一切知识的基础的那些前提,一般说来也不能以其他方式加以证明。人们必须明白,对这些前提的有效性的攻击是在兜圈子,因为攻击者为了能够提出他自己的证明,就必须以他所攻击的那种东西作为依据。因此,心理逻辑主义一旦试图利用自然科学对认识过程的解释得出关于认识前提的有效性的判断,它也同样是在兜圈子。譬如说,休谟的那些从原则上说至今仍没有被超越的分析,就包含有许多诸如此类的对认识论的侵犯,从而证明它同样没有走出上述那个圈子。如果休谟不是在许多场合下都预先假定因果原则和因果规律的有效性,他就不能向我们详细说明因果概念的形成过程。只有借助于因果概念,他才能够表明那个反复发生的相继过程如何在一切场合下都必然引起观念的联想,因果概念正是以这种观念联想为基础的。诚然,如果这样一种理论能够说明关于认识的形式前提的正确性的信念是如何逐渐形成的,那么这种理论是有价值的。可是,对于这些作为理论价值的前提的有效性,它却绝对不能有所说明。

519　　更进一步深入讨论自然科学概念形成的客观性问题,这不处于我们的计划之内。如果这种客观性的前提的有效性只能被那个本身已经包含有这些前提的命题所批驳,那么只有认识主体才能以这些前提为依据而形成认识材料这样一种情况,就无论如何不再是用以批驳自然科学概念形成的客观性的根据。不仅如此,即使假定如果不承认有效的理论价值就不能实现普遍化和确定规律,我们此时所关注的仍然仅仅是历史学的概念形成与自然科学的概念形成处于一种什么样的关系这个问题。

我们已经知道,另一方面,历史叙述比自然科学叙述更加靠近对纯粹事实的陈述。人们可以把那种就此词语的最广泛意义而言的关于纯粹事实的知识称为历史的。因此,在此范围内,历史科学比自然科学提出较少的假设。可是,这仅仅与我们在本书第三章中作为方法论问题提出的那个历史学概念相关联,因而历史概念形成的客观性(它不只是纯粹经验的)在这里仍然是有问题的。正如我们新看到的,历史科学必须假定世界的一次性发展与任何一种绝对有效的价值处于必然联系之中。是否这也就是那个并没有把历史学的客观性降低到自然科学的客观性的水平之下的假设呢?

为了回答这个问题,我们还要思考一下以前没有考察过的关于认识的另一个方面。由于没有概念就无法进行科学研究,因此科学始终拒绝任何纯粹直观的或者"直觉的"知识。正如人们所说,科学还必须始终"以讨论方式"进行,而且,与此必然相关的是,真实的认识要经历一定的时段,或者要通过一系列的变化才能达到目的。不仅如此,由于这个目的对于认识主体具有绝对的价值,因此不可避免地要把这个引向认识的变化系列理解为一种与价值相联系的发展,这是就前面所谈到的关于发展概念的第四种含义而言。[4]最后,由于

第二部分　自然哲学和历史哲学

与这种发展相联系的价值在这种场合下是绝对普遍的价值,我们由此已经看出那些被我们看作客观历史概念形成条件的前提从原则上说已经得到实现,换句话说,一旦我们把现实的认识过程本身看作认识对象,我们就绝不能仅仅以自然科学方式、而必须还要以历史学的方式考察这个过程。由于历史的、与价值相联系的发展概念包含有历史思维的另一些形式,因此我们从原则上说已经由此获得我们所需要的一切。每一个新的、现实的认识活动从认识的价值观点看来都将变成历史的个体。这些认识活动的总和凝结成一种历史的发展。由于这种发展必然是那个最为普遍的、即最为广泛的现实整体中的一个环节,因此这种不能被看作纯粹个人的和主观随意的认识观点,必然会把它自身转移到历史联系之上,也就是说,这种历史联系本身也采取一种历史的、与价值相联系的发展形态。

简言之,我们现在已经无论如何不再怀疑,即使以上述方式把现实理解为历史这样一种观点,至少就现实的认识过程而言,也具有一种超越个人的或者客观的有效性。从只能沿着变化系列这条道路而达到其目的的那种知识的性质看来,可以把这种客观性所依据的那些形式理解为必然的。因此,这些形式本身并不比关于绝对普遍的自然规律的研究所要求的前提具有较少的客观性。

这样一来,自然主义从原则上说便被粉碎了。即使对于自然科学家来说,他所研究的那种东西作为实在而言也仅仅存在于那些或者形成自然科学概念、或者对这些概念有所理解的人士的现实思想之中。从那种没有任何人从事自然科学考察的环境出发,通过许多人的工作,逐渐形成对于世界的自然科学研究,这样一个一次性的发展系列必然以如此方式表现为具有科学的必然性,以致这个发展系列在其个别性方面与自然科学的文化价值联系在一起。可是,自然主义者恰恰必须承认,对概念形成提供指导的文化价值是绝对有效的。由于自然科学的历史发展不是与世隔绝的,而是与人类的整个文化发展处于一种历史的因果联系之中,而且这整个发展在其特性方面必然对自然科学发展的特性发生重大影响,因此这种客观的、历史的价值联系必然被转移到人类文化的整个发展之上。

可是,如果自然主义如此承认关于一次性的、个别的发展过程的叙述的科学客观性所依据的那些最普遍的前提,那么对它而言只剩下把人类及其活动再次置于历史现实的中心,不论它可能怎样想象人类在整个宇宙中所处的空间位置,也就是说,一旦它思考它自己的历史,它就必定有理由把它的全部科学根据授予历史观点。有些人认为人类历史对于古代和中世纪的世界而言也许具有科学意义,可是,自从全部历史的舞台从空间的中心转移到宇宙中的任何一个偏僻角落,人类设置的一切目标对于科学而言的客观价值就消失了。现在,看起来,前面提到的那种如此受人喜爱的看法尤其完全失去真意义。从前那种认为地球作为世界历史的舞台而构成宇宙中心的"世界观"是被什么摧毁的呢?它恰恰是被自然科学摧毁的。自然科学就其现实性而言难道不外就是生活于宇宙中的一个微不足道的颗粒之上的人类的成果吗?从科学观点看来,是否人类的一切成果由于地球的微不足道而不具有客观的意义和必要的价值联系呢?在那种场合下,为什么我们仍把某种客观价值授予地球并非宇宙的中心这样一个发现呢?

人们只要提出这些问题就会明白,通过把任何一种历史观点作为非客观的科学观点加以拒斥,那就抛弃了科学观点,正如抛弃所有其他的哲学观点那样。从某种意义上说,我们恰恰在科学这个方面绝不能超越于历史。因此,那些自觉地以历史方式进行思考的人,是以一种没有任何前提的方式进行思考的。甚至一个比较激进的怀疑论者一旦同意对智力发展的历史做些思考,并且把他的怀疑论立场与另一些时代和另一些人的思想加以对比,以便使他自己的立场作为具有更多根据的东西与那些思想对立起来,那他也绝不能把他的立场彻底贯彻下去。

诚然,我们还必须再前进一步。客观的历史科学对世界的看法所依据的那些最普遍的假设中包含的超经验的因素,甚至少于自然科学的假设中包含的超经验的因素。一个真正以历史方式进行思考

第二部分 自然哲学和历史哲学

的人,只需要假设现实在其发展过程中与某种也许他尚未完全认识的绝对有效的价值相联系。与此相反,规律科学却必须做出许多特殊的假设,即绝对普遍的判断或者自然规律的提出就体现了一种绝对的理论价值,在历史的发展过程中通过科学就可能向实现这种特殊的、内容确定的价值相靠近。因此,从这种观点看来,自然科学的"先天"(a priori)就表现为历史学的先天的一个特殊事例,而那种与价值相联系的历史观点就被证明为处于那种与价值无关的自然科学观点之上,也就是说,人们不需要做出自然科学的那些超越经验的假设也能研究历史,可是自然科学如果没有历史学的那些超越经验的假设就会失去其意义,因为任何一个以自然科学方式进行研究的人都隐含地使自然科学的一次性发展与一种绝对的有效的价值相联系。

　　无论如何,正如我们肯定需要科学知识那样,我们也肯定必须把一种客观的、与价值相联系的历史概念形成看成是有效的,这种概念形成把历史表现为真实的知识,从而赋予一般的文化以客观的意义。从哲学观点看来,"自然"本身,即参照普遍的联系或者自然规律的联系对现实做出的理解,就变成人们的文化活动的成果。这样一来,关于历史学与自然科学的关系问题从原则上说已经得到解决。历史学的客观性不仅完全与自然科学的客观性处于平等地位,而且当自然科学反思它的客观性时,它甚至首先要隐含地做出文化科学中客观地有效的、个别化的概念形成所依据的那些假设,此外还要补充以一些与内容上确定的理论价值的有效性有关的特殊假设。

　　可是,另一方面,这个情况恰恰表明,尽管如此,我们仍然不应止步于这样一个结果。我们是通过逻辑方法获得这个结果的,因而看起来我们付出的代价似乎太高。诚然,就一个方面来说,我们获得的东西甚至超过我们所需要的东西。我们可以从其内容方面来规定那种起指导作用的、人们对它的超越个人的和绝对普遍的有效性毫无怀疑的价值,也就是把它规定为自然科学真理或者自然科学知识的价值。可是,由于这个缘故,我们获得的东西似乎又少于就我们的目的而言所需要的东西。的确,我们可以仅仅把自然科学概念在理智方面的完善看作绝对普遍的价值。这样一来,如果我们把理智的逐渐完善或者甚至把自然科学方法在越来越高的程度上实现的独霸地位看作历史的"发展规律",那么我们便似乎直接回到我们在前面拒斥的那种在冒牌的自然主义基地上成长起来的历史哲学。

因此,我们还没有完成我们的工作,尽管一般说来我们已经把与价值相联系的历史观点优越于普遍化的观点这一点确定下来。看起来,理智的历史应当对客观性提出比其他文化过程更高的要求,由于这个要求必然与我们的论证的性质有联系,这一点就显得更加有问题。我们在自己的讨论中必须局限于采取逻辑的方式,这种偏爱一种特定的文化价值而贬低其他文化价值的做法,不仅从一般的哲学观点看来不能令人满意,而且不能与现实地存在着的历史科学相协调。因此,我们现在必须表明,在哲学研究中对唯理论的历史观的偏爱这种假象是由什么原因形成的。然后必须表明,尽管情况如此,我们如何通过更加仔细的考察使理智的价值如此地与其他文化价值相协调,从而使我们与事实上存在着的历史科学之间的矛盾再度消失。不言而喻,我们根本没有因此放弃以前获得的结果,因为某个与价值联系的、个别化的概念形成相关的概念具有客观性这一点,现在已经毫无疑义地确定下来。不过,我们以这种方式获得的历史概念过于狭窄,因此必须以必要的方式加以扩大,而又不致于因而使历史学的客观性有所降低。

首先要弄清楚,为什么我们沿着以前采取的道路,不能获得与已获得的结果不同的另一种结果。我们必须以纯粹逻辑的方式行事,我们在试图以逻辑方式演绎出那些超越经验的科学前提时所获得的那个对理智具有绝对强制作用的唯一标准,就是揭示出那些隐藏在对这些前提的否认之中的矛盾。因此,看起来,就对绝对价值进行理论论证而言,这个强制性的标准仅仅适用于证明这种价值,也就是说,对于纯粹理智的人而言,那种无可置疑的东西不仅变成最高的财富,而且变成那个独一无二的、绝对充满价值的财富。事实上,它必

第二部分　自然哲学和历史哲学

定是如此,在某个方面,我们绝不能通过逻辑研究而超越这一点。只有对逻辑价值的否认才可能表现为逻辑矛盾。一旦我们看清楚这一点,我们也就明白为什么那许多不仅试图获得真实实在的最终原则,而且试图同时确定非实在的生活的意义的哲学体系,把理智看作宇宙原则,并在理智的完善中看到绝对有效的价值,与这种价值相比,所有其他的价值都是次要的,或者就其有效性而言可能完全消失。从事科学的人即使可能怀疑其他价值的有效性,但绝不会怀疑科学的有效性。因而,对他而言,科学所研究的世界就变成科学的世界,而且不仅是就它所采取科学的形式这种意义而言(因为没有人会否认这一点),而且指科学获得了一种纯粹科学的内容。

　　这一点适用于下述一切事例。当唯物主义把它依据以对其材料进行加工的原则——可以把这一原则归结为数量化——变成真正的现实、并使原子论成为它的概念装置的形而上学体现时,它并不是孤零零地站在那里。就柏拉图而言,同样地,普遍概念逻各斯变成一种真正实在的存在物,那个把一切事物置于自己之下的最普遍的概念不仅变成现实的总和,而且变成财富的总和。于是事物形成一个有多个阶层的领域,当那个认识原则、即逻辑形式愈益深入到那些真正说来并非现实的材料之中时,那些事物便愈加实在。就斯宾诺莎而言,世界的意义,即 der amor intellectunlis dei,又与最高的认识理想,即 cognitio intuitiva,重合起来,于是人们只能专心致志地从事于对上帝、对那个可设想的最广泛的普遍概念进行纯粹的直观。甚至就在其他方面远远超越唯理论的康德而言,最高的理智完美或者 intellectus archetypus（本体）的那个很有问题的配对物,也变成自在之物。在这位思想家那里,人类的一切努力不能通过对任何纯粹有问题之物的认识而去把握宇宙的意义。

　　简言之,我们看出,在许多哲学家那里,理智的价值被置于一切价值的前面,好像这是不言而喻的。因此,一旦人们的另一些方面和另一些价值也要在这些哲学体系中同样获得它们自己的权利,它们就必定会碰到巨大困难。宗教的、伦理的、审美的生活以及它的存所依据的价值或者被贬低,或者被理智化,以致它们受到失去其特有意义这样的威胁。特别是在有所期望的、"实践的"人与进行认识的、理论的人之间发生了矛盾。哲学作为科学来说会不知不觉地倾向于更加看重理论的或逻辑的价值,在这种情况下,哲学往往倾向于以有利于理论的人的方式去缓和这种矛盾,从而使实践的人的权利受到损害。

　　哲学把人的理智方面与人的其他活动分割开来,并且由于理智方面具有逻辑透明性而对它有所偏爱,这一点是不是哲学必然固有的一个特征呢?作为理论的哲学就其特征而言是否总是把理论价值置于其他价值之上,并把其他价值贬低为毫无意义之物而与理论价值相对立呢?或者是否有一种手段能使人们认为那些非理智的方面和那些并非仅仅是逻辑的价值,在一种包罗万象的世界观学说中有其存在的权利呢?换句话说,是否有一个非逻辑的价值领域,它与理智价值处于平等地位,也许局部说来甚至处于理智价值之上呢?我们能否理解那种包罗万象的历史科学的客观性,就取决于对这些问题的回答。

　　与唯理论相对立,"唯意志论"已被提到议事日程上,也就是说,人们现在强调在实际生活中意志在任何场合下都是一个决定性因素,并且认为甚至不能否认意志具有对我们关于整个宇宙以及生活意义的信念发生影响的权利。看起来,借助于那样一种唯意志论就能克服对理智的价值和纯粹科学的完美性的偏爱。可是,如果这指的是我们的科学信念,那么对唯理论的这种"克服"似乎就很有问题,因为这样一来就在原则上为各种愿望和各种主观随意性敞开了大门,而这必定会遭到科学家们的反对。一种经过科学论证的世界观学说只能通过逻辑思维并以理论的方式建立起来。因此,只要对理论思维作如此理解,那么理论思维在任何一个方面都与意欲和行动处于原则对立之中,逻辑价值总是要求优越于其他价值,哲学不会把其他任何一种价值的有效性与理论价值的有效性置于具有同等权利的地位。不过,在这种情况下,人的实践方面和理论方面仍然必定处

第二部分　自然哲学和历史哲学

于斗争之中。一方面，理论的人必然拒绝一切主张理论价值之外的其他价值也具有有效性这样的要求，认为这些要求是毫无根据的。另一方面，不仅那些怀有意愿和情感的人会把科学的要求看作一种压制，而且那些非理智的价值在其中起决定性作用的科学——像在大多数历史科学中发生的那样——也必定会失去它们的纯粹理论的性质，同时也就失去它们的科学的性质。

如果我们以这种方式宣称意志由于它在数量方面具有优越性而在实际生活中处于优越地位，也就是说，我们试图不借助于逻辑的根据，而是借助于与逻辑思维相对立的意志活动，使意志处于首要地位，那么我们在科学方面并没有前进一步。相反，这样一来，我们又只不过使理论价值的有效性处于被质疑的地位，从而把一切事物下拉到无限制的相对主义和怀疑论的基地上。

不过，这种纯粹以逻辑方式建立起来的认识论也许提供了这样一种可能性，即消除理智的价值与非理智的价值之间的对立，或者至少使这种对立降低到这样的程度，以致恰恰是根据一些完全没有任何前提的认识论观点，去消除唯理论的历史哲学在其科学性方面具有优越性这样一种假象。为了表明这一点，我们只需要明确地引出那样一些结论，这些结论是从对一切现实认识的性质，特别是一切现实判断的性质所作的断定中得出的。

在任何由判断组成的知识中——科学概念的形成仅仅与这种知识相关——客体和主体必然是紧密相连的，这就是说，如果一方面不把"对象"假定为一种不依赖于现实的认识活动而且作为价值起作用的标准，同时另一方面又不假定有一种以认识或者评价的方式去把握这个对象的认识活动，那么认识概念就会失去其意义。我们现在不考虑认识概念的"客观"方面。我们可以在概念上把它们分离开，而且我们在这里必须这么做，因为，在涉及理论价值的有效性的场合下，我们把它看作所能达到的终极之物，不能期望由此扩大有效之物的范围。相反，我们必须小心谨慎地直接从那种以自身为依据的价值的纯粹状态中去获得理论价值。只要价值的有效性作为价值而言受到怀疑,哲学就只能尽可能明确划出各个价值领域之间的界线。价值本身就其有效性而言的确处于历史学的材料之外,历史学始终只与那些在时间中实际发生的事件相关联,只关注那些附着于现实存在之上的价值构成物。可是,如果我们现在不关注客观价值的有效性,而关注主体把有效价值据为己有的现实活动,那又怎样呢?这种活动必然属于现实认识的概念,而且,在涉及理智的完善历史的场合下,甚至只有关注科学概念形成的发展发生于其中的那种现实的认识活动才与此相关联。对于科学在其渐进的历史过程中得到实现而言,认识活动是一个必不可少的条件。正如我们所看到的,由于科学是由作为理论评价的判断组成的,因此科学的实现必然包含有做出评价的认识主体概念。

　　不过,这个认识主体只有作为各种以历史方式去实现真理的条件,才会引起我们的兴趣。只要认识主体以它想要认识的那些价值为目标,它就会面临一种应做之事(ein Sollen)或者绝对命令,这种应做之事要求得到认可,而且这不是一种相对的或者"假设的"认可,而是一种绝对的认可,因为这涉及对一种绝对有效的价值的认可。我们由此可以得出,理论价值对于认识主体而言表现为一种无条件的"绝对命令"。可以用下述方式表述这一点:从一种没有任何前提的观点看来,只要涉及真理或者科学完善的历史发展,对于那些只想追求真理的人来说,在任何场合下都存在着一种客观地有效的义务。我们在这里是从"义务"这个词的可想象的最广泛的意义上使用这个词的,也就是说,我们只是想用这个词表示认识主体用以对待那种在规范上普遍的价值的方式,或者说,我们谈论的是一种义务意识,即我们之所以认可一种价值就是因为它是价值,并且试图表明,我们一向习惯于把通过义务意识对价值所作的那种"自发的"或"自由的"认可,看作那些在道德方面有所期望的、实践的人的本质。如果科学真理有可能通过认识主体得到发展,那就甚至不要忘记把这种"自发的"或"自由的"认可看作价值完善的基础。换句话说,意志总是先于任何一种现实的认识活动,意志期望应当期望的东西,"自发的"意志

第二部分　自然哲学和历史哲学

按照绝对命令进行期望。

然而，一旦弄清楚这一点，我们也就不再能够在历史中把有所期望的人与进行认识的人对立起来，仿佛这两者相互之间没有任何共同之处。毋宁说，看起来，人的这两个方面，即理论方面和实践方面，是义务意识或者自发意志表现于其中的两种不同的方式。因此，对真实认识的研究，像这种认识在历史上逐渐发展的那样，迫使我们在对绝对命令有所认识的意志中，看出甚至真理价值在科学中的实现也有其前提，也就是说，我们必须承认甚至逻辑价值在历史发展中的实现也在那个有所期望的、具有义务意识的、对自由地愿望的和自发的价值做出认可的主体中，具有一种超越逻辑的——如果允许使用这个术语的话——实在基础。

此时不要以"唯意志论的方式"去误解这个论点。无论如何，我们并没有以此去侵犯价值本身的自主性，即价值是依据于它自身而有效的。我们已经说过，只要我们仅仅涉及逻辑价值本身，我们就能够、甚至必须不考虑任何一种对这种价值做出评论的意志，就此而言，可以说，意志或者甚至意志的优先性对于纯粹逻辑而言是不存在的。[5]可是，如果价值在历史中的实现、即科学通过现实的主体而被实际地形成这一点受到质疑，那么把理论价值认作价值的看法，即关于那种不再是逻辑的，而是超越逻辑的意志的看法，就变成一个必要的前提。

以逻辑方式获得超越逻辑之物这种看法似乎具有的逻辑矛盾，只不过是表面上的。我们借以达到这种超越逻辑的财富的那种逻辑思维，只不过使我们知道纯粹理论价值的有效性还不是价值在真实的财富中的实现，因此，为了使纯粹理论价值也能在科学的财富中实现，就需要意志活动。只有借助于意志，理论价值才能形成真理，此时这种意志就不再是逻辑的，而是超越逻辑的。真理的价值并非依据于意志，但是，由于真理是一种需要得到认可的价值，因此现实的科学是以那种通常对价值有所期望的意志为依据。由于这个缘故，我们只有在那种为了应做之事本身而期望得到认可的意志中找到基础,尽管意志肯定不是价值的有效性的基础,而是现实认识的基础。换句话说,具有义务意识的或者"实践的"意志在历史发展中出现在价值通过科学在理论中得到实现之前。追求真理的志向以那种在理论领域内完成自己义务的志向为前提。不仅如此,从这种观点看来,那些服务于科学认识的判断甚至是一种特殊的、合乎义务的行动,由此得出对具体义务意识的意志做出绝对评价甚至对于理论的人也是必要的。把现实地进行的科学认可为一种绝对充满价值的财富,是以把具有义务意识的意志认可为一种同样绝对充满价值的财富的前提。

于是我们可以指出,一种具有义务意识的、自发的、对应期望之物有所期望的意志,是一种财富,对这种财富所具有的价值恰恰从逻辑观点看来是绝对不能怀疑的。认识所追求的理论思维应当被看成是实践努力的一个特殊事例,这种努力通常是在财富中实现价值的。甚至唯理论仍然未能克服的那种明显的反对意见也是没有根据的,因为意志在这个方面仅仅表现为一种在理智上具有价值的财富,也就是说,它只是在构成逻辑财富或科学知识的前提这个范围内才是绝对充满价值的。当然,我们在研究过程中会从逻辑上对科学所固有的价值的坚定信念出发,推进到也迫使理论的人承认具有义务意识的意志是绝对地充满价值的。由于这个缘故,在逻辑研究中对我们的思维不可避免地做出的那种排列可能形成这样一种假象,仿佛我们使自发意志的绝对价值仅仅依据于科学财富所固定有的绝对价值。可是,这种假象只不过是在研究过程中形成的。具有义务意识的意志所具有的绝对价值依据于这种意志,这是绝对价值以任何方式得到实现的前提。只是为了表明甚至纯粹理论的人也必须承认这种意志的绝对价值是有效的,我们才必须从逻辑观点出发。

可是,对于历史科学的客观性问题,我们到此获得什么呢?就我们可以假定为绝对有效的那种价值在内容方面的规定性而言,我们仍然没有添加什么,而只不过表明那种自发的、为了价值本身而对价值加以认可的意志是如何超出一切怀疑的。由此似乎仅仅获得那样

第二部分　自然哲学和历史哲学

一种财富,它的价值在形式方面胜过于我们已经拥有的价值,从而在内容方面逊色于我们已经拥有的价值。这样一来,是否我们现在面临这样一项任务,即要通过在内容方面进一步的确定去发现一系列特殊的文化价值,这些价值与具有义务意识的意志所具有的那些最为普遍的形式价值的关系,相似于真理的价值和科学的价值跟那些形式价值的关系呢?在这种情况下,我们也就必须从其内容方面如此表明这些价值的客观性和它们的普遍性,以致这些价值在任何方面就其有效性而言都可能与科学价值处于平等并列的地位。

对这个问题的回答自然而然是从前面的论述中得出的。如果历史发展不是以一种在理论上与价值相联系的方式加以叙述的,而是以实践的方式对之做出肯定的或者否定的评价,那就无论如何必须推演出一种特殊的文化价值作为评价的标准。同样地,如果没有一些在内容方面确定的价值,那也就不可能有一种从内容方面确定的价值,那也就不可能有一种从内容上去规定和划分整个人类发展的统一"意义"的历史哲学。而且,甚至宇宙史或者世界史也只有借助于文化价值体系才能以统一的方式写出来,在此范围内它还要以一种质料的历史哲学为前提。[6]不过,除此之外,对价值体系的认识就与纯粹历史叙述的科学客观性问题没有联系,因此,现在我们已经获得为论证历史概念形成及其客观性所必需的一切。科学的文化价值为历史学提供的东西甚至多于它所需要的东西,而这种更多的东西正是使它与具有义务意识的意志所具有的那种极其普遍的纯粹形式的价值区别开来。真理的价值使对历史中的意志过程直接做出评价的判断成为可能。不过,由于做出那样一种判断并非历史学的任务,又由于历史学家愈加客观地进行研究,他就要更多地从他所叙述的历史材料本身中,也就是从历史中心现实地生活于其中的那种意义中,去抽取他的起指导作用的价值观点的内容。这样一来,经验的历史哲学的那个超越经验的前提就仅仅在于,甚至从理论的科学观点看来,现实地做出评价的和有所意欲的主体必然与某一种绝对有效的价值相联系。

换句话说,科学绝没有把人们对于那些在规范方面普遍的价值以及对为实现价值和实现意义服务的现实生活所持的看法,看作某种就主观随意性这种意义而言的、纯粹个人的东西,这个假定已经通过具有义务意识的意志所具有的那些价值的绝对有效性得到保证,因为正如附着于这种意志之上的价值必然是有效的那样,现实与这种价值的联系也是必然的。在这一点上我们只是不要忘记,我们在这里是在什么意义上使用"义务意识"这个词的,也就是说,不要以为我们由此达到一种按照"道德标准"工作的历史哲学,或者达到任何一种道德论的世界观。那个可设想的最为普遍的和极其无所不包的文化概念,就其在历史中的逐渐实现而言,已经预设了我们在这里所说的那种意义而言的、具有义务意识的意志。因为我们知道文化只能存在于社会之中,它的成员把某些价值看作普遍的,也就是看作在规范方面普遍的价值,因此他们怀着义务意识对这些价值发表一定看法。

因此,我们看出,我们从自由地对价值做出认可的意志的概念中获得的那个纯粹形式的价值概念,恰恰就是我们所需要的东西。我们获得的结果与现存的历史哲学之间的矛盾,立足于人们似乎对理智价值必然有所偏爱之上。与此相反,一次性的和个别的现实与所有那些被怀着义务意识进行期望的人认可为规范的价值的联系,也如与科学价值的联系那样是必然的,也就是说,凡是在社会个体把培植财富看作公共事务的场合下,从而凡是在他们个人的愿望和行动对于这些财富所固有的社会文化价值的实现至关重要的场合下,就会产生某种事物,正是从那种毫无前提的观点看来,特别是从具有义务意识的意志在形式方面对价值做出肯定这种观点看来,我们必须为了那种绝对有效的东西而赋予这种事物以客观的意义。

不过,我们还知道那些有所期望并且对其社会中在规范方面普遍的价值有所评论的人,处于每一个历史叙述的中心,因此我们特别赋予这些历史意志活动就其个别性而言以客观的意义。这些活动与那种应当是绝对之物保持一种必然联系,不论这些活动起促进作用还是阻碍作用,因为对于刚刚考察过的现实与价值的联系而言,实践生活的那个前提、即任何那样的活动都与那种应做之事处于或近或远的位置。由于上述原因,这种联系被转移到另一些首要的历史个体之上,也转移到次要的历史材料之上。因此,借助于绝对的或者相对的历史概念对整个历史联系做出叙述,这是一种在理论上绝对的科学必然性。

诚然,我们不知道人类文化生活的发展具有什么样的在内容方面确定的意义。由于我们在这个方面始终是一种受到历史局限的生物,因此我们绝不可能绝对完满地认识这一点。可是,只要涉及经验的历史科学的客观性,这就不是问题的关键所在。历史学家总是受到那些在内容方面确定的价值的指导,这些价值是从他所关注的历史文化生活中获得的。唯一重要的是,人类文化生活的发展一般说来都具有某种客观的意义,也就是说,某些与文化生活相关联的价值必定是绝对地有效的。可是,一旦我们把那种具有义务意识的意志确定下来(这种意志一般说来使价值在财富中得到实现),我们就已经能够知道这一点。不仅如此,这一点在逻辑上或者在理论上是肯定的,因为我们已经看出为什么这种价值的有效性也是现实的认识具有意义的前提。因此,尽管仅仅剩下现实与某些绝对有效的价值有联系,我们可以做出的那些假设从而是纯粹形式的,但这些假设足以把历史学对世界的看法看成是与自然科学对世界的看法一样是必然的。对于自然规律的建立的客观性,我们不需要超经验的因素,只需要这样一个形式方面的假设,即任何一个绝对普遍的判断一般说来都是绝对有效的。在这种情况下,全部内容都是从经验中获得。与此相对应,在经验的历史学中,我们能够同样地止步于这样一个纯粹形式的假设,即任何一种价值一般说来都是绝对有效的,并把这一点看作一个唯一的超越经验的因素。任何一种在内容上确定的和在规范上普遍的文化价值,都与这些绝对价值保持或近或远的距离,因此任何一种文化生活就其个别性而言都与这些绝对的价值保持一种不只是主观随意的联系。

如果我们打算超越经验的历史科学而推进到那种从事于从内容方面在其整体上去阐明历史生活的意义的历史哲学,那就必然还需要知道现实必然与之相联系的那些绝对价值的内容,以便从其历史发展中获得其客观意义。由于这不是我们在这里仅仅对其客观性感兴趣的那种经验的历史学的任务,因此只要从认识论观点看来这一点是可能的,就可以认为关于历史科学的客观性问题已经得到解决。不会再出现任何一种那样的哲学观点,从这种哲学观点出发有理由声称,在下述两种概念形成中,前一种概念形成不如后一种概念形成那样有理由要求获得科学性的称号。前一种概念形成从一种在规范方面普遍的价值观点把其组成部分结合为一种绝对地或者相对地个别的、与价值相联系的整体,并且从其整体性方面去叙述一次性的发展系列中的个别整体。后一种概念形成包含有大部分事物和过程所共有的东西,或者以自然规律的形式表达一些绝对普遍的关于现实的判断。唯理论对于普遍有效的价值的内容所作的规定,不是包含较少的假定,反而是甚至包含更多的假定,此外它还表现为对历史观念的范围作了一种完全没有根据的、独断的压缩。恰恰是那种被假定为有效的形式价值的"空洞性"(Leerheit)使历史学在从内容方面规定它的那种起指导作用的观点时(历史学作为经验科学而言不可能没有这种观点),具有自由和广度。

注 释

〔1〕 我们在这里不需要进一步讨论那个还未从方法论方面加过工的"客观现实"概念,也不需要进一步讨论那个由许多实在的、相互作用的事物组成的经验实在概念,个别研究者往往把这种经验实在预设为材料。关于这一点可参见《认识对象》第4、5版,1921年,第336页及其后数页。

〔2〕 参见前面第252页及其后数页。

〔3〕 在我的著作《认识对象》(第4、5版)中对这里的那个奠基性的认识概念作过详细的阐发。

〔4〕 参见前面第322页及其后数页。

〔5〕 关于这一点参见拉斯克(E. Lask),"逻辑学中存在着实践理性的优先性吗?",

第三届国际哲学大会报告,海德堡,1909年,第67页及其后数页。

〔6〕 从这种观点看来,下述这一点是颇有表征性的,库特·布赖西格(Kurt Breysig)在他的那部其实想要写成《世界史》的著作的《近代的文化史》出版之前先发表的那一卷中,不仅谈到一般的历史著作的任务,而且谈到它的"标准"。诚然,布赖西格并不了解他试图借助于这个"标准"把那种在他的叙述中对他进行指导的文化价值确定下来,并且他是以与价值相联系的历史哲学方式写作的。然而,正是由于甚至在历史学中这个反对任何价值观点的人那里,也表现出他的观点中有那样一种逻辑结构,因此,布赖西格的著作也特别有助于证实我们的理论。

五 历史学和世界观

在导论中提出的科学学说问题现在已得到解决。不过,我们同时又开始注意到,与任何一种真正哲学研究的目标一样,本书最后一个目标在于对那些所谓的世界观问题提供一篇从理论上加以阐释的论文。对两种不同的专门科学概念形成的阐述,应当不仅为历史科学本身(即使没有科学学说,它也能成立),而且首先要为哲学提供一个自由活动的场所;哲学摆脱了自然科学的先入之见和片面性,因而它不仅知道从理论上对历史生活做出正确评价,而且知道从历史生活中学会处理它的种种问题。就世界观学说的问题本身而言,从历史逻辑中得出的东西当然只有在一个哲学体系内才能从其整体方面阐释清楚,我们在这里不考察这一点。[1]可是,在完成专门的逻辑著作之后,我打算在结束时至少还要阐明在借助于哲学去思考历史之物方面从原则上说必须理解些什么。

我们一开始就指出,作为一种知识的哲学可以没有一种"历史学的世界观",正如可以没有一种自然科学的世界观那样。历史学就其自身而言绝不能解决哲学问题,而且,历史主义或者那种拘泥于历史之物的看法甚至在哲学意义方面也落后于自然主义。这仅仅指的是那种以历史思维为依据给哲学确定方向的做法,而且这一点并非对哲学的各个部分都必定具有同等重要的意义。我们试图至少在原则上表明,历史学对某一些哲学学科具有什么样的意义,哲学在何种程度上因此与那些仍然往往处于主导地位的趋向相对立,以便以极其普遍的方式说明那种把关于自然科学概念形成界限的研究与历史科

第二部分　自然哲学和历史哲学

学的逻辑导论看作一般的世界观学说或者哲学的组成部分的看法有何根据。

为了这个目的,有必要阐述哲学本身作为一种科学的世界观学说的任务,不过这不是要求它成为一个"定义"。我们不打算确定哲学概念的内容,而是要指出哲学的一部分范围即哲学的那些被称为专门哲学学科的科学学科。我们在这条思路中最好从下述情况出发,即有些问题既不纯粹是自然科学的,也不纯粹是哲学的。这样一来,我们就能看出什么样的哲学才依然是有问题的。我们在概述那些问题形成于其中的那几组主要对象时,我们接近于康德思想的所特有的那种分类排列。[2]在那里考察的当然仅仅是结果,而不是作为其基础的原则。

与那门以逻辑作为自己对象的科学相并立,下面首先是处于家庭、法律、国家等等之中的"实践"生活,即道德生活,甚至艺术生活,最后是哲学问题产生于其中的宗教生活。与此相对立,与真理概念相并立,出现了作为哲学的中心概念的财富概念、审美概念以及神圣概念。从以前所做的阐述中我们已经知道,在科学、道德、艺术和宗教现实地出现于文化生活之中这个范围内,我们不仅以历史学的方式而且在形式方面也以自然科学的方式,研究科学、道德、艺术和宗教;这就是说,一方面,我们以个别化的方式追踪这些实在对象的一次性发展,另一方面也能找出那些可以把一切科学研究、一切道德努力、一切艺术创作以及一切宗教生活作为"自然"纳入其中的普遍概念或者规律。可是,即使我们认为这时产生的种种问题已经被各个专门学科加以解答,但仍然留下一些问题,这些问题不是与文化过程的现实相关,而是与这些过程所固有的或者"活生生地"产生于这些过程之中但在概念上可以与这些过程分离的"意义"相关。在每一种意义都以价值及其有效性为依据这个范围内,我们也可以把那个问题称为价值问题。因此,价值构成了我们在这里想从它对历史的看法着眼加以认识的那种哲学的一个研究领域。

我们不是把价值理解为价值附着于其上的那些实在的财富,也不是把它理解为现实的评价活动(die Akt des Wertens),或者理解为对价值表示一定看法的估价活动(die Wertung)。专门学科可以用普遍化的方法或者用个别化的方法对现实的财富和实在的估价活动进行研究。毋宁说,我们指的是那些非现实的、与任何实在相分离的价值本身,文化财富的意义正是针对这些价值而言,在文化财富被看作价值这个范围内,我们才考察这些财富。因此,我们可以把历史学对之才具有意义的那个哲学问题称为价值有效性或者一般有效性问题,因为它仅仅是价值,而不是人们可以谈论其有效性的那种现实。诚然,哲学并非始终局限于那样一些问题,哲学目前也不是以下述方式进行研究,即它仅仅研究价值,也就是说,它完全不关注价值附着于其上或者现实地存在于其中的那种现实。可是,不论它与现实保持什么样的关系,像真、善、美、神圣这样一些概念无论如何都是价值概念,这一点也许最为清楚地表现在对与错、善与恶、美与丑、神圣与非神圣这些彼此对应的成对概念都是作为价值的对立面呈现出来。因此,当我们想在科学本身之中使用上述这些词时,我们就不得不面对这些词作为价值意味着什么,或者在什么范围内我们可以谈论这些词的有效性这样一些问题。

要回答这样一些问题,只有借助于对价值概念做出界定,这种界定不是要把所有那些被这个或者那个个体称之为真的、善的、美的、神圣的东西都包罗在内,而是要确定什么东西"有资格获得"这些名称,也就是说,什么东西可以被理解为"客观地"有效的或者超越个人地有效的逻辑价值、道德价值、审美价值和宗教价值。于是出现了一个特定的研究领域,它不从事任何自然科学研究或历史学研究,但它无论如何与哲学有关,不论人们在此之外赋予这门科学以什么样的任务。如果哲学能够建立起一种无所不包的价值学说,那么哲学就能以此为基础试图理解我们生活的意义是以什么样的价值为依据,从而能够从理论上说明我们称之为我们的世界观的那种东西。

不过,有人往往对科学通常能够研究价值的有效性这个问题提出异议,因此还要补充一些解释性意见。首先,不要以为哲学想要

第二部分　自然哲学和历史哲学

"重新评定"价值或者提出一个新的"价值表",以便写出一本让人们依据以行事的价值规律著作。这样一种试图其实远远超出科学力所能及的范围,因此人们有理由否定那些从事科学研究的哲学家能够发挥提出规律或者预言规律这样的作用。一种正确地理解的价值科学绝不是想发现新的价值,或者以某种方式"引向极乐生活"。这是很简单的。

可是,为了防止被误解,我们还必须再进一步。有些人经常不谈论价值而谈论"规范",而且直截了当地把价值哲学定义为关于规范或规范意识的学说,接着又把哲学的一些个别部分称为规范学科。特别是针对伦理学、甚至逻辑学,这种说法甚为流行,于是把理论的哲学称为思维的伦理学。对于这样一些习惯用语,人们可能持不同的看法,价值科学的拥护者往往必须提防这样一些习惯用语。这些习惯用语不仅引起一种片面的道德论怀疑,仿佛每一种价值都是伦理价值,而且科学的任务其实也不可能是以下述方式提出规范,即让规范转向我们的意志或者告诉我们我们必须做些什么。即使规范概念与价值概念不相重合,人们也应当小心谨慎地使用规范这个概念,也如小心谨慎地使用由此引出的那些概念一样。如果有人说,专门学科确定事物事实上是什么,哲学则确定事物应当是什么,那便是对价值科学作了完全错误的理解。因此,当我们把哲学概念规定为价值科学时,我们恰恰不是谈论什么规范学科。

当然,这里也不能忽视另一些情况。在价值概念(一方面)与像应做之事(das Sollens)那样的规范概念(另一方面)之间,肯定存在着紧密联系。既然价值与主体的举止有关,那么主体就可能把价值作为规范来处理;而且,一旦主体了解这一点与一种有效的、具有普遍意义的价值有关,他也许就必定接受应做之事这种形式。因此,这就接近于使价值科学中那些使人们对价值有效性产生怀疑的命题转为采取规范的形式;不仅如此,特别在伦理学中,由于我们还想知道的某些原因,规范的形式特别适合于使价值科学观念的内容尽可能明显地表现出来。尽管如此,只要哲学是以纯粹科学的方式进行研究,哲学就仅仅与价值的有效性以及从理论上对此做出的理解相关，这种对规范的转向对有所期望和有所行动的主体的举止所产生的那些实践结果，在这里就必定仍然是完全次要的。因此，我们最好不要从规范学科的概念着眼，把哲学研究界定为价值科学。

在这种情况下，人们可以说，哲学是从这样一个事实出发，即文化生活中某些价值肯定与这样一个要求一道出现，这就是要求人们在此时对之做出一定表态的价值，具有一种客观的或者超越个人的有效性，哲学给自己提出的任务就是要了解这种价值的有效性意味着什么，在什么范围内这种对评价的要求可能是有根据的。每一个使用真、善、美、神圣这样一些词的人，事实上都预先假定价值是有效的，并且这个简单的符号隐含地断定，价值的有效性是客观的或者超越个人的。我们可以指出，甚至对这个事实的确认就已包含对价值的承认和关于价值有效性的假定。因此，我们在一切旨在达到具有普遍有效的价值概念的努力都是非科学的这样一个论断中，只不过再一次看到一个关于那种空洞的和消极的独断论的标记，这种独断论还没有意识到它自己特有的预设。我们在前面所做的一切研究都已经是上述意义的价值哲学，也就是说，它力图明确地确定和显示某些理论价值的有效性，如果没有这些理论价值，自然科学的普遍化概念形成和历史学的个别化概念形成都将不具有任何逻辑意义。肯定也能从其中推出一些对自然科学思维和历史学思维而言的规范。不过，对于科学学说作为一种纯粹的理论价值学说而言，这种对规范的关注是次要的。

不过，我们在这里不进一步从一般意义上讨论价值哲学的处理方式，因为，如果某个人不打算对我们所认知的对象做一种超越自然科学和历史学的处理，从而只想在下述范围内研究价值，即这些价值附着于实在的财富之上，或者事实上通过评价性的鉴定活动而得到承认，因而能够像其他事实那样从经验上得到证实，那么这个人只要始终一贯地进行研究，而且事实上绝不陈述任何超出价值有效性的事物，他就不会陷入那种片面地以自然科学为方向的价值哲学所犯

第二部分　自然哲学和历史哲学

的错误。我们在这里感兴趣的只是哲学思维的那样一些形式,这些形式明确地从价值概念的有效性着眼去处理价值现象,我们只想理解这些形式对于历史学有什么意义。

为了这个目的,我们想到可以在哲学研究中把形式部分与质料部分区分开。尽管形式部分和质料部分是相互关联的,可是,就每个特殊情况而言,这种区分仍然是明确的。例如,在普通逻辑中,我们把所有那些不包含对真理本身提出任何要求的判断的东西,称为形式部分;以此相对立,关于科学真理的学说是质料的。不过,我们也能够构成关于专门科学真理的形式价值概念,这些概念包含有与任何一个科学判断相关的东西;与这些概念相对立,关于自然科学真理和历史学真理的概念是质料的。最后,还可以把那些隐藏在对逻辑价值假设所做的任何自然科学研究和任何历史学叙述之中的东西称为形式部分,与此相对立,质料部分则是由那些从各门科学必须研究的对象的内容规定性中得出的东西所组成。

同样地,与就狭义而言的道德价值概念相比,也就是与那些隐藏在婚姻、家庭、法律、国家、民族等等之中的伦理价值相比,那些关于实践价值或道德价值的普遍概念,例如作为自律的自由概念,便是形式的。可是,也有那样一些形式的价值概念,它们包含有任何一种两性伦理生活、任何一种法律生活、任何一种民族生活中包含的东西,这种东西与道德生活本身的最普遍的价值概念相对立,已经表现出一些质料的规定性。我们在自己以前所做的论述中已经以这种方式把形式的组成部分与质料的组成部分相互区别开,其他哲学学科也必须同样这么做。我们在这里同时再一次看出,以普遍化的方式对价值的理解意味着什么,我们在前面把这种理解与以个别化的方式对那些附着于历史实在之上的价值构成物的理解区别开。

从这种观点看来,历史之物对于普遍化的哲学科学具有双重意义。首先,哲学本身绝不可能满足于仅仅提出形式的价值概念,哲学在试图这么做时,将在某些领域内很快完成它的工作。毋宁说,哲学必须把这些形式概念与一定的内容联系起来,在许多场合下,它只能从历史过程中获得这种内容。这一点已在哲学的分类排列中显现出来。存在着一些截然不同种类的价值,这些价值是与对普遍有效性提出的要求一道出现的,而且不能借助于关于实际评价的普遍化理论去证实这些不同种类的价值是什么,毋宁说只有从历史文化生活着眼从其在空间和时间中的杂多性方面加以证实,这些价值是在一些截然不同的文化财富中发展起来的。这些价值附着于这些文化财富之上,这些价值的有效性就成为哲学问题。因此,我们只能在历史生活中发现这些价值,即使我们相信许多价值的意义或者有效性远远超出历史和文化的范围。例如,无论如何,像宗教价值以及也许其他一些价值那里所假定的情况那样。同样地,在一些特殊的价值领域内,下述这一切只有作为历史事实才能被人们意识到;存在着各种不同的科学,在家庭、法律、国家等等中存在着各种不同的道德要求,存在着各种不同的艺术,而且甚至宗教生活也是在各种不同的、历史地形成的构成物中表现出来的。

不过,我们在这里不想进一步考察与哲学必然要以历史为依据来确定方向这个问题有关的方面。毋宁说,我们首先关注的是,即使撇开这个方面不谈,甚至形式价值概念的形成已必定与历史之物概念有联系,不仅如此,就哲学中价值概念的提出而言,从一开始就必须思考历史现实本身的内容。不过,只有当哲学在其形式部分中已经不是思考特殊的历史材料,而是思考历史现实的普遍形式时,这种情况才会发生。为了更加准确地理解历史思维对于作为世界观学说的哲学的意义,我们现在必须阐明这一说法意味着什么。

各门学科不可能完全不考虑某种特殊的不论是个别的还是普遍的现实观的形式,而且它们不可能不是如此,因为不能像我们直接"体验"到的那样以科学的方式从异质的连续性着手。因此,一旦对形式的价值与现实的内容之间的联系产生怀疑,把现实看作自然这种观点就往往不由自主地显示出它的威力。此时,这种情况必然会妨碍以一种在科学上有成效的方式把价值概念与历史生活联系起来。不过,在进一步的阐述中,有必要对哲学的不同部分分别作些考虑,因为非实在的有效价值与实在的历史生活之间的关系并非在一切场合下都相同的。

我们已经知道,在理论哲学中或者在科学学说中,这一点是以什么为依据。它的那种片面地按自然科学来确定方向、从而是非历史的特性,正如我们所知道的那样,就在于它在获取科学真理的价值概念的场合下,几乎从来没有以不怀成见的方式考察科学生活的历史杂多,而是一开始就把普遍的类概念或者自然规律的形成与科学知识本身的形式理想(das formal Ideale)置于同等地位,因而从未询问是否还有其他的科学认识形式。由此必然在全部理论哲学中对普遍化的概念形成做出一种过高的评价,这种过高的评价从原则上说必然导致一种人们有理由加以拒绝的做法,这就是想把科学生活理解为比其他大部分生活具有较少的杂多性。

这一点在形而上学体系形成中,例如在本体论理论中,一般说来表现将特别明显。在那里,人们以非批判的方式把自然范畴当成现实范畴,也就是说,把自然界与现实或者甚至与宇宙等同起来。当哲学探询现实的"本质"时,哲学就到自然科学的普遍概念中去观察真实的实在之物,把一切直接给与的、原初的或者经历到的实在存在(das reale Sein)贬低为纯粹的"现象"。即使在人们完全不考虑感性构成物和价值、从而也不考虑由"非现实之物"组成的宇宙时,"宇宙"这个概念也显得过于狭窄,或者过于专门。以如此方式形成的形而只学体系或者本体论体系,只能被那样一些人容忍,这些人忘记了他们在每一个时刻在无可怀疑的实在中直接"体验到"的事物。这种情况不仅适合于那种要人相信在现实中不存在任何质量的唯物主义,反过来也适合于任何一种想把实在的宇宙理解为纯粹的心理对象、例如理解为感觉的复合物的唯灵主义,而且甚至也适合于那种所谓的一元论,这种一元论为了消除那种据说是毫无根据的心理一物理因素概念,而把数量化的物体世界与心理生活置于"平行地位"。那种想要包罗全部实在的本质的理论,只有在下述情况下才能获得一些在理论上有价值的结论,这就是这种理论考虑到我们必然在其中思考历史现实的那些范畴,例如在个体或发展的统一整体中思考历史现实,以便能够进行一般的思考,也就是成为一种真正无所不包的现实理论,正如以自然科学为方向那样以历史学为方向,同时试图超越这两种观察方式的片面性。不过,我们在这里不继续追踪这种在前面已经阐述过的想法,因为只要我们局限于理论哲学,那么首先形而上学概念就仍然是可疑的,其次我们在原则上也没有超越已经获得的结果。

特别在涉及社会文化生活的情况下,自然科学思维的片面性也如以历史之物为方向的必要性那样,才在实践哲学问题上表现出其全部意义。一种完全按照自然科学概念来确定方向的逻辑学虽然是片面的,但它的各个部分并不会因此完全不具有价值,因为,即使它也可能对历史科学和哲学的本质作为错误理解,它至少仍然正确地理解了自然科学的本质,一旦人们把它作为普遍科学形式提出来的那种东西看作专门自然科学的形式,那么它的结论就因而具有持久的价值。反之,如果那些致力于研究实践的、始终是社会的文化人的价值的哲学学科同样地局限于思考那种被理解为自然的现实,或者甚至把自然看作现实本身,那它就具有一种截然不同的意义,因为在这里自然科学或者根本没有意义,或者具有一种从属的、更加消极地加以限制的意义,在此情况下价值学说必然在其各个部分都陷入错误之中。

我们首先就伦理学来阐明这一点。我们把这门按其无所不包的概念而言的科学理解为一种价值学说,只要它以有所期望和有所行动的人为其考察对象。我们还进一步假定,伦理的意欲(das wollen)就其最普遍的概念而言是与具有义务意识的或者自律的意欲相等同的。这就意味着,必须把伦理意志看作一种对它应当意欲之物有所意欲的意志,或者看作一种为了价值而规定其自身的意志。如果我们承认这一点,那么伦理学就把义务意识当作伦理之物的一个最终的形式标准。这里没有隐藏任何主观随意性,因为人们把这个概念理解得十分广泛,以致在任何伦理学中都不会没有这个概念。诚然,

第二部分　自然哲学和历史哲学

由于那些被推到前沿的质料规定性甚为众多,人们可能忽视这种自律形式。可是,甚至最激进的幸福论(Endämomimus)或者形而上学伦理学也只有在把其自身的或者普遍的"意欲"的提升,或者形而上学宇宙原则的实现,或者甚至对上帝意志的顺从,都作为义务而与意志对立起来的场合下,才能最终地对伦理生活有所认识。任何一种伦理学都不能没有义务概念,因为甚至在人们反对把义务概念看作伦理的价值概念的场合下,这个概念仍将使人们把不承认任何义务看作一种义务。

另一方面,当然也可以由此得出,任何一种行动都可能与作为应做之事的意志相对立,像我们在对真理价值所作的纯粹理论评论中或者在那些与伦理学领域相距甚远的判断中已表明的那样。因此,为了不致于使所有那些与价值的评价相关的哲学似乎都由此变成伦理学,首先必须强调指出,就狭义的伦理意志而言,它涉及那种在生活中具有意义的义务意识。如果把人看作社会的生物,也就是说,如果人不仅是作为具有义务意识的生物与像逻辑价值或在审美价值那样的价值相对立(就这类价值而言,可以不考虑这一些人与另一些人的交往,在此范围内可以把这些价值标志为非社会的价值),而且如果人们的意欲在社会交往本身中就具有意义,并明确地指向与另一些人的关系,在那种情况下,问题不仅涉及与社会的联系,而且还可能涉及在一种有意识地追求社会孤独中与社会相分离。可是,即使这个比社会义务更加狭窄的义务概念,也仍然是如此普遍的和形式的,以致伦理学不会满足于这个概念。伦理学必须使这种意欲与作为它的对象的那种社会生活的某些特殊部分联系起来,以便使伦理价值获得内容,此时对历史之物的考虑才与我们打算考察的问题相关,尤其是在与他人建立起积极联系的情况下。

不过,在我们说明这意味着什么之前,还要对形式的伦理价值在内容方面的扩展做一些一般的评论,这些评论与科学的伦理学和道德规范的建立这两者之间的关系相关,同时也与规范的伦理学相关。在哲学的任何一个部门中,没有一个部门更加接近于我们过去谈到的价值科学观念转向规范这种情况。由此就易于明白,自律的基本伦理价值已通过义务概念和应做之事概念在内容上得到确定。由于这个缘故,下述这一点似乎与伦理之物的本质相关;伦理之物是作为规范或者作为应做之事出现的,从某种意义上说,这也合乎实际情况。伦理之物就其最普遍的本质而言就是规范之物或者应做之事。可是,即使伦理学因此把规范作为它的质料,它也不会因此成为规范科学,也就是说,它的任务不是提出绝对命令,而仅仅是必须以自律这个伦理价值概念为基础从理论上理解伦理的绝对命令的意义。

　　人们绝不应怀疑这种根本区别。如果有人说,伦理的根本价值附着于义务意识的或者自律的意志之上,那这就意味着这根本不同于当人们命令:你应当自律地服从于应做之事或者你应当完成你的义务。就最普遍的、纯粹形式的伦理价值而言,人们会立即明白这一点。可是,如果伦理学从这种价值出发,转向从内容方面去扩展各种不同的伦理价值概念,那么人们就易于同时把伦理学的理论观点理解为对义务意识的呼吁。这就是说,在"良知"中,每一种关于义务内容的知识都会立即采取对意欲的行动发出命令这种形态。尽管如此,不要以为伦理学作为科学而言会转向意志,而不是仅仅转向人们的理智。毋宁说,必须小心谨慎地把下述两个方面区别开:一方面是这样一个理论命题,即一个以如此这般的方式从内容上加以确定的伦理价值概念需要从理论上对形式的伦理根本价值作彻底的扩展;另一方面是一个不止是这样的理论上的绝对命令:你应当按照如此这般的方式规定下来的伦理规范去行动。这种区分并非出于下述原因而始终是隐藏的,即建立在自律原则之上的科学伦理学的理论命题,只有在真理中的自律表现出最普遍的伦理价值这个前提之下,才在理论上是有效的。因此,它具有一种严格地规定的形式:如果自律被看作根本的伦理价值,那么伦理的价值概念就其内容而言便在个别之物中具有这样或那样的形态。相反,实践的伦理规范的本质并不在于知道"如果",而在于成为"无条件的"绝对命令。在这个范围内,规范科学这个概念便与伦理学相距甚远。没有一种科学作为知

第二部分　自然哲学和历史哲学

识而言会告诉人们应当期望什么或者应当做些什么。

当然,从知识与关于应做之事的意识之间的紧密联系与道德良知的本质有关这一点中,还得出另外一些看法。与哲学中的其他部分相比,伦理学不仅特别接近于使伦理观点转向规范,这就是它以那样一种方式表述科学内容,使这种内容具有伦理规范的形态,而且可以不考虑有些人对没有任何科学是规范的这个论断所持的严重怀疑,把以规范形态去表述理论观点这种做法看成是最适宜的,以便尽可能坚决地把理论观点的伦理内容作为伦理之物表现出来。为了不致引起误解,需要提出一些必要的保留意见。因此,在适合于阐明从内容方面去扩展形式的、伦理的根本价值这条原则的场合下,我们在下面不要害怕使用伦理观点转向规范这样的言词,也就是说,我们将对某些人的良知明确地提出一条绝对命令,这些人把自律认可为根本的伦理价值,而且从理论角度看到以科学方式对这些根本的伦理概念进行彻底扩展,将导致一些具有特殊的内容规定性的伦理价值概念。在此范围内,伦理学在我们看来就变成"规范的学科"。

首先,我们试图表明,为什么自然这个概念始终是有缺欠的,或者为什么只要人们不是从一开始就否认从理论方面去理解伦理意欲这样一种可能性(这种理解是与现实地存在着的社会伦理生活相联系的),科学的伦理学就不把自律意志作用于其上而且从其中获得材料用以从内容方面扩展它的伦理义务的那种现实看作自然。对此首先有两个起决定性作用的原因,它们与我们所确定的自然概念的两个方面相关,我们现在打算分别加以考察。

第一个原因在于,自然科学所说的自然是一个就下述特殊意义而言的纯粹"理论"概念,即只要以彻底的方式把现实理解为自然,就要求不考虑所有那些附着于实在对象之上的价值的有效性。因此,义务概念或者关于应当做此事或彼事的想法,都在这种自然中失去意义。我们已经反复指出,只是由于"自然"这个词具有高度的多义性,才使人们不能迅速一瞥就能清楚地看出,从"自然之物"中把伦理之物作为应做之事引出来这种做法是荒谬的。不言而喻,不能禁止任何一个宣称自然之物具有价值的人选择他所喜欢使用的词,可是,如果人们不想抛弃自然一词作为伦理的或者其他伦理概念的表达式的意义,人们就必须明白那样一个自然概念就不再与自然科学有任何联系,而且不容易给予这个词以一种明确的内容,这种内容允许把它始终一贯地应用于科学语境之中。尤其是伦理规律就是"自然规律"这个论断,或者是毫无意义,因为只有当自然规律一词不具有自然科学赋予它的那种意义时,这个词所意指的东西才是明确的,或者这个论断恰恰包含有逻辑矛盾,因为自然规律说的是某种在一切场合下和一切时间内都必然发生的事情,它的内容是唯一的一种绝不可能采取确定的义务形态的东西,这是因为那种始终如此这般的东西,对于那些知道它必定是如此这样的人而言,就不是他应做之事。自然规律的内容必定始终与伦理之物无关。

对我们这方面而言,第二个原因更为重要,这个原因在于不允许把伦理活动的对象看作处于作为自然加以理解的那种事物的实存(das Dasein der Dinge)之中。正如我们所看到的,自然科学的自然意指那种从普遍之物着眼的现实。因此,如果有人试图从自然科学概念中引出伦理价值,那么伦理学就不可能正确评定个别人物(Persönlichkeit)的意义。在那种情况下,在伦理学看来,一切道德行为的意义就彻头彻尾地表现为个体录属于道德规律,正如类事例隶属于类概念那样。不过,个体并没有因此而不再是个体。换句话说,我们依据以决定自己的意欲和行动的那条伦理的绝对命令,必然使每一个人变成没有个人特色的人(Durchschnittsmensch)。在这种情况下,如果伦理的个人主义宣称"普遍规范"的提出从伦理学的观点看来是没有意义的,那么这种个人主义肯定是正确的。一种使用自然科学的普遍概念进行研究的伦理学,事实上必定无法理解个别人物的生活的意义,从而也必然无法理解整个实践的、能动的社会生活的意义。

相反,一旦这门科学一开始就注意到一切现实生活都是一个就最广泛的意义而言的历史过程,即一次性的、个别化的过程,那么这

第二部分　自然哲学和历史哲学

门科学就会采取另一种形态。首先，这与下面这个明显的、以前不厌其烦地反复提到的论断毫无关系：一切道德观点都依据于与历史状况的某种特殊联系，并从其中得出一个完全不明显的结论，即它不能提供客观有效的道德价值。毋宁说，这意味着即使在理解对每一种可设想的道德生活都有效的形式规范方面，都必须考虑到正如人绝不会作为类概念的事例处于许多类事例之中那样，人始终是作为个体现实地生活于许多个体之中，因此甚至道德的个体也只能作为"历史的"个体而行动。每一个人都不同于另一个人，正如一个人周围的并在其中从事道德活动的现实，绝不会恰恰相同于另一些人活动于其中的那种现实。因此，甚至人们的道德职责也总是个别的，各不相同的。如果有人明白这一点，那他的最高道德职责看起来就是他要形成自己的个性，而且要以那样的方式，即要使自己适合于完成对他提出、而且仅仅对他提出的那些个别化的道德职责。

一旦人们不再试图从自然科学的类概念中取得伦理学的价值概念的内容，普遍有效的道德绝对命令就绝不会排斥个别人物的权利及其特殊性，反之，对于人而言，个别性和特殊性必定是从道德方面实现人的义务的先决条件。我们知道，普遍价值与个别形态对于历史学来说是怎样紧密地连接在一起的；在历史学看来人的个性所是的那种东西，也就是从普遍的文化价值看来这个个体而且仅仅这个个体所意指的那种东西的总和。历史学用以理解现实的那些形式，也就是那些与价值相联系的历史个体和与价值相联系的历史发展的形式，这些形式对于伦理生活的意义是同等地基本的。

如果人们用转向规范的方式表达这个想法，那么这个想法就是：如果你想行善，你就应当通过你的个性，在你在现实中所处的那个个别位置上去做只有你才能做的事情，因为在这个到处都个别化的世界里没有其他任何人具有恰恰与你相同的任命。[3]而且你应当如此地建构你的生活，使你的生活凝结为一种发展，可以把这种发展就其个别化的总体而言看作你的那种绝不会重复发生的生活使命得到实现。如果伦理学恰恰是以这种方式理解这条最普遍的绝对命令，那就没有任何伦理的"个人主义"还会断言,普通的整合会由于它们的普遍性使一次性的、特殊的生活的意义受到威胁,并使个别的人物遭到伤害。

不言而喻,为了使每一个道德之物的本质显现出来,甚至那样一种"个人主义"的普遍概念也是形式的,而且必定是形式的。不过,由于这个缘故,这些价值概念也是绝对普遍的。要成为一个不能被其他任何个体所取代的个体这样一个任务,可能使每一个人都有这样的义务,即不论他的个人才能如何,不论他生活于其中的个人境况如何,每个人都要使他的生活使命局限于一个如此狭窄的范围,或者使它伸延到如此广阔的领域。最细小的环节在现实的庞大历史联系中也有它的个别规定性,正如千百年来那些通过其个性对文化发展进程发生过影响的杰出人物那样。每一个人不论他所处的位置如何崇高或者如何低下,都能通过他自己的个性而作为一个富有价值的组成部分参与到文化人类的广泛的、个别化的发展过程之中。因此,不论这种道德绝对命令是多么形式的和普遍的,它仍然能使每一个人具有他的个性,只要这种个性有助于使普遍价值附着于其上的那些财富得到实现。个别现实中的任何一小段无目的、无计划的"自由放荡生活"(Sichausleben),则不具有任何与价值相联系的统一性,当然不能被理解为作为具有道德意义之物而与采用自律概念进行研究的伦理学发生联系。一种没有任何意义的个人心情,在那种指向历史世界的"个人主义"世界观中是没有任何地位的。与此相反,与价值相联系的个别人物的成长,对于这种世界观却必然具有非常重要的意义。因此,这种伦理学是"个人主义"的,尽管如此,这却恰恰因为它是普遍有效的。

这里仅仅以一般的方式阐释历史观的形式与那种坚持自律原则的伦理学的基本观念之间的联系,这个评论远远没有想到要作更加细致的阐述。不过还要谈一谈其他几个要点,它们也许能使这个普遍原则表现得更加清楚一些。

一种在上述意义上以自律原则和历史为目标的伦理学,首先需

第二部分　自然哲学和历史哲学

要拒绝赋予种类之物（Gattungmäbig）以任何道德意义。正如我们所看到的，这种种类之物可能与大多数个体的价值保持如此这般的联系，以致这些价值持久地附着于某些普遍概念的内容之上，这些普遍概念除了包含所有它们共同的东西外，不包含其他任何东西。在这种情况下，伦理价值概念的内容可能与自然概念的内容相重合，不过，我们同时已经知道，历史个体的概念并不是与个别人物的概念相等同，反之，有一些相对的历史概念包含有为大多数个体所共有的东西。现在，我们由此看出，种类之物必定像纯粹个别之物那样，将在一种"个人主义"的伦理学中找到自己的位置，这种伦理学从伦理规范方面考察历史观的形式。这就是说，我们把相对的历史概念的形式与从内容方面构建伦理价值概念这个任务连接到一起，从而得出这样一个想法，即甚至可以把个性局限于道德义务。不言而喻，由此得出的伦理的普遍有效性绝不是来自种类之物在内容方面的普遍性，反之，种类之物却恰恰是通过与在此之前已确定的自律价值相联系而获得道德意义。不过，事实上也有许多任务只能通过大多数个体的协力合作才能完成，而且是以那样一种方式，即不同的人在许多方面是相互平等的。在这种情况下，甚至那些为社会成员普遍地具有的特性也获得道德意义，也就是说，当我们以规范的方式考察这些想法时，那些普遍的特性似乎就作为义务被培育出来。

　　不仅如此，我们还可以说，要完成大多数社会伦理任务，就需要没有个人特色的特性与纯粹个体的特性协力合作。可是，不能从形式的原因中去确定这条界限位于何处。只是可以说，首先，这种限制绝不会导致对个性进行彻底的压制；其次，不具有个人特色的概念与具有较多联系的历史概念如此地大不相同，以致对任何一个社会的归属绝不要求把形成一种没有个人特色的性格看作一种义务。因为，我们已经看到，譬如说，某个人可能是一个善良的德国人，而不是一个不具有个人特色的德国人，而且正如最优秀的德国人在很大程度上偏离一切德国人普遍地共有的那些没有个人特色的性格那样。我们不进一步追踪没有个人特色的性格与个体的性格之间的关系。

这里只要指出相对的历史个体与伦理价值概念的形成处于什么样的联系之中,可能就足够了。

不过,我们还要再考察一下历史问题和伦理之间的另一种联系,我们是通过每个个体所隶属的那个社会的概念而被引向这种联系的。即使单一之物可能也需要被列入它的"种类"之中,在某个方面与这个种类的那种没有个人特色的性格相适合,从而局部地把种类之物看作在伦理方面合乎规范之物,那也不要把实在的种类作为整体与类概念相混淆,反之,我们始终要把种类之物看作一种"历史联系"。一旦情况如此,那么从伦理观点看来,种类之物恰恰是通过它的个性而具有意义。而且,由于同样的原因,单一的个体为了完成它的义务必定不仅是自律的,而且也是个别的。伦理的个体也如历史的个体那样,总是使自己隶属于一个个别的整体。在那种情况下,它还有义务促进这个整体的个性。诚然,人们可能说,个体限制它自己的个性往往只是为了更好地适应它生活于其中的那个社会的个性,也就是说,我们希望由此而成为社会的生物,从而使我们所隶属的那个 Societas(社会)成为具有道德意义的个体。在伦理的个人主义与伦理的社会主义或者集体主义之间的那种已多次谈到的对立,将在这个基础上失去它的尖锐性,正如不能把个人主义的历史著作与集体主义的历史著作看作只能二者选一那样,也不能把上述两者看作只能二者选一。任何一个学会以历史方式进行思考的人都知道,在什么范围内对个人特性的放弃有助于使生活得以个别化。为了使个别之物能发挥作用,我们才能成为社会的。如果人们理解历史生活的本质,人们就会再一次十分清楚地理解情况可能就是如此。

为了用一个事例阐明这一点,我们要指出如何必须以这种方式显示人们是如何理解一切人类社会中最为重要之物即民族的伦理意义的。大家知道,大多数哲学体系在处理这些概念,首先在处理已形成的民族性格的伦理价值方面做得多么糟糕。不过,我们已经把人们习惯于用自然科学概念进行思考以及人们对历史学用以理解人类生活的那些形式缺乏理解,看作这种缺欠由以产生的最为重要的原因。

第二部分 自然哲学和历史哲学

有些人说,首先禁令使每一个人负有义务,不过,人们又认为每一个人都隶属于自然科学所说的人这个普遍概念。因此,出现了普通人之物(der Allgemeinmenschlich)这个类概念,并且由此认为价值、规范以及一切妨碍塑造"纯粹人性"的事物都在道德方面没有什么价值。在人们经常提到的"人道理想"(Humanitätsideal)的基础上,必然把已培育出来的民族性格看成对人性的道德价值的限制,把首先成为民族的成员,然后才能为"人"的那种努力看成是完全不道德的,为了道德的利益就要摆脱这种限制。于是形成这样一些伦理派别,在这些派别中对普遍人性的狂热推崇达到这样的地步,以致在它们那里与现实的道德生活和人的作用的任何联系都消失了,它们因此可能使"伦理的"这个词失去其信誉。

与此相反,如果人们考察历史的现实观的形式,他们就会明白道德禁令就其本质而言对每一个人都是适合的,反之,自然科学关于"人"的那个非常普通、因而内容贫乏的概念,却不适合于从内容方面实现这个理想。毋宁说,只要单一的人仅仅作为我们称之为"民族"的那种真实的历史联系的一个环节完成了他的一部分义务,那就可以把培育出来的民族性格看成一种卓越的道德价值。这个词诚然具有与"自然"一词相同的词干[4],可是我们有必要对这一点不作考虑。我们现在想到一种历史地形成的文化构成物,这种构成物不能用譬如说"人种"这样的自然概念加以界定,不论人们在其他方面可能对这个概念作较为广泛或者较为狭窄的理解,因而譬如说把那些普遍的、历史地形成的文化语言看成是民族纽带,或者把与一个历史地形成的民族文化国家的隶属关系看成是一个起决定性作用的因素。在最后这种情况下,这就涉及一些与下述这个问题相关的问题,即历史著作在什么范围内是政治的,也就是说,在什么范围内必须把民族国家置于对它所作的叙述的中心。黑格尔围绕着国家概念阐述他的历史哲学思想,他也仅仅在国家中、从而在一种历史地形成的文化构成物中考察具体的伦理性(Sittlichkeit)。也许,在黑格尔的政治历史观中也如在他把伦理性与道德性(Moralität)对立起来这种做法中那样,隐藏有一些更加深刻的真理。不过,不论它是什么,个别之物作为成员所隶属的那个历史整体总是通过它的个性而获得意义。因此,只要成为一个民族的成员这一点必须作为义务显示出来,我们就只有作为民族的成员才可能完成我们的大部分义务。与单一的人相似,每个民族,或者用费希特的话来说,"就整体而言的个别性",具有一个为其他任何民族不可能具有的个别任务。因此,只有通过民族性格的形成才能对真实世界中绝大多数文化财富有所作为。不仅如此,一个意识到自己使命的民族比单一的个体能更加公正无私地和不留情面地使它的个性得到实现,因为在这里可以比较容易地划出在那种始终没有根据的个人情结和那种在社会伦理方面富有价值的个性之间的界线。一个为历史地形成的民族特性效劳的人,在其前方有一个明确地确定的文化目标。相反,一个仅仅试图成为"人"的人,只期望他早就拥有、因而不想要的东西。甚至我们的古典作家的人道理想也不要求我们成为自然科学意义上的"人",因为那是我们大家无论如何就是的那种事物,反之它提出一种特殊的人性(das Menschentum),这意指的是一种一次性的历史构成物。

因此,历史思维能够通过把那些至今仍对许多人具有很大魅力的道德理想与丰富多彩的历史生活加以对比,证明这些道德理想是贫乏的和空洞的。有些人更加沮丧,因为他们一眼就看出在历史科学本身中有一种倾向阻止历史科学的进展,并试图再次破坏历史思维的全部成果,其办法是它可能使历史学成为一门普遍化的自然科学,从而使个别民族生活的丰富财富消失在所谓集体主义的含糊不清的普遍概念之中。

我们甚至还可以再进一步,宣称一旦人们认真地把普通人(Allgemein mensch)这个概念用作自然概念,从而把这个概念理解为从自然科学类概念的意义上把一切人都真正包罗进去的那种东西,那就简直不可能在普通人之物中看到道德理想。一个完全摆脱民族特性的人是一朵真正的道德之花这样一个论断,是绝不能得到彻底贯彻的。毋宁说,在人们相信自己十分热衷普通人之物的场合下,人们可

第二部分 自然哲学和历史哲学

能把一个或多或少地塑造出来的民族典型看作理想。人道理想（Humanitätsideal）为这一点又提供了一个事例。这种理想局部地从希腊特性中获取它的内容规定性，人们在这里用来取代人性理想（Menschheitsideale）的那种民族典型并不是普通人或没有个人特色的人的典型，而是与任何民族典型一样是一种绝对历史的典型，这就是说，是一种在其中能产生一些起示范作用的性格特征的典型，这些性格特征来源于一些为数较少的个人，而且其中诸多特征只能在个别的历史人物那里得到确认。即使人们可能把那个依然是世界主义的理想乔装打扮一翻，这个理想却始终带有一些把它的民族成果的泉源泄露出来的特征。人们没有明确地注意到这一点，而且不自觉地看待这些民族特征，使得它们似乎在一定程度上并不是理所当然地是道德的，在这种情况下，人道这个概念可能以混乱的方式发挥其作用。

不言而喻，以历史生活为目标的人道理想丝毫没有谈到这一点，特别没有涉及那种打算把现存的民族及其特性确定下来的哲学。这就是那种就其最为令人不快的意义而言的历史主义。这种历史主义所指的仅仅是：个别的人作为民族成员生活于不同的民族之中，在理解这种生活所具有的道德意义时，不能超越这些民族的特性。任何关于一般的"人"的那种空洞的普遍概念，都不具有道德意义。"人"作为自然科学的类的一个单纯事例，就不再是个体。人就像通过每一种普遍化的概念形成那样被原子化，人的个人道德生活就失去意义。

当然，即使我们不考虑历史环境在将来的巨大变化，而仅仅关注目前的历史状况，那也肯定不能排除伦理学超越民族概念和民族国家概念这种情况。每一种民族主义也如历史主义那样远离我们。我们还必须完成我们并非仅仅作为一个民族的成员或者作为一个更加狭窄的社团的成员所面临的某些义务。我们不能沿着纯粹形式的思路阐明这些义务是什么。不过，不论与此相关的情况如何，不论超民族之物可能起多么大的作用，伦理学在处理超民族的义务时始终要考虑历史考察必须履行的程序,在这种情况下,超民族的因素并非必然是人的因素。毋宁说,只要那些内容规定性与文化人性(Kulturmenschheit)这个概念由之得来的那个内在世界有联系,只要历史学知道它的那个历史概念(历史学就是以这个历史概念为依据而形成关于文化民族的个别的、绝对历史的整体),那么这些内容规定性就是道德的绝对命令。正如个别的个体加入到民族之中那样,民族的人民个性(Volksindividualität)也加入到这种实在的联系之中。在许多文化领域内,例如在科学领域内,个别的人至少可以局部地超越民族,使自己的活动直接与一个超出这个民族之外的社会的生活相联系,像在由全部科学人士组成的社团中那样。不过,目前这至少是一种例外情况,这样一种可能性是否存在,人们往往只能依据历史知识才能知晓。无论如何,甚至文化人性这个概念也只能被理解为一个绝对的历史概念,因而不能被理解为没有个人特色的文化人概念,而只能被理解为这样一个概念,这个概念的形成方式类似于以个别化方式去形成关于希腊人或德国人的民族特征的概念。甚至在所有的民族结合为一个统一的文化整体的场合下,这种情况也不会终止。

然而,是否这个关于最终的历史中心的概念的确是那个最为广泛的、内容上确定的伦理概念,或者伦理学也不能超越这个概念,以致最后还要再走一步才能进入那个非历史的或者超历史的领域,这就是说,是否每一个人即使撇开他处于其中的历史联系,已经被我们看成是在伦理方面绝对地富有价值的人呢?

在某种意义上,我们的确可以对这个问题作肯定的回答。被我们看作对历史科学毫无意义而必须加以拒绝的东西,对哲学而言却是重要的。哲学其实就是以如此方式观察每一个人,以致在人那里有可能实现一种具有义务意识的、自律的自由意志,由于这个缘故,"纯粹的人"作为某种在道德上富有价值的东西从其余的现实中被突出起来。不过,与此同时,还要在这里对下述这一点做些考察。伦理的价值概念甚至在这里也与关于人的自然概念没有丝毫联系,但这并不是说我们在义务意识中看到某种超自然之物或者至少看到对这

第二部分　自然哲学和历史哲学

种超自然之物的提示,而是说对于伦理学而言不存在任何理由,使我们可以按照"人"这个自然概念本身的内容去询问作为道德意志的承担者的人的道德价值,并把这两个概念相互连接起来。而且,我们可以断言,一个按照自然科学方式形成的关于人的概念不可能包含具有义务意识的意志概念,因为事实上在所有的人那里都绝对找不到自由和自律的伦理成分。毋宁说,伦理学在提出关于"人"的伦理价值概念时仅仅依据于下述情况,即在每个人那里或许能够形成一种道德意志,伦理学必定会把其他每一种现实同样看作在伦理上具有价值。在这种情况下,伦理学有理由做出这样的假定。

不过,如果我们现在已经了解这种情况,那就再一次表明自然主义、特别是自然主义的进化论对于伦理学问题具有多么微小的意义;而且我们还看出不仅那些期望从人在其他生物的系列中所处的位置使伦理价值具有一种新形态的人是错误的,而且那些害怕通过这种排列可能使人的生活在道德方面失去价值的人也是错误的。在人们意识到自己起源于动物之前,人们已经知道人始终是发展得"更高一些",像达尔文主义伦理学教导的那样(尽管它没有任何根据),而且否定了通过指出人与动物的联系已使人的道德价值有所降低这种看法,因为人作为自然科学概念的类事例就不具有任何道德价值。如果的确存在着一个不间断的从动物到人的系列,那么这一点就是显得更加明显,因为那时人们就会立刻看出,为了确定生物的道德价值由以开始的那个位置,就需要有一个价值标准,而这个标准是不能从那个不断变化的自然本身中获得的。只是由于在人与动物之间存在着一条鸿沟,而这条鸿沟对道德价值而言甚为重要,因此才可能产生一种假象,仿佛随着自然科学提出关于人的类概念,已经设置了一种道德价值。事实上,那种已看出自然科学的普遍概念对于理解道德而言毫无意义的伦理学,就既不需要对物种起源论有所期待,也不需要对它有所恐惧。从伦理学的观点看来,"人"这个自然概念在自然科学世界观的系列中处于哪个位置始终是无关紧要的,在这里,人与某种可能的道德意志的联系才是赋予人本身以道德价值的唯一根据,就这种价值的有效性而言,任何自然科学理论都不能使某种道德上的本质之物有所改变。

549　　我们还看出,只要人能够变成自由的、自律的,具有义务意识的个体,人本身就具有伦理价值。不过,在伦理学中,不能通过关于人本身的普遍概念使价值概念着手从内容方面进一步扩展价值概念。与此相联系的那种价值基本上是与最普遍的伦理原则概念相重合的,也就是与关于具有义务意识的或者自律的意志的概念本身相重合的。如果"成为人"这些词对于伦理学而言只不过意指最普遍的伦理财富在经验中得到实现,那么这个概念并没有比那个纯粹的形式原则再前进一步。是否从另一种价值观点看来,例如从宗教观点看来,每一个个别的人的心灵本身还体现了另一种绝对价值,这个问题仍然悬而未决。关于这个问题,这里只能指出,关于人的那个绝对非历史的概念只有在它包含伦理之物本身的价值概念时,才体现了一种伦理价值。最为普遍的伦理原则必然是非历史的或者也许是超历史的,因为正如从自然中不能引出价值一样,从那个纯粹的历史之物中也不能引出价值。只有在内容方面对最为普遍的、形式的伦理价值有所扩展时,历史之物才开始对伦理学具有意义。不过,这种意义会很快变得非常重要,无论如何不能把它与自然科学的普遍概念对于伦理学或许具有的那种意义相提并论。

　　不过,为了防止误解,还要明确指出,甚至对于人的本性的认识也可能对伦理学具有意义。如果所期望的伦理价值与某些道德理想不相容,因而期望这种价值在财富中得到实现这一点没有任何意义,那么人所服从的那些自然规律在某些情况下便对道德理想设置一条界限。可是,自然概念本身的意义在这种情况下始终只不过是一种有限的、因而消极的意义,也就是说,绝不能从其中获得用以对道德理想进行扩展的材料。值得注意的是,恰恰在道德自然主义者中间,有许多人倾向于忽视那些通过人的普遍本性对人设置的界限。例如,在那些主张"妇女的自然权利"的人那里,像这些权利反复出现在哲学史中那样,就易于证实这种倾向。那样一些权利不是来自关于

第二部分　自然哲学和历史哲学

妇女的普遍本性概念,其中有许多权利反而证明恰恰与一切妇女生活所服从的自然规律不相容。当然,当人们想确定什么事物属于妇女的合乎规律的必然本性,那些短暂地出现于历史之中的变体在这方面可能进展多远,此时人们在详细地做出判断方面就必须小心谨慎。一般说来,我们在这个方面不想对伦理学的专门问题做了决断,而仅仅从原则上确定对于伦理学来说,历史的组成部分可能有哪些意义,自然科学概念对于这些组成部分可能有哪些意义。自然之物也许可能具有消极的伦理意义,这个情况也有助于发现这样的错误,即认为自然之物本身已经具有一种肯定的伦理价值。

正如已经说过的那样,在我们看来,甚至仅仅就哲学的全部主要问题而言,这里也远远不是要阐明什么是伦理学与历史思维形式之间的联系。这里提到伦理学,仅仅是作为一个事例,同样地,做出下述评论也只不过是为了提出一些更多的事例。在实践学科中间、我们还要提到权利哲学,在这个方面特别使我们感兴趣的是与所谓自然权利相关的问题。[5]这个在法学中还没有完全消失的概念,如果加以正确理解,是具有科学价值的,而这个概念与历史权利又有什么关系呢?

首先,"自然权利"这个词意指什么,也就是说,在使用这个词时是以哪个自然概念为依据,ius natural(自然权利)与 ius divium(神圣权利)可能是对立的,在此范围内,它是一个斗争概念(Kamptbegriff),,这个概念在今天已不再具有科学意义。如果把自然权利与自然科学的自然概念联系起来,那么对于这个概念的有效性的信任就必然来源于这样一个信念,即正如自然科学通过规律概念向绝对普通之物推进,并在其中发现事物的真正"本质"那样,也可能在"积极的"、授予的或者纯粹的历史权利中通过普遍概念的形成把本质之物与非本质之物区分开,并且由此推进到权利的普遍"本性"。于是人们试图在从自然科学出发确定人或者人的本性那样一种意义上,去确定那样一种自然权利,这种自然权利摆脱掉授予的权利或者历史的权利所具有的那种个别的特殊性。在这种情况下,自然的、普遍的权利就是那种与自然科学关于人的普遍概念或者与人的本性必然连接在一起的权利。它在一定程度上形成那个社会化了的宇宙的自然规律。我们看出,在一种那样的思路中,"自然权利"这个词具有一种良好的意义。自然一词所意指的东西相同于自然科学这个表达式所意指的东西。这就是说,它意指从类概念的普遍性观点着眼的那个相关的对象。

不仅如此,我们甚至还可以进一步追踪"古典的"自然权利与自然科学思维的联系。像自然科学喜欢做的那样,如果以形而上学方式把普遍概念加以实体化,从而使之成为"真正的现实",于是普遍的本质表现为绝对的实在,那么自然权利必定也像原始的权利那样变成真正现实的,或者无论如何变成绝对的。这种原始的权利在历史发展中已在一定程度上显得陈旧,失去光彩。在这种情况下,现存的历史权利不仅被看作普遍权利的一些单纯的类事例(这种类事例的个别特性是本质的),而且同时被看作一种使自然权利隐藏起来的外壳,正如物体在质量方面的"历史"杂多性使原子的真正本性不被我们的感官所觉察那样。这样一来就提出这样一个任务,即借助于这种想法通过权利的"现象"推进到形而上学的本质,从而又把权利复原为原初的纯粹状态。个别的历史权利是纯粹经验的事物,而进行思维的理智或者理性从个别的、法律的杂多性(individuel juristisch Mannigfaltigkeit)之非理性的丰富内容中,把自然权利同时作为"理性权利"突出起来。因此,在关于自然权利的学说中,也如在一切场合下一样,理性主义和自然主义结合到一起了,也就是说,只有理性主义思维才会相信上述意义的那种"自然"权利。

并非以此断言关于自然权利的思想中到处都以完全纯粹的形态包含了这个原则,反而是说问题仅仅在于只能以上述方式去论证关于那种与自然权利这个称号相匹配的权利的想法。不过,如果弄清楚这一点,我们也就明白从上述"古典"意义的自然权利的科学价值中能够获得什么,同时也表明问题根本不在于它与物理之物和心理之物的区别,尤其清楚的是只有哪一些概念才可以被纳入自然权利

第二部分　自然哲学和历史哲学

的对立物之内。也许不是精神的权利,因为与物质的或物体的权利不同,自然权利也是精神的;反之,在那些对自然权利毫无所知的人们看来,历史权利作为文化历史发展的产物是一种"现实的"权利。与一个纯粹数量的原子世界或者其他任何以形而上学方式实体化的普遍概念相似,自然权利也不是一种实在。因此,在法学中也如在其他文化科学中一样,对理性主义思维或自然主义思维的充分应用,必然有利于历史思维。当自然科学和哲学仍然固执于理性主义的概念实在论的时候,法学中却早已几乎毫无例外地完成了这种转向。这种普遍的、按照自然科学方法或普遍化方法形成的权利概念,仅仅包含一切权利所共有的东西,但它在内容上如此贫乏,以致在科学上不能以它作为出发点。[6]

　　我们可以在权利哲学中不使用自然权利这个词。在自然权利这个概念中,自然这个词的意义相同于这个词在自然科学这个表达式中的意义。这样一来,虽然没有解决处于关于自然权利的讨论之后的那个问题,但我们此时才接触到我们在这个方面真正感兴趣的那个权利哲学问题。对于这一点,如果询问是否有一种自然权利,那么人们此时所指的往往根本不是那种配得上这个称号的东西,而是人们想知道是否可能以下述方式把一种普遍有效的或者"规范的"权利与那种不断变化的、纯粹历史的权利加以对比,即把各种不同的、不断变化的风俗与有效的德行加以对比。正如我们所看到的,这种德行同样被说成是规范的。就人们称之为自然权利的那种东西而言,这其实涉及权利的价值概念。费希特的"自然权利"已经不再是原来的自然权利,人们仅仅保留了这个名称。在人们把自然同时看作价值的总和的场合下,应当把这个名称仅仅授予规范权利。

　　因此,即使我们必须放弃古老的自然权利,我们也不需要把实物与名称一起抛弃,也就是说,不需要放弃形成一个有效的权利价值概念这种尝试。在这点上人们应当明白,这样一种权利概念在这种场合下与最普遍的关于道德之物的价值概念一样,按照我们的假设可能也像自然概念那样是纯粹形式的。以如此方式理解的规范权利与历史权利并不矛盾,不像自然权利与历史权利相矛盾那样。毋宁说,对权利哲学提出了这样的任务,即询问什么事物配得上权利这个称号,这个问题与关于自然权利——就此字的上述那种真正的意义而言——的假设不再有多大联系。权利哲学作为一种关于规范的、有效的权利学说,将成为实践哲学或者伦理学的一个部分,这个部分使最普遍的道德价值与权利生活联系起来,并试图借此做出更进一步的界定。不过,权利哲学在这个方面绝不要追求那种将在历史现实之外的某个地方实现的、内容充实的权利的幻觉,毋宁说,权利哲学也必须试图从历史权利的形式着眼,从内容方面去塑造形式的、规范的权利概念。这里不想对这个权利概念作更加详细的界定。如果能够对关于权利的形式价值概念做出界定,那么相对于纯粹经验的、历史的法学而言,权利哲学在原则上也同样有一个独立自主的任务,正如逻辑学相对于科学生活的历史来说,伦理学相对于道德的历史来说具有那样的任务。

当然,也不要忽视不同的哲学学科之间的原则区别。就伦理学而言,我们首先必须强调指出,为什么自然概念不适合于从内容方面去界定伦理规范;对于权利哲学而言,也有必要指出为什么为了把规范权利标志为价值概念而保留下来的"自然权利"这个不幸的词语,不能掩盖那些隐藏在关于形式的、规范的权利概念的想法之中的问题。不过,除此之外,就这两门学科而言,情况是相同的:正如没有"自然的"德行一样,也没有"自然的"权利。只有当人们考虑到道德和权利的历史形态,从而只有当人们不再试图达到一种普遍的、按照自然科学方法或者普遍化方法形成的关于权利的类概念时,才能获得一些普遍有效的、内容充实的伦理规范或者权利规范。

当我们以如此方式离开"实践"哲学时,我们还要再一次提醒,没有什么想法比那种认为哲学因为在每个方面都拘泥于纯粹的历史之物而受到指责的想法,更加远离这个评论。我们仅仅谈论文化哲学,我们通过一种故意的片面性而强调指出,对于我们科学中与文化价值问题相关的那一部分来说,有必要根据历史之物来确定方向。我

第二部分　自然哲学和历史哲学

们尤其没有漠视历史发展概念绝不能达到那样一种独霸地位（即使这可能的话），即在一种无所不包的世界观学说中对我们的全部生活做出积极的理解。即使当我们从历史上与价值相联系的观察方式转向价值哲学的观察方式，并且试图把上述意义的文化生活解释为一种进步，我们仍然不必借助于进化论就能对那个问题获得一种在各个方面都令人满意的见解，我们在这里对这个问题能否得到解决不做任何决断。而且，正是在这种情况下产生一种把我们的现实存在与那样一些价值联系起来的需要，这些价值使我们的现实存在不再仅仅是那个不断进展的、也就是那个其价值不断升高的发展系列的一个环节。

　　这一点通过以下考察将变得十分明显。历史文化的前进路线不会终止于任何一个地点，因此我们这次达到的任何一个阶段，即使它相对于在先的阶段可以被看成是"较高的"阶段，但相对于其后的阶段又降低为一个纯粹在先的阶段，从而先去它自身的价值。它在此时只不过是一种手段，而不再是目的。因此，情况必然可能是这样：人类生活就其总体而言在未来将指向其自身之外，因而它与历史文化力量的联系是不可缺少的；另一方面，每一阶段并非相对于其他阶段而言才具有价值，它本身在其他阶段中也有其存在，如此连续下去直到无限。任何一个事物最终都必是为其自身而存在于这里。自然科学把我们的生活刻画为一个没有意义的循环过程。因此那种独一无二的历史观面临这样的危险，这就是它的进程将成为一颗没有终点的文化螺丝钉（Kultur-schraubel），从而同样失去任何意义。我们必须力图在某种程度上把自身从不断进展的文化发展过程中抽出来，而进入那样一个领域，在这个领域内，生活找到一种立足于自身之上的形态，也就是说，在这个领域内，生活不仅具有对未来所做的准备，而且具有充实的现在，或者说，在那个领域内，我们不仅能够开始和继续，而且能够完成。从这样一种完全结束的理想（die Ideal der Voll-Endung）的观点看来，一切单纯的历史之物简直似乎是一个不让我们达到目的地的敌人。[7]恰恰是在讨论历史学对世界观的意义的过程中,这种观点以最坚决的方式抗议对进步做出欢呼,这种欢呼过去往往对发展思想做出错误的使用,甚至世界大战也没有使它完全沉寂下来。

可是,不论这种趋向超历史之物的倾向可能多么有根据(这种倾向与以前强调的思想倾向是相矛盾的),情况仍然是甚至一种关于终结的、而且在此范围内是超历史的哲学也不能忽视这种历史力量。哲学以某种方式与这种力量进行争辩,在此范围内对历史之物做出正确评价就成为哲学的一项不可回避的任务。不仅如此,就某个方面而言,我们也绝不可能完全摆脱历史之物,即使在历史之物变成我们想要克服的东西的场合下。最后,至少还要谈一谈那些试图以最坚决的方式要求的对超历史之物进行研究的哲学学科,要谈一谈宗教哲学。

一旦涉及那种被我们看作有效地持有的价值,这门学科为了阐明它作为价值科学的概念,首先也要从一种要求得到承认的、无条件的应做之事出发。可是,当哲学的另一些部分涉及我们意志的那种想要思考真实之物、期望善良之物或者欣赏美好之物的力量时,人的无能为力就在前台上出现,人不能做他应做之事,而且他通过这种无能为力的意识而超出他自身,超出一切人的事物,而指向人们称之为上帝或者"神圣之物"的那种东西。在我们明确地认识宗教和历史的关系之前,我们从两个方向追踪这种东西,并没有以任何方式力求达到观点的完满性。与在其他地方一样,在这个结尾部分中也仅仅打算提出一个粗略的说明,这种说明只是为了弄清楚世界观问题与历史思维的关系。

作为一个必然与人的义务意识——这种义务意识存在于与那种"倾向"相斗争之中——相关的概念,形成了我们可以称之为"神圣的"意志概念,这个概念可以被看成是一种可以想像最为完满的意志理想。与这个概念相对立,每一个个体将把它的意志理解为不完满之物;由此出发,可以从哲学上阐明罪孽和拯救的意义。不是,我们不要把这个概念与前面提到的那个就狭义而言的"德行"联系起来,

第二部分　自然哲学和历史哲学

而必须从神圣的意志理想(Willensideal)的观点去理解一切普遍有效的价值意愿，以便使宗教哲学与价值哲学的其他各个部分联系起来。最普遍的或者形式的宗教理想的有效性就逻辑价值而言首先与逻辑必然性有关，正如笛卡尔早已从错误理智的"有罪之物"这个概念中得出上帝观念，把它作为理智上完满之物的概念那样。不过，我们这里进一步借助于那个把理智主义排除掉的原则，把这些宗教概念转加到其他价值之上，以便使宗教生活在其全部范围内都是可以理解的。不过，我们在这里不能详细地继续考察这个问题的这个方面。我们只想一般地表明作为一门价值科学的宗教哲学的最一般的概念。对于那些处于核心位置的宗教价值的内容规定性，这里仍然没有加以充分论述。[8]

以下一系列想法从另一个方面超出前面所考察的问题范围。价值不仅在下面这一点上与意志相对立，即价值要求一种"被动的"赞同或者赞赏。可以认为我们在进行审美观察时只不过表示赞同或者赞赏，而价值还期望我们去做某些事情。特别是我们不会怀疑就狭义而言的那种在道德方面的应做之事。而且，人们还可能试图以下述方式对道德价值做出界定，即这种应做之事要求人们采取行动。不过，在这里，我们的一切行动都发生在经验的现实之中，并且以如下方式建立起它与价值的必然联系，即甚至价值附着于其上的那些财富的实现也是绝对必然的。这个要求同样使哲学并非仅仅停留在那些在自律意志的财富中得到实现的价值之上。从一种特殊的道德观点看来，也就是在从道德自律的价值概念来确定方向的情况下，只有行动的意愿而不是行动的结果才可能是道德的或者不道德的。不过，如果考察应当采取的行动的整体，那就不可避免地也要询问那种以其结果为准绳的价值。结果不能对它是否具有价值漠不关心。在那种场合下就仍然不能理解为什么我们不仅期望合乎道德之物，而且应当按照意志采取行动。因此，只有当实在的结果和非实在的、有效的价值之间存在着一种必然的、并且在我们的能力范围之外形成的联系时，行动才具有意义。我们只能赋予我们的意志以一种价值，反之，绝不能使那种由此形成的东西成为绝对具有价值的，也就是说，我们虽然每时每刻可以期望成为善良的，可是我们行动的结果是否成为一种完美的财富，这一点却不取决于我们如此这般的行动。

这种无能为力的意识不仅迫使我们转而求助于那种对义务和爱好之间的冲突毫无所知的神圣意志理想，而且还朝着另一个方向把我们引到单纯意志之外。当人们不可避免地假定绝对应当采取的行动将导致一种绝对有价值的结果时，这种神圣意志的理想就变成一种神圣的力量，这种力量保证我们也能做我们所不能做的事情，换句话说，保证通过我们的行动促使绝对有效的价值附着于其上的那些财富得到实现。正如我们也可以说的那样，我们对应做之事无能为力的那种意识，要求一种客观的财富，或者一种神圣的现实，或者一种价值的实在。这样一来，我们便被推到道德意欲的领域之外，而进入那样一个领域，这个领域在一种不同于价值有效性的意义上处于经验现实的另一面。

人们不要误解这种想法。那样一种实在仍然是我们的科学概念绝不能达到的。而且，"价值实在"（Wertrealität）这个词也不适合于被理解为一种必然不能完成的尝试，即想说出那种不可说出之物。只有在我们的那种指导行动的良知和我们只不过期望善的事物这种意识都不能很好地处理事情的情况下，这时才要求某种我们绝不能认识或者不适合加以命名的东西。不过，人们又无条件地要求有这种东西，因为否则一切行动都将失去其意义，而且也不可能从一种纯粹理论的观点出发把这种要求看作纯粹"主观的"，或者说这种要求仅仅与有所期望的人有关，而与理论的人无关。毋宁说，可以表明，从纯粹理论的观点看来，不仅不能对这种要求置之不理，而且它甚至构成这种观点的前提。正如我们所知道的，逻辑的或者理论的意识是价值意识的一种形式，而且当理论的人做出判断时，理论的人仍然没有把真理价值与单纯的观察对立起来。任何一种具有意义的举止是否可以被理解为被动的观察，这是有问题的。无论如何，甚至纯粹理论的判断也是一种就下述意义而言的"活动"，即它们对价值做出肯

第二部分　自然哲学和历史哲学

定或否定的评价，而且通过它们形成的东西即它们的成果——在这种场合下这种成果就是知识——同样必定是充满绝对的理论价值。在一种对价值漠不关心的现实中，或者在真理价值附着于其上的那种知识的实现中，顽强抵抗的宇宙甚至使每一种认识失去其意义。

于是这个假设包含我们可以通过自己的判断使真理的价值在知识的财富中得到实现，还包含相信有一种力量使这种价值通过我们的判断得到实现，全部认识的意义都依赖于这种信念，这种信念不仅超出一切逻辑之物，而且超出一切道德之物：世界被如此构造出来，以致在其中能够使认识达到其目的，使知识得到实现。就另一些价值和财富而言，情况也显然是如此。

如果人们愿意，也可以把这种信念称为形而上学信念[9]。它包括对那样一种事物的信任，这种事物处于一切经验现实的另一面。关于这种事物我们同时要指出，它作用于经验现实，因而它本身必然是"现实的"。这样一种事物是超感觉地实在的，就此而言是形而上学的。可是，它是一种以如此方式形成的特殊种类的形而上学。它按其理论内容而言完全依据于价值的非实在的有效性，因而它十发清楚地与我们在前面拒绝过的每一种理性的形而上学区分开，因为它反过来又试图把这种非实在的有效性建立在形而上学的实在之物之上。我们所相信的那种超感觉的实在也绝不能成为我们的认识对象。当我们谈论这种实在时，我们甚至不要从实在这个词在科学中的严格意义上加以使用。从逻辑观点看来，实在始终是一个"范畴"，也就是说，始终是这样一种判断的谓语，这种判断把内容称为实在的，因为实在的形式以一种判断的必然性与内容相关连，这种内容按其种类而言无论如何必定是"所与的"或者"被意识到的"。否则，我们就没有任何认识对象。由于这个缘故，科学仅仅认识那种内在的实在。[10]尽管如此，科学仍然能够得出这样的看法，即有某种事物"处于"一切通过科学获得的认识的另一面，而且即使我们一开始就知道不能对此找到一个适当的词语加以表述，或者至多只有借助于否定性词语才能说明它意味着什么，但科学仍然必定会试图尽其力所能及地为那种处于认识彼岸的事物提供一个适当的标记。因此我们说：价值不仅是有效的，而且具有一种超越实在之物的力量，就此而言价值本身是"现实的"。我们此时只是不要忘记，甚至在这里逻辑思维也仅仅指向某种非逻辑之物或者超逻辑之物，正如指向它自己的界限和它的前提那样。我们在前面已经指出，一种超越逻辑的、对绝对普通的理论价值做出认可的意志，必然与实在的认识这个概念有关，因此现在涉及这样一个必然的信念，即相信这些价值具有一种超越我们生活于其中的那个现实的力量，而且涉及那样一种信念，如果没有这种信念，我们的那种想去做应做之事的意志就会失去它的意义。而且这种信念绝不会与下述命题相矛盾，即价值立足于自身之上，它们是有效的，不需要通过任何方式加以认可。因为，在这里，问题也不在于价值的有效性，而在于价值在它们附着于其上的财富中得到实现。在对现实判断进行考察的理论哲学中，价值的这种实现同样也超出简单的价值有效性，正如道德科学在其中是本质的那种实践哲学中那样。

不过，我们只想用这一切说明对于作为价值科学的宗教哲学而言理论的出发点位于何处，通过超越经验的现实而使全部文化和全部历史远远处于自身之后这样一种普遍的倾向必然是怎样形成的。对于我们的思路而言，重要的是事情的另一方面，即下述这种情况：尽管有这种"形而上学"倾向，宗教哲学却不能不与历史相联系。只要人们局限于按照所阐述之物的种类进行思考，对实在的宇宙财富力量（Weltmacht des Guten）所具有的那种宗教信仰的概念（这种宇宙力量绝不能成为我们的认识对象），就始终是纯粹形式的，因而不足以从哲学上理解人们的"活生生的"宗教行为。在这里也涉及要进一步扩展形式的规定性，而这一点又只有通过思考历史上的宗教生活才能实现。我们在后面还要简略地阐释这一点。

当然，对于这些想法是否符合宗教哲学对超感觉的价值实在所怀有的各种信仰的理解这个问题，我们必须让它悬而未决。在宗教只不过意味着一种宇宙控制的场合下，它也许可能仍然是一种宗教

第二部分　自然哲学和历史哲学

"体验",这种体验在经验、特别是历史的现实内容方面是贫乏的,因为宗教极乐境界(Seligkeit)所追求的是一种贫乏的极乐境界,对那样一种宗教的哲学理解可能同样满足于一些相对"空洞的"形式。不过,撇开是否的确有一种以十分纯粹的形态存在着的关于贫困和寂寞的宗教这个问题不谈,还存在着另一些形式的宗教信仰,对于这些形式的宗教信仰来说,与经验现实的联系、尤其是与文化生活的联系却恰恰是本质的。对于这些形式的宗教信仰,无论如何必须从宗教哲学观点出发弄清楚这些形式的宗教信仰是从哪里获得它们的丰富内容。可是,只有当人们把它们与历史生活联系起来时,才能理解这一点。

　　为什么对于神圣的价值实在不可能从"自然"这个词的通常意义而言的自然概念中获得正统宗教哲学的上帝概念的内容规定性,这一点是不需要任何论证的。它处于人们在这种场合下追求超自然之物这种活动的本质之中。可是,正是由于这个缘故,借助于形而上学进一步从内容方面扩展对于价值的那种超验的宇宙力量的信念这样一种倾向会变得愈加强烈、这种情况可能有它的根据,对这种根据不能在这里进一步加以讨论。我们在这里只是不要忘记,每一种可设想的形而上学都必须使用一些普遍概念,这些概念的逻辑结构包罗了我们生活于其中的那个总是在个别化的经验现实的全部内容。因此,仅仅借助于形而上学不能做到这一点。不仅如此,在这里仅仅对历史思维的纯粹形式作些考察,那也是不够的,因为并非在任何一种形而上学中,那样一些形式都只能采取形式的形态,因此只要这些形式没有历史内容,它们就必定仍然是普遍的。因此,信仰的形而上学至多只足以说明那种回避一切文化的宗教,这些形式并不比宗教哲学从价值的神圣宇宙力量中形成的那种绝对形式的概念更加了解宗教生活;对于理解宗教生活而言,个人与其同胞之间的私人关系以及他们在尘世中的共同劳动,却具有决定性的意义。此外,我们还必须再多说几句。如果借助于普遍的形而上学概念所理解的事物与绝对的价值实在相等同这种看法是有根据的,那么一般说来就不可能使那种并非仅仅力图逃避世界的宗教信仰获得哲学意义。在一个已变成形而上学的、理性的世界里,一种转而指向感性世界的宗教信仰就会失去一切意义。

　　这样一来,我们已经到达这个问题的关键所在。在把什么事物还不足以从内容上扩展宗教哲学这一点确定下来之后,对于我们试图朝着什么方向去做出积极补充这一点就不会再有任何怀疑。那种已对历史思维的本质有所了解的哲学,将不仅理解关于价值的实在宇宙力量的信念,而且也将理解一旦宗教生活试图与文化生活建立起积极联系,历史宗教就是宗教生活必须具有的形式。即使人们不可能对上帝与经验文化生活之间在内容方面的联系获得一种超越历史的认识,但从理论观点看来历史宗教的意义也不会因此受到质疑。历史宗教专注于一次性的历史事件,人们在这些事件中看到上帝的"启示"。这就是说,虽然绝不能通过科学对宗教做出证明或者甚至不能使宗教产生出来,但也不能否认,我们的世界观显示出一个缺口,这个缺口只有借助于一个指向历史宗教的信仰才能加以填补。宗教本身当然不需要那样一种"辩解"。世界观一开始就处于一切科学之外,科学丝毫也不能给与世界观作为宗教而言已经拥有的东西。反之,对于宗教哲学而言,并不缺少对于历史宗教的意义的说明。宗教哲学只有在对历史思维的逻辑本质有所理解的基础上才能建立起来。为了能够像其他哲学学科那样使它们的价值概念与历史生活建立起联系,宗教哲学在其形式部分已经考虑到历史的现实观的某些形式。这个情况使作为科学的理性形而上学的意义甚至对于宗教哲学问题也是十分可疑的。

　　可是,恰恰是在思考宗教生活时,正如已经指出的那样,有一种疑虑使自己比在其他任何场合更加强烈地显示自己的威力。这种疑虑最终必定针对哲学形式必须在历史中得到实现这样一条原则,因此我们同样还要用一些话语深入讨论这种考察的另一面。

　　正如人们所说,历史肯定会提供我们所需要的而且我们不能从其他源泉吸取的积极内容。可是,与此同时,历史处于连续不断的

第二部分　自然哲学和历史哲学

变化之中,如果只有借助于纯粹形式的价值概念才能摆脱历史之物,那么我们在用内容充实之物解释全部生活时,不仅似乎被推到无止境的发展系列的无意义性之中,而且被推到相对主义和怀疑论的结论之中。人们往往从我们所知道的全部现实存在(Dasein)的从不停息的变化中得出这些结论,它们不仅必定导致用超历史之物补充历史之物,而且导致对一切历史之物产生敌意。发展概念其实甚至是激进主义所喜欢使用的一种武器,它用这种武器证明一切历史之物都是非理性的。因此,在赫拉克利特(Heraklit)那里已经包含有怀疑论因素,在黑格尔那里产生了那个主要起破坏作用的黑格尔主义"左派"。简单地指出发展概念的另一面,即一切都处于逐渐的和缓慢的变化之中,这肯定不足以使关于一切历史之物的相对性和不稳定性的想法摆脱困境,因为在历史中发生的变化究竟是慢还是快,这在相对原理(Relativitätsprinzip)受到怀疑的场合下,不会构成任何原则性区别。

为了至少是在原则上抽掉激进主义的那些怀疑论论证的基础(这些论证以任何一种存在物的变化为依据向一切历史力量提出挑战),我们仍然还需要在这里再一次对那种认为全部文化生活都受到历史制约的想法进行认真的考察。对于绝对的相对主义当然不能有所作为,因为它彻底地走向虚无主义,因而在它那里没有留下任何可能还与人相关联的东西。可是,对它也不必害怕,因为如果它不想自想矛盾,它就必须放弃作任何判断。反之,任何一个人只要参与评价活动,其后仅仅由于历史之物发生变化而对历史之物表示不满,那么这个人此时已经预先假定这种历史之物具有一种意义,即期望有一种完全非历史的、但又依然与文化保持联系的生活。这个人忘记了当他放弃一种历史形态时(因为这种形态仅仅是历史的),只要他仍然是文化人,他就同时总是要抓住另一种历史形态,从而总是保持他试图逃避的东西。一个人充分了解一切文化都受到这种历史制约,他就绝不会由于它是历史生活而轻视历史生活,因为历史生活依然必定是一个受到历史制约的点,他作为文化人试图从这个点出发否认历史之物的有效性。这肯定不是意味着所有的历史之物都是"理性的",可是它应当表明,对于文化人而言,只有当新的历史生活已经在那里,与这种历史生活相比较并通过这种历史生活才能把它看成是已被克服,此时把历史形成物当作批评对象这种做法才具有意义。

因此,我们也不要否认,我们总是必须考虑在一切价值的内容规定性中发生变化的可能性。不过,对这种可能性的强调仅仅就其自身而言对于一个特殊的哲学问题却没有任何意义,特别是简单地指出一切历史存在物的多变性这种做法是无足轻重的。情况仍然是,只要我们没有把一切文化联系排除掉,我们就只能通过历史来战胜历史,而这就意味着我们作为文化人绝不能期望战胜一般的历史,只能期望战胜它的一种特殊形态。因此,我们虽然在宗教哲学问题上以最坚决的方式拒绝历史主义,这就是说,当人们谈到任何一种历史上形成的宗教并说它必定始终是一种唯一的宗教时,我们并不认为这种说法是有根据的。每天都会出现新的历史个体,形成崭新的历史力量,对于这种力量我们以前没有任何预感。在那种情况下,一切以前的历史之物其实都可能被推翻。不过,这只不过是历史生活又展现出一种新的形态。

不需要明确声明,即使对历史之物表示认可,那也仍然留下许多问题,特别是就宗教观点而言还形成一些十分困难的问题。不过,对历史思维的这种理解至少向我们指出一条着手处理这些问题的道路。反之,自然主义不仅对这些问题不知所措,而且当它以彻底的方式进行思考时,甚至可能否认这些问题的存在。因此这就表明,那种对历史之物的本质已经有所思考和理解的哲学在原则上优越于自然主义,而这正是这里的关键所在。

注 释

〔1〕 关于这一点,我现在请读者参阅我在自己的哲学体系一书第一节中发表的关于哲学的一般论证。

〔2〕 对此而言这样做已是足够了,因为这种分类排列虽然是不完全的,但仍然包

含有一些为完全的分类排列不可缺少的部分。关于这种完全的分类排列,可参看我的哲学体系一书第一部分第 348 页及其后数页,以及结尾部分的一览表。

〔3〕当格奥尔格·西梅尔(Georg Simmel)谈到"个别化的规律"时,他就有这种想法。参见《逻各斯》(Logos),1916 年,和《生命观,形而上学四章》,1919 年。在西梅尔那里,只是缺少与历史实在的联系,因此他的个别化规律具有一种浪漫的自我色调(Ich-Färbung),这里却完全没有这种色调。

〔4〕这指的是"Nation"(民族)与"Nature"(自然)二词具有相同的词干"Na"。——译者注

〔5〕"Recht"一词,过去有人译为"法权",与此相关,把"Recht-philosoplie"译为"法哲学",把"Naturrecht"译为"自然法权"。这里把"Recht"译为"权利",把"Recht-philosophie"译为"权利哲学",把"Naturrecht"译为"自然权利"。这种译法是否妥当,仍可商榷。——译者注

〔6〕这里不能提供比提示更多的东西,尽管如此,仍然必定能够弄清楚甚至就权利哲学而言,我也拒绝理性主义,正如在所有场合下那样,我的"形式主义"具有这样一种意义,即可以使内容方面的非理性之物获得它自己的权利。考虑到不久前出版的埃里希·考夫曼(Erich Kaufmann)的一本小册子,我应明确指出这一点。在这本小册子里,我不仅被说成是"理性主义者",而且被看作对以理性主义方式表述康德的权利哲学这一点负有责任。《新康德主义权利哲学批判——对哲学与法学之间的关系的考察》,1921 年。考夫曼被看成是一位卓越的法学家。对于他的这本书中有关法学的内容,我不想作任何评论。撇开它对康德关于"自然权利"的看法的某些评论不谈,这本著作在很大程度上并不是哲学的。在批评理性主义方面,这本著作包含许多肯定合乎实际的内容,不过考夫曼所冲碰的往往是一些对许多人而言老早已经敞开的大门。由于这个缘故,他不需要在这里作这些评论。在我看来,他的那些从"生活哲学的"流行腔调中获得的套话(Redewendung)没有多少特色,这些套话不久前还流行于日报副刊之上,后来开始变得令人厌烦。它们与促使马克斯·韦伯(Max Weber)说出这样的话有关:谁想"瞧",谁就进电影院;谁想"布道",谁就进修道院。这种"非理性主义"与科学没有什么关系。最后,考夫曼关于认识论的阐述——他在作这些阐述时离开了他的专业。——是如此贫乏和模糊不清,以致并未获得赞赏。尽管如此,下述情况促使我在这里对这一著作作些评论。考夫曼在该书前言中把我列入他称之为他的"老师和导师"的人士

之列,并且声称他对这些人"始终怀有极其亲切和真诚的感谢之情"。针对这一点,我不想询问他对我的"超验的最小量"和我的"谦虚"所作的讽刺如何与这种心情相协调,也不想询问什么东西能阻止这种以或多或少赞扬的口吻做出的审查,他是带着亲切的神色对他的老师的科学成果提出这种审查的。Degustibus non est disputandum,我之所以挑选这本著作只是因为根据这本书的前言,不怀恶意的读者必定会假定考夫曼对我的思想至少怀有或多或少的信任。遗憾的是,考夫曼对此只字不提,于是我想对这一点作些确认。例如,在第 64 页上关于我所怀疑的那种想法,对我是这么说的:"似乎任何一种自然科学都不具有它所特有的概念形成原则,从而也不具有一种具有特殊价值(Eigenwert)的概念形成原则。"一个追踪我的思路的人或多或少感到惊奇的是,这句话竟包含有一种对我提出的抗议。仿佛他说的那些话恰恰没有表现出我的那些必然从面前这本书的基本思想中得出的观点,我已经反复强调我的这些观点,以便说明数学和力学的自然观如何不大可能从现实之物中获得它的概念,那些给自己提出特殊任务的自然科学如何能够永远保持它们的独立自主的意义。在我看来,逻辑上的"完满之物"意味着远离现实,而且在内容方面是空洞的。我到处都与理性主义作斗争。因此,我受到来自理性主义方面的攻击。这就使我甚至与柏格森有些相似,我在本书第二版的前言中已指出这些相似之处。考夫曼似乎对此毫无所知。——不过,人们也许认为,考夫曼作为法学家不需要对逻辑和认识论有所了解,也不需要知道我的反理性主义已经进展到这样的地步,即与"马堡学派"相对立,我试图在"纯粹的"数学中找出非理性的因素。如果可以使柯亨(Cohen)的那种可称为理性主义的努力,与我的那种与之形成尖锐对立的努力——也许可以认为这种对立处于一种以康德来确定方向的哲学的内部——在一种混浊的"统一"中消失,那又有什么害处呢?这种状况可能已经成为往事,尽管此时"哲学与法学的联系"可能已不是非常密切。认识论研究不是每个人都要关注的事情。可是,难道不应当认为当考夫曼把他的著作的一章用于阐述"德国西南角的权利哲学"时,他至少知道我对于权利哲学曾经写过些什么。我对此写出的东西不是很多。考夫曼提到在我关于法学定义的博士论文中那个对他的主题并不重要的评论。考夫曼可能不知道在与这个评论相关的那篇文章中那些在他看来并不重要的方面,正如这篇文章的全部思想一样,对于我的全部文化哲学就其对理性主义的态度而言却具有决定性的意义。这些方面是如此简单又易于理解,以致甚至考夫曼也必定能够从其中看出我对形式因素的强

第二部分　自然哲学和历史哲学

调在许多地方、因而也在权利哲学方面都是反对理性主义的,而在他看来,理性主义却是"那种"新康德主义权利哲学的标志。诚然,恰恰是在这里我也明确地使用过"理性主义"这个标签。对于这种在其中一个早先的学生使用他的老师的武器向他早先的"老师"开战的批评,人们应当说些什么呢?——考夫曼的小册子仅仅在下述范围内就哲学而言值得注意,这就是它对于下述这种恶劣手法具有典型性,这种手法表现在最近有些人既对详细情况没有彻底了解,又没有正确地认识到人们在科学方面谈论"生活"感觉或者"直观"需要时真正想说些什么,就几乎像使用一个咒骂字眼那样使用"新康德主义"一词。我的老师文德尔班(Windelband)比我更加靠近康德,也从来没有把我划入康德主义者之列。甚至我以前最优秀的学生埃米尔·拉斯克(Emil Lask)也不大知道我的什么"康德主义"。特别在目前这本书里,有许多看法其实很少是康德的。不过,相对于考夫曼的脑海里的那种"更高的"唯心论而言(他究竟想些什么,这始终十分模糊不清),我却以被称为康德主义者而自豪。而且,我甚至想从"直观的"生活哲学出发对"理性主义者"提出指责,因为没有"ratio",科学就绝对不能成立。我必须指出,有些人借助于普遍化的概念形成方法把施塔姆勒(Stammler)那样一些人和我不加区分地都称为"康德主义者",这种办法可能解决不了任何问题。这种批评在这样一个人那里得到充分表现,这个人把我称为他早先的老师,然后对我进行批评,甚至没有打算试图触及我的那些为我所特有而且与他的主题紧密相关的思想,这就造成十分尖锐的矛盾。日本哲学家西田几多郎在他翻译我的《认识对象》一书的前言中写道(在战争期间我曾于1916年简略地提到这个译本):"虽然我国(日本)哲学界现在知道李凯尔特这个名字,但我觉得他的思想还没有被人们彻底了解。许多人对李凯尔特提出批评,但在这些批评者中间只有少数人是以对李凯尔特的基本思想的理解为依据,因此可以要求我对他们加以重视。我希望今后人们在批评李凯尔特之前,首先要力求对他有所了解。"这是西田几多郎对日本国内他的同胞中间那些对我不太了解的批评者所说的话,在那里人们现在才开始研究德国哲学。考夫曼是否想表示那样一种愿望甚至在德国也有其理由呢?——无论如何,一个了解其老师的思想的"学生"应当把这些思想归诸于他的老师。如果考夫曼曾经对我的哲学有所了解,但他在撰写《新康德主义权利哲学批判》时,却把我的思想完全置诸脑后。看起来,当他"告别"时仍然保留在他的记忆中的只有我在《认识对象》第二版(1904年)中所说的几句与这个主题无关的话,对于这几句话我在此书第三版(1915年)的前言中已经指出不应继续使用。——把这一点确定下来,从而使我的观点免于受到几乎难以置信的误解,这是我并非由于自己的过失而不得不撰写这个注释的目的。凡是理解我的著作的人都知道,我不喜欢参与个人争论。这一次为了说明真相,这个争论是不可避免的,这恰恰因为考夫曼作为一位法学家是有名的。我真诚地感到惋惜的是,我不能把他算作我从前的学生。对于考夫曼向理性主义权利哲学所作的斗争,从我的那本也涉及理性主义概念形成的界限的书中,他能获得的论据胜于他以前在他的"直觉"和"体验"中所拥有的论据。这是一些关于这件事的诙谐之语。也许,考夫曼此时才开始真正地进入我的"学校"。

〔7〕针对这些言论,埃米尔·拉斯克在一篇关于本书第二版的评论中写道(《逻各斯》,第10卷第246页及其后数页):用这个评论"期望这本书从前的版本打开一个完全陌生的思想世界"。由于人们特别指责我在本书第一版中有这种历史倾向,请允许我把我的那位已故的、对我的意图十分了解的朋友的话引证如下:李凯尔特如此地不是历史思维的崇拜者,以致他现在也像在某些场合下明显地显示的那样,把那种与历史发展结合在一起的、与往事相延续的、指向未来的生活看作生活本身的一个有限的片断。他把那种立足于自身之上的东西、不能指向自身之外的东西以及那种完满的终结,看作一个沉醉于历史性的生活领域,与那种深入到无限进展的骚乱之中、可以在其规定性方面加以评价、排列以及比较的生活加以对比。可以给他的历史哲学的最后那个以这种方式刻画的、消极性的篇章加上这样一个标题:"历史科学概念形成的界限"。这就涉及生活的那些根本没有进入历史之中、从而历史对之保持沉默的丰富多彩的内容。生活通过给历史概念设置界限,使历史概念更加清楚地呈现出来。这样一来,李凯尔特现在就能够正确评价对历史的那样一种敌视态度,歌德在他的一篇关于他对历史的整个立场所作的阐释性评论中说过这样的话:"对生活的描述应当像生活自在自为地和为了它自身所是的那样加以描述。不要指责历史撰写者,说他们到处寻找结局,而忽视个别的事实和个别死去的人。……历史、即使是最好的历史,也总是带有某种尸体的气味。而且,人们可以说,世界离得愈远,阅读它的历史就愈加令人厌烦。因为每一个后继者都需要从世界事件中净化出一种更加鲜明、更加细致的结果。最后,那种不是作为 Caput mortuum(没有价值的残留物)而仍然保留在那里的东西将在烟务中消失。"——人们将会明白,为什么我恰恰从历史科学的导论中给与这些言论一个位置。真正哲学的任务到处都是去看和让人去看这两

件事,我们已经在历史科学中展示形式的内容、主体和客体、真实之物和不真实之物。除了展示历史所具有的那种崇高的意义,还要展示当人们把历史之物绝对化时将导致的那种"荒谬"。历史之物按基本质而言是相对的。

〔8〕鲁道夫·奥托(Rudolf Otto)在《神圣之物,论神圣之物观念中的非理性因素,以及其他》,1917年,第五版1920年)一书中以深入细致的方式表明,在处理宗教哲学问题时多么有必要超出单纯的伦理之物,而达到一种 Sui generis(独特的)价值。这本著作被看成是"心理学的"。其实,它是我们最近拥有的关于作为价值科学的宗教哲学的最为优秀的论著之一。在"Numinosen"中展示的不是心理活动,而是它的"对象",即神圣之物。

〔9〕参见特勒尔奇(E.Troetsch)在他的论文《现代的历史哲学》(载于《神学评论》第 VI 卷,1903 年,目前收入《全集》第 II 卷第 673—728 页)中,对本书提出的那些深入细致和富有教益的批评。下述思想同样与同一作者关于基督教的绝对性的著作(1902年)有些共同之处。特勒尔奇自己的历史哲学还没有以系统的形式发表。不过,他在不久的将来要对此写出一部巨著,人们必然会怀着热烈的迫切心情期待它的出版。对于他最近对我的观点做出评论的著作,我在第四章中做过深入讨论。对于他的形而上学,至今只不过做了一些粗略的刻画,我在那里也只能简略提及。

〔10〕 参见我的著作《认识对象》第 4 版和第 5 版,1921 年。

人名译名索引

原　名	译　名	页码(一)*	页码(二)**
Adler, M	阿德勒	106	
Aristotel	亚里士多德	44	
Baer, K.E.von	贝尔, K.E.冯	67, 123	486
Below, G.V.	贝洛夫, G.V.	11	
Bismarck	俾斯麦	127	
Bois-Reymond, Du	布阿·莱蒙, 杜	146	
Bernheim	伯恩海姆		497
Breysig, Kurt	布赖西格, 库特		528
Chamberlain	张伯伦	11	
Condorcet	孔多塞	130	
Cohen	柯亨		553
Comte	孔德		479
Darwin	达尔文	11, 121	
Descartes	笛卡儿	6, 136	
Dilthey	狄尔泰	iv, xvi, xvii, 14	

　　* 页码(一)是本书第一部分的旁码，即《文化科学和自然科学》德文第 4、5 版页码。——译者注

　　** 页码(二)是本书第二部分的旁码，即《自然科学概念形成的界限》1921 年德文第 3 版页码。——译者注

Dove, Alfred	道夫,阿尔弗雷德	96	
Eister, Ernst	艾尔斯特,恩斯特	73	
Fischer, Ernst Kuno	费舍,恩斯特·库诺	iv, 20, 163	
Frommann	弗罗曼	169	
Fichte	费希特		479, 554
Forberg	弗尔贝格		511
Galilei	伽利略	6	
Gervinus	盖尔温努斯	71	
Gibbon	吉本	71	
Goethe	歌德	148	488
Gothein	戈特海恩	29	
Häckel	海克尔	120, 123	
Harms	哈姆斯	63	
Harvey	哈维	119	
Hegel	黑格尔	xv, 10, 163	479, 506
Hermann, Paul	赫尔曼,保罗	9, 125	
Hessen, Sergïus	黑森,塞圭乌斯	106	
Honigswald, Richard	霍尼希斯瓦尔德,理查德	v	
Hume	休谟	71	
Hertwig, Oskar	赫特维希,奥斯卡		509
Kant	康德	6, 9, 10, 17, 45, 68	
Kepler	开普勒	6	
Kirchhoff	基希霍夫	95	
Köhler, Frischeisen	科勒,弗里什埃森	42, 47, 48, 142	
Kroner, Richard	克朗纳,理查德	54	
Kidd	基德		482
Kleinpeter	克莱因彼得		512

Knies	克尼斯		487
Lassalle	拉萨尔	131	
Lamprecht	兰普雷希特	11	481
Leibniz	莱布尼茨	6	
Lask, Emil	拉斯克,埃米尔	526,555	
Luther	路德	495	
Marbe, Karl	马尔贝,卡尔	73	
Mediceer, Michel Angelos	梅迪舍,米谢尔·安格洛斯	27	
Menger, Karl	门格尔,卡尔	9	
Meyer, Edward	迈尔,爱德华	103	
Mill	穆勒	xv, xvi, 59	
Müller	缪勒	71	
Münsterberg, Hugo	闵斯特伯尔格,雨果	iv	
Mach	马赫		512
Napoleon	拿破仑	127	
Naville, Adrien	纳维尔,阿德里安	62	
Newton	牛顿	6	488
Nietzsche, Friedrich	尼采,弗里德里希	166,169	
Nischida, Skutaro	西田几多郎		554
Odysseus	奥迪休斯		510
Otto, Rudoff	奥托,鲁道夫		557
Plato	柏拉图	31	
Polybius	波里比乌斯	71	
Ranke, Leopold von	兰克,利奥波德·冯	64	481
Rava	拉瓦	iv	
Rembrandt	勒蒙勃兰特	11	
Rickert, Heinrich	李凯尔特,亨利希	vi, 163	555

Riehl	黎尔	47	
Riemer	里麦尔	148	
Roscher, Wilhelm	罗舍尔,威廉	xviii, 9	487
Rothacker, Erich	罗特哈克尔,埃里希	xviii	
Rotze, .R.	洛茨		474
Schäfer, Dietrich	舍费尔,迪特里希	29	
Schiel	希尔	59	
Schopenhauer	叔本华	62,136	
Schmoller, Gustav von	施莫勒,古斯塔·冯	9	
Siebeck, Paul	西贝克,保罗	iv	
Spallanzani	斯帕朗扎尼	119	
Spengler, Oswald	斯宾格勒,奥斯瓦尔德	11	
Spinoza	斯宾诺莎	136	
Spranger, Edward	施普兰格尔,爱德华	xvii, xviii	
Sternkerg, Kurt	斯顿堡,库尔特	36	
Stein, Arfhar	斯泰因,阿塞	xvii	
Schelling	谢林		488
Simmel, Georg	西梅尔,格奥尔格	62	542
Spengler	施宾格勒		478,479
Stammler	施塔姆勒		553
Tacitus	塔西佗	71	
Thierry	提埃里	71	
Thukydides	修昔底德	71	
Tönnies	滕尼斯	119,131	
Troeltsch, Ernst	特勒尔奇,恩斯特	v,163	559
Vaihinger	魏亨格尔		511
Vierkandt	菲尔坎特		486,487
Weber, Max	韦伯,马克斯	9	487,552

Weismann	魏斯曼	123	
Weizsacker, Viktor von	魏茨泽克,维克多·冯	v,9	
Wilbrandt, R	威尔布兰特	4,104	
Windelband	文德尔班	6,163	553
Wolff, Caspar von	沃尔夫,卡斯帕·冯	119	
Wundt, Wilhelm	冯特,威廉	24	486
Xenopol	赫波罗尔	iv	

历史的观念译丛

已出书目

01 德罗伊森:《历史知识理论》(胡昌智译,2006.07)
   Johann Gustav Droysen, *Historik*

02 帕拉蕾丝—伯克(编):《新史学:自白与对话》(彭刚译,2006.07)
   Pallares-Burke, ed., *The New History: Confessions and Conversations*

03 李凯尔特:《李凯尔特的历史哲学》(涂纪亮译,2007.05)
   Heinrchi Rickert, *Rickert: Geschichtsphilosophie*

04 哈拉尔德·韦尔策(编):《社会记忆》(白锡堃等译,2007.05)
   Harald Welzer, hg., *Das soziale Gedaechtnis*

05 布克哈特:《世界历史沉思录》(金寿福译,2007.06)
   Jacob Burckhardt, *Weltgeschichtliche Betrachtungen*

06 布莱德雷:《批判历史学的前提假设》(何兆武译,2007.05)
   F. H. Bradley, *The Presuppositions of Critical History*

07 多曼斯卡(编):《邂逅:后现代主义之后的历史哲学》(彭刚译,2007.12)
   Ewa Domanska, *Encounters: Philosophy of History after Postmodernism*

08 沃尔什:《历史哲学导论》(何兆武、张文杰译,2008.10)
   W. H. Walsh, *An Introduction to Philosophy of History*

09 坦纳:《历史人类学导论》(白锡堃译,2008.10)
   Jakob Tanner, *Historische Anthropologie zur Einführung*

10 布罗代尔:《论历史》(刘北成、周立红译,2008.10)
   Fernand Braudel, *Ecrits sur l'histoire I*

11 柯林武德:《历史的观念》(增补版)(何兆武、张文杰、陈新译,2010.01)
   R. G. Collingwood, *The Idea of History: With Lectures 1926 – 1928*

12 兰克:《历史上的各个时代——兰克史学文选之一》(杨培英译,2010.01)
   Jörn Rüsen & Stefan Jordan eds. , *Ranke*:*Selected Texts* , Vol. 1, *Über die Epochen der neueren Geschichte*

13 安克斯密特:《历史表现》(周建漳译,2011.09)
   F. R. Ankersmit, *Historical Representation*

14 曼德尔鲍姆:《历史知识问题》(涂纪亮译,2012.02)
   Maurice Mandelbaum, *The Problem of Historical Knowledge*

15 约尔丹(编):《历史科学基本概念辞典》(孟钟捷译,2012.02)
   Stefan Jordan, hg. , *Lexikon Geschichtswissenschaft*

即出书目

梅吉尔:《历史知识与历史谬误:当代实践引论》
Allan Megill, *Historical Truth*, *Historical Error*: *A Contemporary Guide to Practice*

柯林武德:《柯林武德历史哲学文选》
R. G. Collingwood, *Collingwood*: *Selected Texts*

柯林武德:《史学原理》
R. G. Collingwood, *The Principles of History*: *And Other Writings in Philosophy of History*

扬·阿斯曼:《文化记忆》
Jan Assmann, *Das kulturelle Gedaechtnis*

阿莱达·阿斯曼:《记忆空间》Aleida Assmann, *Erinnerungsräume*

吕森:《吕森史学文选》
Jörn Rüsen, *Rüsen*: *Selected Texts*

德罗伊森:《德罗伊森史学文选》
Johann Gustav Droysen, *Droysen*: *Selected Texts*

科泽勒克:《科泽勒克文选》
Lucian Hoelscher, hg. , *Reinhart Koselleck*: *Selected Texts*

赫尔德:《赫尔德历史哲学文选》
Herder, *Herder*: *Selected Texts*

赫尔德:《人类历史哲学的观念》
Herder, *Ideen zur Philosophie der Geschichte der Menschheit*

特勒尔奇:《历史主义及其问题》
Ernst Troeltsch, *Der Historismus und seine Probleme*

梅尼克:《历史学的理论与哲学》
Meinecke, *Zur Theorie und Philosophie der Geschichte*

耶格尔(编):《历史学:范畴、概念、范式》
Friedrich Jäger, hg., *Geschichte: Ideen, Konzepte, Paradigmen*

布克哈特:《历史断想》
Jacob Burckhardt, *Historische Fragmente*